मन में है विश्वास

विश्वप्रसिद्ध मोटिवेटर व सेल्फ हैल्प गुरु नेपोलियन हिल अपने व्यापक अनुभव के आधार पर बताते हैं उस व्यक्ति के गुण, जिसके 'मन में है विश्वास'—

- वह हमेशा कोई निश्चित काम करने में लगा रहता है, किसी सुनियोजित योजना के माध्यम से, जो निश्चित होती है। उसका जीवन में एक बड़ा लक्ष्य होता है, जिसकी ओर वह निरंतर काम करता रहता है।
- उसकी आवाज का लहजा, उसके कदमों की तेजी, उसकी आँखों की चमक, उसके फैसलों की तत्परता स्पष्ट रूप से उसे एक ऐसे व्यक्ति के रूप में दरशाते हैं, जो जानता है कि वह वास्तव में क्या चाहता है और उसे पाने के लिए कृत-संकल्प रहता है।
- वह दूसरों पर कई एहसान करता है, लेकिन खुद किसी का एहसान बहुत कम या बिल्कुल नहीं लेता।
- यदि उसके पास किसी प्रश्न का जवाब नहीं है तो वह स्पष्ट रूप से कह देगा।

~•~

नेपोलियन हिल

सन् 1883 में वर्जीनिया में पैदा हुए। बड़े व्यवसायियों के सलाहकार, लेक्चरर और लेखक के रूप में सफल तथा लंबा कॅरियर बिताने के बाद सन् 1970 में उन्होंने दुनिया से विदा ली।

'सोचो और धनी बनो' उनके लेखक-जीवन का सबसे महत्त्वपूर्ण पड़ाव रहा, जो पुस्तक सार्वकालिक बेस्टसेलर साबित हुई। दुनिया भर में इस पुस्तक की डेढ़ करोड़ प्रतियाँ बिक चुकी हैं। ऑर्थर आर. पेल ने 'थिंक ऐंड ग्रो रिच' (सोचो और धनी बनो) का संशोधन किया। उन्होंने प्रबंधन, मानवीय संबंध और कॅरियर योजना पर कई पुस्तकें और लेख लिखे हैं। उनकी पुस्तकों में प्रसिद्ध हैं 'दि कंप्लीट इडियट्स गाइड टू मैनेजिंग पीपल' और 'दि कंप्लीट इडियट्स गाइड टू टीम बिल्डिंग'।

~•~

शैरोन लैचर

शैरोन लैचर एक उद्यमी, लेखिका, परोपकारी, शिक्षिका, अंतरराष्ट्रीय वक्ता और लाइसेंसधारी सी.पी.ए. हैं। वे 'थ्री फीट फ्रॉम गोल्ड', अंतरराष्ट्रीय बेस्टसेलर 'रिच डैड पूअर डैड' तथा 'रिच डैड' शृंखला की चौदह पुस्तकों की सह-लेखिका हैं। शैरोन वित्तीय शिक्षा देनेवाले एक संगठन 'पे योर फैमिली फर्स्ट' की संस्थापिका तथा 'नेशनल सी.पी.ए. फाइनेंशियल लिटरेसी कमीशन' की राष्ट्रीय प्रवक्ता हैं। वे अवार्डविनिंग 'थ्राइवटाइम फॉर टींस' की रचनाकार भी हैं। वे नेपोलियन हिल के सिद्धांतों और सीखों को विश्व भर में प्रचारित-प्रसारित करने की दृष्टि से नेपोलियन हिल फाउंडेशन के साथ सक्रियता से जुड़ी हैं। उनके बारे में अधिक जानकारी केलिए www.slechter.com या www.payyourfamilyfirst.com देखें।

मन में है विश्वास

नेपोलियन हिल

संपादक और व्याख्या

शैरोन लैचर

प्रकाशक

प्रभात प्रकाशन प्रा. लि.

4/19 आसफ अली रोड, नई दिल्ली-110002

फोन : 011-23289777 • हेल्पलाइन नं. : 7827007777

इ-मेल : prabhatbooks@gmail.com ❖ वेब ठिकाना : www.prabhatbooks.com

संस्करण

2026

अनुवाद

श्वेता भट्ट

पेपरबैक मूल्य

चार सौ रुपए

मुद्रक

नरुला प्रिंटर्स, दिल्ली

MAN MEIN HAI VISHWAS

by Napoleon Hill

(Hindi translation of 'Outwitting the Devil')

Published by **PRABHAT PRAKASHAN PVT. LTD.**

4/19 Asaf Ali Road, New Delhi-110002

ISBN 978-93-5322-424-0

₹ 400.00 (PB)

पाठकों के लिए दो शब्द

'मन में है विश्वास' मेरी पढ़ी हुई सबसे गहरी पुस्तक है।

सबसे पहले, मैंने अविश्वसनीय रूप से सम्मानित महसूस किया, जब नेपोलियन हिल फाउंडेशन के सी.ई.ओ. डॉन ग्रीन ने मुझ पर इतना भरोसा करके मुझे इस परियोजना में शामिल होने के लिए कहा और फिर मैंने पांडुलिपि पढ़ी! मैं एक हफ्ते तक सो नहीं पाई।

सन् 1938 में खुद नेपोलियन हिल द्वारा एक मैन्युअल टाइपराइटर पर लिखी गई यह पांडुलिपि उनके परिवार द्वारा 72 वर्षों तक ताले में छुपाकर रखी गई थी। क्यों? क्योंकि वे इसे मिलनेवाली प्रतिक्रिया को लेकर डरे हुए थे। हम सब के चारों ओर, हमारे मंदिरों में, हमारे स्कूलों में और हमारी राजनीति में शैतान के रोज के कामों को उजागर करने के हिल के साहस ने समाज के प्रमुख केंद्र को धमकी दी थी, जैसा कि उस समय जाना जाता था।

और फिर, मुझे एक शक्तिशाली एहसास हुआ। यह पुस्तक यद्यपि सन् 1938 में लिखी गई थी, लेकिन यह वास्तव में आज प्रकाशित होनी थी। इसे हमारे समाज को आज झकझोरना था! इसे आज के अनिश्चित आर्थिक समय में उत्तर प्रदान करने थे। यह हम में से प्रत्येक को हमारे अपने जीवन के कमजोर मन को मात देने की कुंजी प्रदान करती है। यह हमें दिखाती है कि सफलता के लिए रास्ता कैसे तैयार करना है और उस प्रक्रिया के माध्यम से हमारे आसपास की दुनिया में मूल्य कैसे जोड़ना है।

जिस प्रकार 'अपनी सोच से अमीर बनिए' ने एक बड़े डिप्रेशन के बाद हमें सँभलने और सफल होने में मदद की थी, 'मन में है विश्वास' हमें वर्तमान समय में सँभलने और सफल होने में मदद करने के लिए लिखी गई थी।

पुस्तक में शब्द हिल के अपने हैं, जबकि मूल पांडुलिपि काफी लंबी थी।

मैंने उनके संदेश के गहरे प्रभाव को संरक्षित करने के लिए सतर्क परिशुद्धता के साथ संपादन किया है। कुछ मुद्दों पर प्रकाश डालने, उनके शब्दों में स्पष्टता लाने और यह दिखाने के प्रयास में कि कैसे उनकी भविष्यवाणियाँ वास्तविकताओं में बदल गई थीं, मैंने पूरी पांडुलिपि में अपने विचारों को 'शैरोन के नोट्स' के माध्यम से एक अलग शैली में जोड़ दिया है। इससे आपको विकल्प मिलता है कि आप यह पुस्तक मेरी टिप्पणियों के साथ पढ़ना चाहते हैं या उनके बिना। कृपया इस सर्वश्रेष्ठ पुस्तक का आनंद लीजिए और इसे अपने परिवार एवं मित्रों के साथ साझा कीजिए। हिल के शब्दों की शक्ति आपका जीवन हमेशा के लिए बदल सकती है और बदल देगी।

—शैरोन लैचर

प्रस्तावना

डॉ. नेपोलियन हिल यकीनन सबसे प्रसिद्ध व्यक्तित्व विकास संबंधी विषय के लेखक, विचारक, एवोकेटर और सर्वकालिक बेस्टसेलर लेखक हैं। हम आपसे कहते हैं कि आप कमजोर मन के साथ वास्तविक साक्षात्कार को तेजी से पढ़ें। इस प्रकार, कमजोर मन वास्तव में कौन है और वह 98 प्रतिशत जीवित प्राणियों के साथ क्या करता है, इसका आपके जीवन में प्रभाव स्वयं कमजोर मन के अनुसार मिल जाएगा।

एक विचारोत्तेजक के रूप में हिल शीघ्रता से पुस्तक की यात्रा आरंभ करते हैं और हमें जीवनी रूप में अपने जीवन के माध्यम से बताते हैं कि उनके लिए सार्थक और जीवन बदलनेवाली कौन सी चीजें थीं। हिल ने पृथ्वी के सबसे महान् एवं सबसे उपयोगी और तुरंत सहायता करनेवाले सफलता के सिद्धांत सीखे; लेकिन वे उन्हें इस्तेमाल करने का और आसानी से लागू करने का तरीका नहीं जानते थे। हमारा कहना है कि यह आज भी कई लोगों के लिए सच है। शब्दों को कहना और कभी-कभी विचारों को भी सोचना आसान होता है; लेकिन सिद्धांतों को जीने और हर एक दिन हर प्रकार से चलते रहने के लिए एक गहरे और स्थायी निर्णय की आवश्यकता होती है। शैरोन लैचर हमारे लिए इस बात पर रोशनी डालती हैं कि हर चीज का क्या अर्थ होता है, जब वह आज के डॉलर, सोच और समझ में पहुँचा दी जाती है।

डॉ. हिल का लक्ष्य था—व्यक्तिगत उपलब्धि और अभ्यास के एक दर्शन को स्पष्टता के साथ संचारित करना, जो स्थायी सुख को प्रोत्साहित करे। उनके भीतर के ज्ञाता ने उन्हें उनके खुद के जीवन के इंद्रधनुष को खोजने के लिए उनका मार्गदर्शन किया।

इस समय आपकी कल्पना के सबसे मुश्किल समय में आपकी परीक्षा ली

जा रही है, जैसे हिल की अवसाद के समय ली गई थी। उन्हें निराशा महसूस हुई। उन्होंने निराशा के साथ काम किए और वे निराश व उदास हो भी गए थे, जो कि उनके अस्तित्व के लिए हानिकारक था—बिल्कुल वैसे, जैसे वह आपके और आपकी भलाई के लिए हानिकारक है। इस प्रेरणादायक पुस्तक को पढ़ने से आपको अपने आलस्य एवं नकारात्मक मनोवृत्ति से बाहर निकलने में मदद मिल सकती है और आपको एक सदा उज्ज्वल, बेहतर व लाभप्रद भविष्य के लिए एक नया और अधिक गौरवशाली मार्ग प्राप्त हो सकता है।

हिल की तरह आप भी यहाँ अपने भय पर विजय प्राप्त करने के लिए आए हैं, न कि उन्हें अपने पर हावी होने देने के लिए। जुनून के साथ अपने उद्देश्य पर टिके रहें और तय कर लें कि आप क्या बनना चाहते हैं, करना चाहते हैं—और वैसा ही करें और बनें।

जब आप डॉ. हिल की अद्भुत और जादुई खोजों को फिर से खोजेंगे तो आप जानेंगे व मानेंगे कि आप उनकी बराबरी कर सकते हैं और यदि चाहें तो उनसे आगे भी निकल सकते हैं; क्योंकि आप असीमित हैं। हिल बिल्कुल सही कहते हैं, 'आपकी एकमात्र सीमाएँ आपकी खुद की बनाई हुई हैं।' यह पुस्तक आपको यह जानने में मदद करेगी कि आप अपनी असफलताओं को सफलताओं में बदल सकते हैं, उन सब सिद्धांतों का उपयोग करके, जो हिल ने 500 महानतम जीवित सफल लोगों के साक्षात्कार करके सीखे थे।

आपको पता चल जाएगा कि जिस कमजोर मन का उन्होंने साक्षात्कार किया, वह वास्तविक है या काल्पनिक, काफी कुछ उस कमजोर मन की तरह, जिनका आप अपने जीवन और अनुभव में व्यक्तिगत रूप से सामना करते होंगे।

—मार्क विक्टर हैंसन

मार्क विक्टर हैंसन न्यूयॉर्क टाइम्स के #1 बेस्ट सेलिंग शृंखला 'चिकन सूप फॉर द सोल' के सह-निर्माता और 'क्रैकिंग द मिलियनेयर कोड', 'द वन मिनट मिलियनेयर' और 'कैश इन अ फ्लैश' के सह-लेखक।

अनुक्रम

अध्याय-1

एंड्रू कार्नेगी से मेरी पहली मुलाकात

एक-चौथाई सदी से अधिक समय से मेरा मुख्य उद्‌देश्य सफलता और असफलता, दोनों के कारणों को उपलब्धि के एक दर्शन में अलग करके संगठित करना रहा है—उन दूसरे लोगों की मदद करने के उद्‌देश्य से, जिनके पास इस तरह के शोध में संलग्न होने के प्रति न तो झुकाव है और न ही अवसर।

मेरा श्रम सन् 1908 में मि. एंड्रू कार्नेगी के साथ मेरे एक साक्षात्कार के परिणामस्वरूप शुरू हुआ। मैंने मि. कार्नेगी को स्पष्ट रूप से बता दिया कि मैं कानून के स्कूल में प्रवेश पाना चाहता था और स्कूल की फीस का भुगतान करने के लिए मैंने अपने मन में उपाय सोचा था कि मैं सफल पुरुषों और महिलाओं के साक्षात्कार लूँ, यह जानूँ कि उन्हें सफलता कैसे मिली और फिर उनकी कहानियों को पत्रिकाओं के लिए लिखूँ। हमारी पहली मुलाकात के अंत में मि. कार्नेगी ने मुझसे पूछा कि क्या मेरे पास उस सुझाव का पालन करने का साहस था, जो वे मुझे देना चाहते थे? मैंने जवाब दिया कि मेरे पास यदि कुछ है तो साहस ही है और मैं उनके सुझाव का पालन करने के लिए अपना सर्वश्रेष्ठ देने को तैयार था।

फिर उन्होंने कहा, "सफल पुरुषों और महिलाओं की कहानियाँ लिखने का तुम्हारा विचार सराहनीय है और तुम्हारा उद्‌देश्य पूरा करने से तुम्हें हतोत्साहित करने की कोशिश करने का मेरा कोई इरादा नहीं है; लेकिन मैं तुम्हें बताना जरूरी समझता हूँ कि यदि तुम स्थायी सेवा करने के इच्छुक हो—सिर्फ इस समय जीनेवाले लोगों की नहीं, बल्कि भावी पीढ़ी की भी—तो तुम ऐसा कर सकते हो, यदि तुम समय निकालकर असफलता के सभी कारणों और सफलता के सभी कारणों को संगठित करो।

"दुनिया में लाखों लोग हैं, जिन्हें सफलता और असफलता के कारणों का जरा सा भी अनुमान नहीं है। स्कूल और कॉलेज लगभग हर चीज सिखाते हैं, सिवाय व्यक्तिगत उपलब्धि के सिद्धांतों के। वे युवा लड़कों और लड़कियों के चार से आठ वर्ष उन्हें अमूर्त ज्ञान देने में खर्च कर देते हैं, लेकिन उन्हें यह नहीं सिखाते कि उस ज्ञान को प्राप्त करने के बाद उन्हें उसका क्या करना है।

"दुनिया को उपलब्धि के एक व्यावहारिक, समझ में आनेवाले दर्शन की आवश्यकता है, जिसका आयोजन जीवन के महान् विश्वविद्यालय में पुरुषों और महिलाओं के अनुभव से प्राप्त तथ्यात्मक ज्ञान से हुआ हो। दर्शन के पूरे क्षेत्र में मुझे ऐसा कुछ भी नहीं मिला है, जो दूर-दूर तक भी उस तरह के दर्शन से मिलता हो, जो मेरे मन में है। हमारे पास कुछ ही दार्शनिक हैं, जो महिलाओं और पुरुषों को जीवन जीने की कला सिखाने में सक्षम हैं।

''मुझे लगता है कि यह एक अवसर है, जो तुम्हारे जैसे महत्त्वाकांक्षी युवक को चुनौती दे सकता है; लेकिन मेरे सुझाए इस कार्य के लिए सिर्फ महत्त्वाकांक्षा होना पर्याप्त नहीं है। इस कार्य का दायित्व लेनेवाले व्यक्ति के पास साहस और दृढ़ता होनी चाहिए।

''इस कार्य के लिए कम-से-कम बीस वर्षों के सतत प्रयास की आवश्यकता होगी, जिसके दौरान इस कार्य का दायित्व लेनेवाले को अपनी आजीविका किसी और स्रोत से कमानी पड़ेगी; क्योंकि इस प्रकार का अनुसंधान आरंभ में कभी लाभदायक नहीं होता और आम तौर पर इस प्रकार के कार्य से सभ्यता में योगदान देनेवालों को उनके श्रम के लिए पहचान प्राप्त करने में उनकी खुद की अंत्येष्टि के बाद भी करीब सौ वर्ष इंतजार करना पड़ता है।

शैरोन के नोट्स—बीस वर्ष का श्रम बिना वेतन और संभवतः बिना मान्यता के! ऐसे प्रस्ताव पर आपकी क्या प्रतिक्रिया होगी? जैसी कि उन्होंने नीचे चर्चा की है, हिल ने कार्नेगी की चुनौती स्वीकार कर ली और उनसे परिचय का एक पत्र लेकर वे उस समय के दिग्गजों के साक्षात्कार लेने निकल पड़े, जिनमें थिओडोर रूजवेल्ट, थॉमस एडिसन, जॉन डी. रॉकफेलर, हेनरी फोर्ड, एलेक्जेंडर ग्राहम बेल, किंग जिलेट और अन्य शामिल थे। उनके प्रयास का समापन पच्चीस वर्षों के शोध के बाद अंततः सात पुस्तकों, आठ खंडोंवाली 'लॉ ऑफ सक्सेस' और 'अपनी सोच से अमीर बनिए' के प्रकाशन से हुआ। 'अपनी सोच से अमीर बनिए' को व्यापक रूप से आत्म-विकास में लाभदायक कार्य के रूप में मान्यता प्राप्त है। यह पुस्तक अनिवार्य रूप से उन सभी सिद्धांतों का परिचय देती है, जो वर्तमान समय के व्यक्तिगत विकास के गुरुओं के शिक्षण के लिए आज भी आधार का काम करते हैं। जैसा कि हिल के स्वयं के वर्णन में परिलक्षित होता है, 'अपनी सोच से अमीर बनिए' को विकसित व प्रकाशित करने की प्रक्रिया अपने आप में उन सिद्धांतों का अध्ययन थी, जो उन्होंने बताए थे। यह बताना महत्त्वपूर्ण हो सकता है कि यह पांडुलिपि 'अपनी सोच से अमीर बनिए' के प्रकाशन के एक वर्ष बाद लिखी गई थी" यह हिल के 'दूसरे स्व' की हताशा और रहस्योद्घाटन को प्रकट कर सकती

है और इस बात को भी कि कैसे उन्होंने अपनी हताशा पर जीत हासिल करके उन्हीं सिद्धांतों का उपयोग करने में सफलता प्राप्त की, जिनका उन्होंने 'अपनी सोच से अमीर बनें' में वर्णन किया था। 'मन में है विश्वास' खुद भी हिल की आध्यात्मिक जागृति को प्रकट करेगी और यह भी बताएगी कि कैसे हम में से प्रत्येक व्यक्ति कमजोर मन से उनकी मुठभेड़ से सीख ले सकता है।'

''यदि तुम इस काम को अंजाम देना चाहते हो तो तुम्हें सिर्फ उन कुछ लोगों के साक्षात्कार नहीं लेने चाहिए, जो सफल हुए हैं; बल्कि उन कई लोगों के भी लेने चाहिए, जो विफल हुए हैं। तुम्हें ध्यानपूर्वक उन हजारों लोगों का विश्लेषण करना चाहिए, जो असफल लोगों के रूप में वर्गीकृत किए गए हैं और असफल से मेरा तात्पर्य उन पुरुषों व महिलाओं से है, जो जीवन के अंतिम अध्याय में निराश होकर आते हैं; क्योंकि उन्होंने वह लक्ष्य प्राप्त नहीं किया, जिसे वे प्राप्त करना चाहते थे। हालाँकि यह बात सुनने में असंगत लग सकती है; लेकिन सफल कैसे होना है, यह तुम असफलताओं से ज्यादा सीखोगे, बजाय तथाकथित सफलताओं के। ये तुम्हें सिखाएँगी कि क्या नहीं करना चाहिए।

''अपने परिश्रम के अंत की ओर, यदि तुम सफलतापूर्वक कार्य करते रहे तो तुम एक खोज करोगे, जो तुम्हारे लिए एक महान् आश्चर्य की तरह होगी। तुम जान लोगे कि सफलता का कारण इनसान से अलग कुछ नहीं है। वह एक शक्ति है, जो स्वभाव से इतनी अमूर्त है कि अधिकांश लोग उसे कभी पहचान नहीं पाते; एक शक्ति, जिसे उपयुक्त रूप से 'दूसरा स्व' कहा जाना चाहिए। उल्लेखनीय तथ्य यह है कि यह 'दूसरा स्व' शायद ही कभी अपना प्रभाव डालता है या खुद का परिचय देता है, सिवाय असामान्य आपातकाल के, जब लोग प्रतिकूल परिस्थितियों और अस्थायी पराजय के हाथों विवश होकर अपनी आदतें बदल लेते हैं और मुश्किल से बाहर निकलने का रास्ता निकाल लेते हैं।

''मेरे अनुभव ने मुझे सिखाया है कि एक व्यक्ति सफलता के उतना करीब और कभी नहीं होता, जितना कि तब, जब वह जिसे 'असफलता' कहता है, उससे आगे निकल जाती है; क्योंकि ऐसे ही अवसर होते हैं, जब वह सोचने पर विवश हो जाता है। यदि वह सही सोचता और दृढ़ता के साथ सोचता है तो उसे पता चलता है कि आमतौर पर तथाकथित विफलता खुद को एक नई योजना या उद्देश्य से लैस कर लेने के एक संकेत से अधिक कुछ नहीं है। अधिकांश वास्तविक विफलताएँ

उन सीमाओं की वजह से होती हैं, जो मनुष्य अपने दिमाग में स्थापित कर लेता है। यदि उनमें एक कदम आगे जाने का साहस होता तो उन्हें उनकी त्रुटियों का पता चल जाता।''

शैरोन के नोट्स—'अधिकांश वास्तविक विफलताएँ उन सीमाओं की वजह से होती हैं, जो मनुष्य अपने दिमाग में स्थापित कर लेता है।' नकारात्मक पूर्वग्रह और आत्म-संदेह सफलता की राह में प्रमुख बाधा हो सकते हैं। मौजूदा आर्थिक मंदी के दौर में बहुत से लोग, जिन्होंने अपने जीवन में हमेशा 'सबकुछ सही' किया है, अब पहली बार गंभीर आर्थिक प्रतिकूलता का सामना कर रहे हैं। उनकी बहाली में सबसे बड़ी बाधा उनका खुद का डर और वह आत्म-संदेह है, जो उनके हाल के अनुभव से उत्पन्न हुआ है। क्या आपने मौजूदा आर्थिक मंदी को खुद से आगे निकलने की अनुमति दी है? क्या आत्म-संदेह और आत्म-ध्वंस ने आपको अपने सपने तक पहुँचने से रोका है? क्या आप खुद अपने सबसे बड़े दुश्मन हैं? क्या सोने से सिर्फ तीन फीट दूर रह जाने पर आप अपनी तलाश बंद कर देंगे?

जीवन की नई शुरुआत करें

मि. कार्नेगी की बातों ने मेरे पूरे जीवन को एक नया आकार दे दिया और मेरे मन में एक ज्वलंत उद्देश्य पैदा किया, जिसने मुझे निरंतर प्रेरित किया है, इस तथ्य के बावजूद कि 'दूसरे स्व' से उनका क्या तात्पर्य था। इसका मुझे सिर्फ एक अस्पष्ट-सा अनुमान था।

सफलता और विफलता के कारणों में मेरे शोध के श्रम के दौरान मुझे 25,000 पुरुषों और महिलाओं का विश्लेषण करने का सौभाग्य प्राप्त हुआ है, जिन्हें मि. कार्नेगी द्वारा उल्लिखित 'दूसरे स्व' की विफलताओं का दर्जा प्राप्त था। मैंने वह खोज भी की, जैसा कि उन्होंने कहा था और 500 से अधिक लोगों पर, जो सफल की श्रेणी में आते थे। कई वर्ष पूर्व मुझे मेरी पहली झलक मिली—मेरे जीवन के दो महत्त्वपूर्ण मोड़ों के परिणामस्वरूप, जिसमें ऐसी आपात स्थितियाँ उत्पन्न हो गई

थीं, जिन्होंने मुझे मुश्किलों से निकलने का रास्ता तलाश करने के लिए ऐसे विवश किया था, जैसे मैंने कभी अनुभव नहीं किया था।

काश कि इस खोज का वर्णन व्यक्तिगत सर्वनाम के प्रयोग के बिना कर पाना संभव होता! लेकिन यह असंभव है, क्योंकि यह ऐसे व्यक्तिगत अनुभवों के माध्यम से सामने आई थी, जिनसे इसे अलग कर पाना असंभव है। आपको संपूर्ण तसवीर दिखाने के लिए मुझे इन दो महत्त्वपूर्ण मोड़ों में से पहले की ओर वापस जाना होगा और कदम-दर-कदम आपको उस खोज तक ले जाना होगा।

डेटा के संचय के लिए आवश्यक शोध के लिए, जिसमें से उपलब्धि के सत्रह सिद्धांत और विफलता के तीस प्रमुख कारण संगठित किए गए थे, वर्षों के श्रम की आवश्यकता थी।

मैं इस झूठे निष्कर्ष पर पहुँच चुका था कि व्यक्तिगत उपलब्धि के एक संपूर्ण दर्शन को संगठित करने का मेरा काम पूरा हो चुका था। पूरा होना तो दूर, मेरा काम तो बस, शुरू ही हुआ था। मैंने उपलब्धि के सत्रह सिद्धांतों और विफलता के तीस प्रमुख कारणों को संगठित करके एक दर्शन का कंकाल तैयार कर लिया था; लेकिन उस कंकाल पर अमल और अनुभव का मांस चढ़ाने की आवश्यकता थी। इसके अलावा, उसे एक आत्मा प्रदान करने की आवश्यकता थी, जिसके माध्यम से वह पुरुषों और महिलाओं को बिना हार माने बाधाओं का सामना करने के लिए प्रेरित कर सके।

वह 'आत्मा', जिसे जोड़ा जाना अभी बाकी था, जैसा कि मैंने बाद में जाना, तभी उपलब्ध हुई, जब मेरा 'दूसरा स्व' मेरे जीवन के दो महत्त्वपूर्ण मोड़ों के माध्यम से सामने आया।

मैंने अपना ध्यान और जो भी प्रतिभाएँ मेरे पास थीं, व्यापार और व्यावसायिक चैनलों के माध्यम से मौद्रिक लाभ की दिशा में मोड़ने की ठानकर विज्ञापन के पेशे में जाने का फैसला कर लिया और मैं शिकागो के लासाल्ले एक्सटेंशन यूनिवर्सिटी का विज्ञापन प्रबंधक बन गया। एक वर्ष तक सबकुछ बहुत अच्छे से चला और उसके अंत में अपनी नौकरी के प्रति एक हिंसक नापसंदगी की गिरफ्त में आकर मैंने इस्तीफा दे दिया।

फिर मैंने लासाल्ले एक्सटेंशन यूनिवर्सिटी के पूर्व अध्यक्ष के साथ चेन स्टोर के व्यवसाय में प्रवेश किया और बेट्सी रॉस कैंडी कंपनी का अध्यक्ष बन गया। व्यापारिक सहयोगियों के साथ दुर्भाग्यपूर्ण या जो उस समय मुझे दुर्भाग्यपूर्ण लग रही थीं, असहमतियों ने मुझे उस उपक्रम से अलग कर दिया।

विज्ञापन जगत् का आकर्षण अभी भी मेरे खून में था और मैंने एक बार फिर उसे अभिव्यक्ति देने का प्रयास किया—ब्रायंट एंड स्ट्रेटन बिजनेस कॉलेज के एक भाग के रूप में स्कूल ऑफ एडवरटाइजिंग एंड सेल्समैनशिप का संगठन करके।

हमारा उद्यम सुचारु रूप से चल रहा था और हम तेजी से पैसे कमा रहे थे, जब अमेरिका ने प्रथम विश्व युद्ध में प्रवेश किया। एक आंतरिक आग्रह के जवाब में, जिसका वर्णन शब्द नहीं कर सकते, मैंने स्कूल छोड़कर राष्ट्रपति वुडरो के व्यक्तिगत निर्देश में संयुक्त राष्ट्र अमेरिका की सेना में प्रवेश ले लिया और हर प्रकार से ठोस कारोबार को बिखरने के लिए छोड़ दिया।

सन् 1918 के युद्ध-विराम दिवस को मैंने 'द गोल्डन रूल' पत्रिका का प्रकाशन शुरू किया। इस तथ्य के बावजूद कि मेरे पास पूँजी के नाम पर एक पैसा नहीं था, पत्रिका तेजी से आगे बढ़ी और जल्दी ही उसकी देशव्यापी खपत 5 लाख प्रतियों तक पहुँच गई, जिससे पहले साल का कारोबार समाप्त होने तक उसका लाभ 3,156 डॉलर हो गया था।

शैरोन के नोट्स—एक उचित परिप्रेक्ष्य के लिए, वर्ष 1918 के 3,156 डॉलर यू.एस. ब्यूरो ऑफ लेबर स्टेटिस्टिक्स (श्रम सांख्यिकी ब्यूरो) द्वारा संकलित प्रत्येक वर्ष के उपभोक्ता मूल्य सूचकांक के औसत पर आधारित आज की दुनिया में 45,000 डॉलर होंगे और सांकेतिक जी.डी.पी. प्रति व्यक्ति तालिकाओं के उपयोग से 2,02,000 डॉलर होंगे। व्यापार के पहले वर्ष के लिए यह लाभ बिल्कुल भी बुरा नहीं है, जबकि अधिकांश व्यवसाय अपने पहले वर्ष में पैसे गँवा देते हैं।

कुछ वर्षों बाद मैंने एक अनुभवी प्रकाशक से जाना कि राष्ट्रीय पत्रिकाओं के प्रकाशन और वितरण से जुड़ा कोई भी व्यक्ति 5 लाख डॉलर से कम पूँजी के साथ इस तरह की पत्रिका शुरू करने के बारे में नहीं सोचेगा।

'द गोल्डन रूल' पत्रिका का और मेरा अलग होना किस्मत में लिखा था। हमें जितनी अधिक सफलता मिल रही थी, उतना ही मैं असंतुष्ट होता जा रहा था और फिर अंत में, व्यापार-सहयोगियों के कारण हुई छोटी-छोटी झुँझलाहटों के संचय की वजह से मैंने पत्रिका उन्हें उपहार में दे दी और बाहर निकल गया। अपने उस कदम के माध्यम से शायद मैंने अपने कंधों से छोटी-मोटी संपत्ति उतारकर फेंक दी थी।

शैरोन के नोट्स—*हिल की पत्रिकाओं के लिए प्यार की यह बस शुरुआत थी। 'द गोल्डन रूल' पत्रिका के बाद उन्होंने 'द नेपोलियन हिल' पत्रिका का प्रकाशन किया। आगे जाकर वे 'सक्सेस' पत्रिका के संपादक बने—एक पत्रिका, जो आज भी प्रकाशित होती है।*

''फिर मैंने सेल्समैनों के लिए एक प्रशिक्षण स्कूल का गठन किया। मेरा पहला काम था एक चेन स्टोर कंपनी के लिए 3,000 लोगों की एक सेल्स आर्मी (सेल्समैन की सेना) को प्रशिक्षित करना, जिसके लिए मुझे मेरी कक्षाओं में हिस्सा लेनेवाले प्रत्येक सेल्समैन के लिए 10 डॉलर मिले। छह माह के भीतर मैंने इस काम से 30,000 डॉलर से कुछ अधिक कमा लिये। सफलता, जहाँ तक पैसों का सवाल था, मेरे प्रयासों को प्रचुरता का मुकुट पहना रही थी। एक बार फिर मैं अंदर से बेचैन हो गया। मैं खुश नहीं था। दिन पर दिन यह बात स्पष्ट होती जा रही थी कि पैसों की बड़ी-से-बड़ी राशि मुझे खुश नहीं कर सकती थी।

अपनी इस हरकत के लिए कोई उचित बहाना बनाए बिना मैं एक ऐसे व्यवसाय को छोड़कर बाहर निकल गया, जहाँ से मैं आसानी से एक अच्छा-खासा वेतन अर्जित कर सकता था। मेरे दोस्तों और सहकर्मियों को लगा, मैं पागल हो गया हूँ। और यह कहने में वे पीछे नहीं हटे।

सच कहूँ, तो कहीं-न-कहीं मैं उनसे सहमत था, लेकिन मैं इस बारे में कुछ नहीं कर सकता था। मैं खुशी की तलाश में था और मुझे वह नहीं मिली थी। कम-से-कम यही एक स्पष्टीकरण था, जो मैं अपनी असामान्य हरकतों के लिए दे सकता था। कौन सा आदमी वास्तव में खुद को जानता है?

शैरोन के नोट्स—*'एक बार फिर मैं अंदर से बेचैन हो गया। मैं खुश नहीं था। दिन-पर-दिन यह बात स्पष्ट होती जा रही थी कि पैसों की बड़ी-से-बड़ी राशि मुझे खुश नहीं कर सकती थी।' कुछ वर्षों पहले मैं खुद के बारे में भी यह बात लिख सकती थी, लेकिन एक स्थिति को छोड़ने के लिए किए गए काम से, जो आर्थिक रूप से लाभप्रद होने के बावजूद मेरे व्यक्तिगत मिशन से जुड़ा नहीं रह गया था, मेरे सामने अवसर के नए द्वार खुल गए।*

वह मेरे पेशेवर जीवन का सबसे अच्छा निर्णय साबित हुआ। क्या आप अपने जीवन के किसी ऐसे समय के बारे में सोच सकते हैं, जब आपने कोई मुश्किल निर्णय लिया था, लेकिन दूसरों के सवाल करने के बावजूद आप जानते थे कि वह निर्णय सही था?

''वे सन् 1923 में पतझड़ के अंतिम दिन थे। मैंने खुद को कोलंबस, ओहियो में बिना पैसों के फँसा हुआ पाया और उससे भी बुरी बात, उस मुश्किल से बाहर निकलने के लिए मेरे पास कोई योजना भी नहीं थी। ऐसा मेरे जीवन में पहली बार हुआ था कि मैं पैसों की कमी के कारण वास्तव में फँस गया था।

इससे पहले कई बार मुझे पैसों की कमी का अनुभव हुआ था; लेकिन अपनी व्यक्तिगत सुविधाओं के लिए आवश्यक चीजें प्राप्त करने में मैं कभी विफल नहीं हुआ था। इस अनुभव ने मुझे दंग कर दिया। मैं बिल्कुल नहीं समझ पा रहा था कि मैं क्या कर सकता था या मुझे क्या करना चाहिए था।

मैंने एक दर्जन योजनाओं के बारे में सोचा, जिनसे मेरी समस्या का समाधान हो सकता था, लेकिन उन सबको अव्यावहारिक या असंभव मानकर खारिज कर दिया। मैं उस व्यक्ति की तरह महसूस कर रहा था, जो कंपास के बिना जंगल में खो गया हो। उस मुश्किल से बाहर निकलने का हर प्रयास मुझे वापस प्रारंभिक बिंदु पर लाकर खड़ा कर देता था।

लगभग दो महीने तक मैंने मानव जाति की सबसे खराब बीमारी का सामना किया—अनिर्णय की स्थिति। मैं व्यक्तिगत उपलब्धि के सत्रह सिद्धांत जानता था, लेकिन यह नहीं जानता था कि उन्हें लागू कैसे करना है! अनजाने में मैं जीवन की उन आपात स्थितियों में से एक का सामना कर रहा था, जिनके माध्यम से—जैसा कि मुझे मि. कार्नेगी ने बताया था—मनुष्य कभी-कभी अपने 'दूसरे स्व' की खोज कर लेते हैं।

मेरा संकट इतना बड़ा था कि मुझे एक बार भी यह विचार नहीं आया कि मैं बैठकर उसके कारण का विश्लेषण करूँ और उसका समाधान तलाश करूँ।

शैरोन के नोट्स— ***'मानव जाति की सबसे खराब बीमारी—अनिर्णय की स्थिति'। क्या आपने कभी अनिर्णय की स्थिति में स्वयं को पंगु महसूस किया है? यह नेपोलियन हिल के जीवन का पहला महत्त्वपूर्ण मोड़ था। एक नौकरी से दूसरी में जाने***

की उनकी आपबीती आज के कई लोगों जैसी लगती है"' लोग, जो अपनी नौकरियों में और अपने जीवन में संतुष्टि चाहते हैं और उसकी तलाश कर रहे हैं। हिल की दुर्दशा, उनकी खुद की स्वीकारोक्ति से, एक हद तक आत्म-प्रवृत्त थी। वे एक नौकरी से दूसरी नौकरी में अपने खुद के आदर्श व्यावसायिक जीवन और संतोष की तलाश में जा रहे थे। हालाँकि उन्होंने खुद को बिल्कुल उन्हीं परिस्थितियों में पाया था, जिनमें आज कोई व्यक्ति, जो वर्तमान आर्थिक स्थिति से नकारात्मक रूप से प्रभावित हुआ है, पाता है। हिल ने अपनी अस्थायी हार का फायदा उठाया और खुद को विचार एवं विश्लेषण की ओर विवश करने में उसका प्रेरणा की तरह उपयोग किया—अपने 'दूसरे स्व' की तलाश करने के लिए। यदि आपको आर्थिक परिस्थितियों ने झटका दिया है तो आप भी अपने 'दूसरे स्व' की तलाश करने के लिए उसका लीवर और प्रेरणा की तरह उपयोग कर सकते हैं।

जीत में बदली हार

एक दोपहर मैं एक निर्णय पर पहुँचा, जिसके माध्यम से मुझे अपनी मुश्किल से बाहर निकलने का रास्ता मिल गया। मुझे महसूस हो रहा था कि मैं शहर के खुले स्थानों में जाना चाहता था, जहाँ मैं ताजा हवा में साँस लेकर सोच सकूँ।

मैंने चलना शुरू कर दिया और सात या आठ मील चलने के बाद अचानक मैंने खुद को रुका हुआ पाया। कई मिनट मैं वहाँ ऐसे खड़ा रहा, जैसे मेरे पाँव जमीन से चिपक गए हों। मेरे चारों ओर बिल्कुल अँधेरा हो गया। मैं एक प्रकार की ऊर्जा की तेज आवाज सुन सकता था, जो बहुत तेजी से हिल रही थी।

फिर मेरी नसें शांत हो गईं। मेरी मांसपेशियाँ शिथिल हो गईं और मैं अपने अंदर अपार शांति महसूस करने लगा। वातावरण साफ होने लगा और उस समय मैंने अपने अंदर से एक आदेश प्राप्त किया, जो एक विचार के रूप में आया, जहाँ तक मैं उसका वर्णन कर सकता हूँ। वह आदेश इतना स्पष्ट और विशिष्ट था कि उसे समझने में मुझसे गलती नहीं हो सकती थी। उसका सार यह था कि ''समय आ गया है कि तुम उपलब्धि के उस दर्शन को पूरा करो, जो तुमने कार्नेगी के

सुझाव पर शुरू किया था। फौरन घर लौट जाओ और अपने मस्तिष्क में एकत्रित डेटा को लिखित पांडुलिपियों में स्थानांतरित करना शुरू कर दो।'' मेरा 'दूसरा स्व' जाग गया था।

कुछ पल के लिए मैं डर गया। मुझे ऐसा अनुभव पहले कभी नहीं हुआ था। मैं मुड़ गया और तेजी से चलते हुए घर पहुँच गया। जब मैं घर पहुँचा तो मैंने अपने तीन नन्हे बेटों को हमारे घर की एक खिड़की से पड़ोसी के बच्चों को देखते हुए पाया, जो हमारे बगलवाले घर में क्रिसमस ट्री सजा रहे थे।

तब मुझे याद आया कि वह क्रिसमस की पूर्व संध्या थी। इसके अलावा, मुझे बहुत कष्ट के साथ याद आया—ऐसा कष्ट, जो मैंने पहले कभी महसूस नहीं किया था कि इस साल हमारे घर में कोई क्रिसमस ट्री नहीं होगा। मेरे बच्चों के चेहरों पर छाए निराशा के भाव ने मुझे दर्द के साथ उस तथ्य की याद दिला दी।

मैं घर के अंदर गया, अपने टाइपराइटर के सामने बैठा और फौरन सफलताओं एवं विफलताओं के कारणों से संबंधित अपनी खोजों के विषय में लिखने लगा। जैसे ही मैंने टाइपराइटर में कागज की पहली शीट लगाई, मुझे फिर वही अजीब सी भावना महसूस हुई, जो कुछ घंटे पहले उस बाहरी इलाके में हुई थी और मेरे मन में यह विचार कौंधा।

''तुम्हारे जीवन का मिशन है—दुनिया में व्यक्तिगत उपलब्धि के पहले दर्शन को पूरा करना। तुम अपने काम से बचने के निरर्थक प्रयास करते आ रहे हो और तुम्हारा हर प्रयास तुम्हारे लिए विफलता लाया है। तुम खुशी की तलाश में हो। आज यह सबक हमेशा के लिए सीख लो कि तुम्हें खुशी तभी मिलेगी, जब तुम उसे पाने में दूसरों की मदद करोगे! तुम एक जिद्दी छात्र रहे हो। तुम्हारी जिद का इलाज निराशा के माध्यम से करना पड़ा। अब से कुछ वर्षों बाद पूरी दुनिया एक ऐसे अनुभव से गुजरना शुरू करेगी, जो लाखों लोगों में उस दर्शन की आवश्यकता उत्पन्न कर देगा, जिसे पूरा करने के तुम्हें निर्देश मिले हैं। तुम्हें उपयोगी सेवा प्रदान करके खुशी पाने का बड़ा अवसर मिल जाएगा। काम आरंभ करो और तब तक मत रुकना, जब तक तुम इन पांडुलिपियों को पूरा करके प्रकाशित नहीं करवा लेते, जो तुमने शुरू की हैं।''

मैं पूरी चेतना में महसूस कर रहा था कि आखिरकार मैं जीवन के इंद्रधनुष के अंतिम छोर पर आ गया था और मैं खुश था!

संदेह का आगमन

वह 'जादुई पल', यदि उस अनुभव को यह नाम दिया जा सकता है, चला गया। मैंने लिखना शुरू कर दिया। उसके कुछ ही समय बाद मेरे तर्क ने मुझे सुझाव दिया कि मैं एक मूर्ख के मिशन की शुरुआत कर रहा था—एक ऐसे हारे हुए आदमी पर, जो लगभग खत्म हो चुका था। व्यक्तिगत उपलब्धि का दर्शन लिखने का भरोसा करने का विचार इतना अजीब लग रहा था कि मैं उल्लासपूर्वक और शायद तिरस्कारपूर्ण ढंग से हँसने लगा।

मैं अपनी कुरसी में कसमसाया, अपने बालों में उँगलियाँ फिराईं और एक ऐसा बहाना बनाने की कोशिश करने लगा, जो मेरे वास्तव में लिखना शुरू करने से पहले मेरे खुद के मन में टाइपराइटर से कागज निकालने का औचित्य साबित कर सके; लेकिन काम जारी रखने की प्रेरणा काम छोड़ने की इच्छा से ज्यादा मजबूत थी। मैंने अपने काम के साथ समझौता कर लिया और आगे बढ़ गया।

शैरोन के नोट्स— 'काम जारी रखने की प्रेरणा काम छोड़ने की इच्छा से ज्यादा मजबूत थी।' आपको याद है, वह समय, जब आप काम छोड़ना चाहते थे; लेकिन किसी चीज ने आपको चलते रहने के लिए प्रेरित किया? वह आपका 'दूसरा स्व' रहा हो सकता है।

पीछे मुड़कर जो कुछ हुआ, उसकी रोशनी में मैं देख सकता हूँ कि विपरीत परिस्थितियों के वे छोटे-छोटे अनुभव, जिनसे मैं गुजरा था, मेरे तमाम अनुभवों में से सबसे ज्यादा लाभदायक और भाग्यशाली थे। वे मुसीबत के वेश में आशीर्वाद थे, क्योंकि उन्होंने मुझे ऐसा काम जारी रखने के लिए विवश किया, जिसने अंत में मुझे दुनिया के लिए उससे कहीं अधिक उपयोगी बनने का अवसर दिया, जितना कि मैं अपनी किसी पूर्व योजना या उद्देश्य में सफलता प्राप्त करके होता।

लगभग तीन महीने तक मैं उन पांडुलिपियों पर काम करता रहा और आखिर वर्ष 1924 के आरंभ में मैंने उन्हें पूरा कर लिया। जैसे ही वे पूरी हुईं, मैंने एक बार फिर खुद को व्यापार के अमेरिकी खेल में लौटने की इच्छा की ओर आकर्षित होता पाया।

आकर्षण के सामने झुकते हुए मैंने क्लीवलैंड, ओहियो में मेट्रोपोलिटन बिजनेस कॉलेज खरीद लिया और उसकी क्षमता बढ़ाने के लिए योजनाएँ तैयार करने लगा। वर्ष 1924 के अंत तक हमने नए पाठ्यक्रम जोड़कर उसका विकास व विस्तार कर लिया था और अब हम स्कूल के सर्वश्रेष्ठ पूर्व रिकॉर्ड से लगभग दोगुना व्यवसाय कर रहे थे।

एक बार फिर असंतोष के कीटाणु ने मेरे खून में अपनी उपस्थिति महसूस करवानी शुरू कर दी। एक बार फिर मैं जान गया कि मुझे इस तरह के प्रयास में खुशी नहीं मिल सकती। मैंने व्यवसाय अपने सहयोगियों के हवाले कर दिया और व्याख्यान (लेक्चर) के मंच पर कदम रख दिया और उपलब्धि के दर्शन पर व्याख्यान देने लगा, जिसको संगठित करने में मैंने अपने पिछले कई वर्ष समर्पित किए थे।

एक रात मुझे कैंटन, ओहियो में लेक्चर देना था। भाग्य, या जो कुछ भी वह है, जो कभी-कभी मनुष्यों की नियति को आकार देता प्रतीत होता है, चाहे मनुष्य उससे लड़ने की कितनी ही कोशिश क्यों न कर लें, ने एक बार फिर हस्तक्षेप किया और मुझे एक दर्दनाक अनुभव से रू-ब-रू करवा गया।

मेरे कैंटन के दर्शकों में कैंटन 'डेली न्यूज' के प्रकाशक डॉन आर. मेलेट बैठे थे। मि. मेलेट को व्यक्तिगत उपलब्धि के दर्शन में, जिस पर मैंने उस शाम लेक्चर दिया था, इतनी अधिक दिलचस्पी पैदा हो गई कि उन्होंने अगले दिन मुझे उनसे मिलने आने के लिए आमंत्रित कर लिया।

उस मुलाकात का परिणाम एक साझेदारी समझौता था, जो आनेवाली जनवरी की पहली तारीख को मूर्त रूप लेने वाला था, जब मि. मिलेट ने 'डेली न्यूज' के प्रकाशक के रूप में इस्तीफा देने की योजना बनाई थी, ताकि वे उस दर्शन के व्यवसाय और प्रकाशन का प्रभार ले सकें, जिस पर मैं काम कर रहा था।

लेकिन जुलाई 1926 में मि. मेलेट की अंडरवर्ल्ड के सदस्य पैट मैकडर्मोट और कैंटन, ओहियो के एक पुलिसकर्मी द्वारा हत्या कर दी गई। दोनों को आजीवन कारावास की सजा सुनाई गई। उनकी हत्या इसलिए हुई थी, क्योंकि वे अपने अखबार में शराब के तस्करों और कैंटन पुलिस बल के कुछ सदस्यों के बीच के गठजोड़ को उजागर कर रहे थे। यह अपराध निषेध युग द्वारा उत्पादित सबसे अधिक चौंकानेवाले अपराधों में से एक था।

शैरोन के नोट्स—जुलाई 1926 में हुई जंग छेड़नेवाले पत्रकार डोनाल्ड रिंग मेलेट—कैंटन, ओहियो के 'डेली न्यूज' के संपादक की हत्या 1920 के दशक के सबसे प्रचारित अपराधों में से एक थी। सन् 1925 में मेलेट ने कैंटन पुलिस बल के अंदर बड़े पैमाने पर चल रहे भ्रष्टाचार का पता लगाया था और एक बुराई-विरोधी, भ्रष्टाचार-विरोधी संपादकीय अभियान शुरू कर दिया था, जिसके निशाने पर अन्य लोगों के अलावा कैंटन के पुलिस प्रमुख भी थे। हालाँकि हिल के वृत्तांत में यह परिलक्षित नहीं है, लेकिन सूचना मिली थी कि हिल ने ओहियो के गवर्नर को भ्रष्टाचार की जाँच शुरू करने के लिए कहा था।

स्थानीय अंडरवर्ल्ड के सदस्यों और कम-से-कम एक कैंटन पुलिसकर्मी ने पैट्रिक मैकडर्मोट, पेनसिल्वेनिया के एक भूतपूर्व बदमाश को, मेलेट का मुँह बंद करने के लिए नियुक्त किया। मेलेट की उनके घर के बाहर गोली मारकर हत्या की गई थी। जैसा कि सुना गया था, बंदूकधारी हिल का भी इंतजार कर रहे थे; लेकिन मोटर वाहन की आकस्मिक खराबी ने उन्हें खतरे से दूर रखा। 'न्यूयॉर्क टाइम्स' ने 17 जुलाई, 1926 के एक लेख 'कैंटन संपादक की हत्या के बाद मौत की और धमकियाँ में बताया कि कैंटन के नागरिक जुआरियों, तस्करों एवं अन्य अपराधियों के सरगनाओं द्वारा और हत्याओं की धमकियों से आतंकित हैं।'

जैसा कि हिल ने बताया, मेलेट की हत्या की खबर मिलने पर और फिर शहर से बाहर चले जाने की एक गुमनाम चेतावनी मिलने के बाद वे भागकर पश्चिम वर्जीनिया चले गए। मुख्य रूप से स्टार्क काउंटी अभियोजक (प्रोसिक्यूटर) द्वारा नियुक्त एक निजी जासूस के काम की वजह से अंततः मैकडर्मोट, दो स्थानीय अपराधी और एक भूतपूर्व पुलिस जासूस मेलेट की हत्या के दोषी पाए गए थे।

संयोग (?) ने मेरी जान बचाई

मि. मेलेट की हत्या की अगली सुबह मेरे लिए एक फोन आया, जिसमें एक अज्ञात व्यक्ति ने मुझे एक घंटे के अंदर कैंटन छोड़कर चले जाने का नोटिस दिया। मुझसे कहा गया कि मैं स्वेच्छा से एक घंटे के अंदर जा सकता था; लेकिन अगर मैं उससे अधिक रुका तो शायद मुझे पाइन बॉक्स में जाना पड़ेगा। जाहिर था कि मि. मेलेट के साथ मेरी व्यापारिक साझेदारी को गलत समझा गया था। उनके हत्यारे स्पष्ट रूप से यह समझ रहे थे कि मैं अखबार के माध्यम से किए जा रहे उनके खुलासे से सीधे जुड़ा था।

मैंने एक घंटे की सीमा पूरी होने का इंतजार नहीं किया, बल्कि फौरन अपनी गाड़ी में बैठा और पश्चिम वर्जीनिया की पहाड़ियों में रहनेवाले अपने रिश्तेदारों के घर की ओर निकल गया। वहाँ मैं तब तक रहा, जब तक हत्यारे जेल में नहीं डाल दिए गए—करीब छह महीने बाद।

वह अनुभव काफी हद तक उस श्रेणी में आता था, जिसका वर्णन मि. डेल कार्नेगी ने ऐसे आपातकाल के रूप में किया था, जो लोगों को सोचने पर विवश कर देता है। जीवन में पहली बार मैंने एक निरंतर डर के दर्द को जाना था। कुछ वर्ष पहले कोलंबस में हुए अनुभव ने मेरे मन में संदेह और अस्थायी अनिर्णय की भावना भर दी थी; लेकिन इस अनुभव ने मेरे मन में ऐसा डर भर दिया था, जिसे दूर करने में मैं असमर्थ था। जिन दिनों मैं छुपा हुआ था, मैं शायद ही रात को घर से बाहर निकला था और अगर निकला भी था तो मेरा हाथ मेरे कोट की जेब में मौजूद ऑटोमैटिक पिस्तौल पर रहता था, जिसका सेफ्टी लैच तत्काल काररवाई के लिए खुला होता था। यदि उस घर के सामने, जहाँ मैं छुपा हुआ था, कोई अनजान वाहन रुकता था तो मैं तहखाने में जाकर खिड़कियों से उसकी सवारियों की छानबीन करता था।

कुछ महीने इस अनुभव को झेलने के बाद मेरी नसें फटने लगीं। मेरे साहस ने पूरी तरह मेरा साथ छोड़ दिया था। वह महत्त्वाकांक्षा भी, जिसने सफलता और असफलता के कारणों की तलाश में बिताए श्रम के लंबे वर्षों में मुझे प्रोत्साहित किया था, चली गई थी।

धीरे-धीरे, कदम-दर-कदम, मैं खुद को सुस्ती की एक ऐसी स्थिति में फिसलता महसूस कर रहा था, जिससे मुझे डर था कि मैं बाहर नहीं निकल पाऊँगा।

वह भावना काफी कुछ उस व्यक्ति की भावना जैसी रही होगी, जो अचानक चोर बालू में कदम रख देता है और महसूस करता है कि बाहर निकलने का हर प्रयास उसे और अंदर ले जा रहा है। डर भी खुद का उत्पन्न किया हुआ एक दलदल होता है।

यदि पागलपन का बीज मेरे अंदर होता तो निश्चित रूप से जीवित मौत के उन छह महीनों में वह अंकुरित हो गया होता। मूर्खतापूर्ण अनिर्णय, ढुलमुल सपने, संदेह और डर दिन-रात मेरे मन पर छाए रहते।

मैंने जिस आपातकाल का सामना किया, वह दो तरह से विनाशकारी था। एक, उसकी प्रकृति ने ही मुझे अनिर्णय और डर की निरंतर स्थिति में रखा; दूसरे, मजबूरी के छुपाव ने मुझे आलस्य की स्थिति में रखा, जो अपने साथ समय का भारीपन लेकर आई, जिसे मैंने स्वाभाविक रूप से चिंता में बिताया।

मेरी तर्कशक्ति लगभग पंगु हो गई थी। मुझे एहसास हुआ कि मुझे खुद को इस मानसिक स्थिति से बाहर निकालना चाहिए; लेकिन कैसे वह कुशलता, जिसने इससे पहले मुझे हर मुश्किल से निकलने में सहायता की थी, पूरी तरह गायब हो गई थी और मुझे असहाय छोड़ गई थी।

मेरी कठिनाइयों से, जो अब तक पर्याप्त रूप से भारी हो चुकी थीं, एक और कठिनाई उत्पन्न हो गई, जो शेष सभी के संयुक्त दर्द से अधिक दर्दनाक थी। यह कठिनाई थी, यह एहसास कि मैंने अपने जीवन के पिछले वर्षों का बड़ा हिस्सा एक इंद्रधनुष का पीछा करने में बिताए थे—सफलता के कारणों को इधर-उधर खोजते हुए; और अब मैं खुद को उन 25,000 लोगों से ज्यादा असहाय महसूस कर रहा था, जिन्हें मैंने विफल व्यक्तियों का दर्जा दिया था।

यह विचार लगभग पागल कर देनेवाला था। इसके अलावा, यह बहुत ही शर्मनाक था, क्योंकि मैंने देश भर के स्कूल-कॉलेजों और व्यावसायिक संगठनों में जाकर व्याख्यान दिए थे, भरोसे के साथ लोगों को बताया था कि सफलता के सत्रह सिद्धांत कैसे लागू करने हैं; जबकि यहाँ मैं खुद पर उन्हें लागू नहीं कर पा रहा था। मुझे यकीन हो गया था कि मैं दोबारा कभी आत्मविश्वास के साथ दुनिया का सामना नहीं कर पाऊँगा।

जितनी बार मैं आईने में खुद को देखता था, मुझे अपने चेहरे पर आत्म-अवमानना के भाव दिखाई देते थे और मैंने कई बार आईने में दिख रहे आदमी को ऐसी बातें कही थीं, जो छपने योग्य नहीं हैं। मैंने खुद को उन नीम-हकीमों की श्रेणी में रखना शुरू कर दिया था, जो दूसरों को विफलता के ऐसे इलाज बताते हैं,

जिसे वे खुद सफलतापूर्वक लागू नहीं कर सकते।

जिन अपराधियों ने मि. मेलेट की हत्या की थी, उन पर मुकदमा चला और उन्हें उम्रकैद की सजा हो गई। इसलिए जहाँ तक उनका सवाल था, मेरे लिए छुपने के स्थान से बाहर आकर दोबारा काम शुरू करना बिल्कुल सुरक्षित था। हालाँकि मैं बाहर नहीं आ पाया, क्योंकि अब मैं उन अपराधियों से कहीं अधिक डरावनी परिस्थितियों का सामना कर रहा था, जिन्होंने मुझे छिपने पर विवश किया था।

मेरे पास जितना भी आत्मबल था, वह इस अनुभव ने नष्ट कर दिया था। मैं खुद को किसी निराशाजनक प्रभाव के चंगुल में महसूस कर रहा था, जो एक दुःस्वप्न की तरह प्रतीत हो रहा था। मैं जिंदा था; मैं इधर-उधर जा सकता था; लेकिन मैं ऐसे एक भी कदम के बारे में नहीं सोच पा रहा था, जिसके माध्यम से मैं उस लक्ष्य को प्राप्त करने का प्रयास जारी रख पाता, जो मि. कार्नेगी के सुझाव पर मैंने अपने लिए निर्धारित किया था। मैं तेजी से उदासीन होता जा रहा था—न सिर्फ खुद की ओर, बल्कि स्थिति को और बद्तर करते हुए। मैं उन लोगों के साथ चिड़चिड़ा और उदासीन होता जा रहा था, जिन्होंने मुझे मेरे संकट काल में आश्रय दिया था।

मुझे अपने जीवन के सबसे बड़े संकट काल का सामना करना पड़ा था। यदि आप खुद इस तरह के किसी अनुभव से नहीं गुजरे हैं तो शायद आप नहीं समझ पाएँगे कि मैं कैसा महसूस कर रहा था। ऐसे अनुभवों का वर्णन नहीं किया जा सकता। उन्हें समझने के लिए उनका अनुभव करना पड़ता है।

शैरोन के नोट्स— ***'मेरी तर्क-शक्ति लगभग पंगु हो गई थी।' हिल पहले शारीरिक नुकसान के डर से पंगु हुए और फिर उस डर से पंगु होने की शर्म से। क्या आप कभी डर या डरे होने की शर्म से पंगु हुए हैं? डर या डर की शर्म आपको अपने खुद के संकट काल का सामना करते समय सकारात्मक कदम उठाने से रोक सकती है। डर या तो आपको प्रेरित कर सकता है या पंगु बना सकता है। इसे पहचानकर और अपने डर के प्रति अलग तरह से प्रतिक्रिया व्यक्त करके आप अपने जीवन को स्थायी रूप से बेहतर के लिए बदल सकते हैं। आज ऐसे बहुत से लोग हैं, जो क्रोध की ऐसी ही भावनाओं का अनुभव कर रहे हैं, जो बाद में चिड़चिड़ेपन और उदासीनता की दुर्बल भावना को जन्म देती हैं। वे आर्थिक मंदी***

के कारण हतोत्साहित महसूस करते हैं और उनके आत्मविश्वास में कमी आ जाती है। वे नाराज होते हैं और उस नाराजगी को उन्हें पंगु बनाने की अनुमति दे देते हैं। क्या आपको यह सब परिचित-सा लग रहा है—खुद के लिए या अपने किसी प्रियजन के लिए? नेपोलियन हिल अब साझा कर रहे हैं कि उन्होंने कैसे अपने डर को काबू में किया और परिस्थिति से उबरकर अपने जीवन में सफलता लाने के लिए उम्मीद, प्रेरणा और प्रोत्साहन पाया।

मेरे जीवन का सबसे नाटकीय पल

वह मोड़ अचानक आया—वर्ष 1927 के पतझड़ में, जब कैंटन हत्याकांड को एक वर्ष से अधिक समय हो चुका था। एक रात मैं घर से निकला और टहलते हुए उस पब्लिक स्कूल की इमारत तक चला गया, जो शहर से ऊपर एक पहाड़ी की चोटी पर था।

मैंने निर्णय कर लिया था कि वह रात बीतने से पहले मैं खुद से लड़कर वह मामला खत्म कर दूँगा। मैं इमारत के चारों ओर चलते हुए अपने मदहोश हो चुके दिमाग को स्पष्ट सोचने के लिए विवश करने की कोशिश करने लगा। मैंने इमारत के चारों ओर सैकड़ों चक्कर लगाए होंगे और तब जाकर मेरे दिमाग में एक ऐसा विचार पनपना शुरू हुआ, जिसे कुछ हद तक एक संगठित विचार कहा जा सकता था। चलते-चलते मैं खुद से बार-बार दोहरा रहा था, 'इस मुश्किल से बाहर निकलने का तरीका जरूर है और मैं घर जाने से पहले उसे ढूँढ़ लूँगा।' मैंने यह वाक्य शायद हजार बार दोहराया होगा। इसके अलावा, मैं जो कह रहा था, वह करने का मेरा पूरा इरादा था। मैं अपने आप से पूरी तरह निराश हो चुका था, लेकिन मेरे मन में मुक्ति की आशा थी।

और फिर, जैसे साफ आसमान में बिजली कौंधती है, वैसे ही एक विचार मेरे मन में इतनी तीव्रता से आया कि आवेग से मेरी नसों में खून दौड़ने लगा—

''यह तुम्हारी परीक्षा का समय है। तुम्हें गरीबी और अपमान इसीलिए मिला है, ताकि तुम अपने 'दूसरे स्व' को खोजने पर विवश हो जाओ।''

शैरोन के नोट्स— यदि आज के आर्थिक हालात ने आपको झटका दिया है, आपको गरीबी की ओर अग्रसर किया है, शर्मिंदा किया है या आपके आत्मविश्वास को नुकसान पहुँचाया है तो उसे एक परीक्षा समझिए, जैसा कि नेपोलियन हिल ने वर्ष 1920 के दशक के अंत में और 1930 के आरंभ में किया था। खुद को अपना 'दूसरा स्व' खोजने पर विवश कीजिए। अपने जीवन के कमजोर बिंदुओं पर काम करके और दृढ़ बने रहकर आप अकसर उस अंतर्दृष्टि को प्राप्त कर सकते हैं, जो वास्तव में सफल होने के लिए आवश्यक है।

इतने वर्षों में पहली बार मुझे याद आया कि मि. कार्नेगी ने इस 'दूसरे स्व' के बारे में क्या कहा था। मुझे अब याद आ रहा था कि उन्होंने कहा था—मैं सफलता और असफलता के कारणों में अपने शोध के श्रम के अंत में उसे खोज पाऊँगा और यह कि वह खोज आमतौर पर एक आपातकाल के परिणाम के रूप में आती है, जब लोग अपनी आदतें बदलने और मुश्किल से बाहर निकलने के तरीके सोचने पर विवश हो जाते हैं।

मैंने स्कूल की इमारत का चक्कर काटना जारी रखा; लेकिन अब मैं हवा पर चल रहा था। अवचेतन रूप से शायद मैं जानता था कि मैं उस स्व-निर्मित कारावास से रिहा होने वाला था, जिसमें मैंने खुद को कैद कर लिया था।

मुझे एहसास हुआ कि यह महान् संकट काल मेरे सामने एक अवसर लेकर आया था—न सिर्फ मेरे 'दूसरे स्व' की खोज करने का, बल्कि उस उपलब्धि के दर्शन की सुदृढ़ता की जाँच करने का भी, जिसके व्यावहारिक होने का उपदेश मैं दूसरों को देता आया था। जल्दी ही मुझे पता चल जाएगा कि वह काम करेगा या नहीं। मैंने मन बना लिया कि यदि वह काम नहीं करेगा तो मैं अपनी लिखी पांडुलिपियों को जला दूँगा और फिर कभी लोगों को यह बताने का दोषी नहीं बनूँगा कि वे स्वयं अपनी किस्मत के स्वामी और अपनी आत्माओं के कप्तान थे।

हिल 'इनविक्टस कविता का संक्षिप्त विवरण दे रहे हैं, जिसे विलियम अर्नेस्ट हेनली (1849-1903) ने 1888 में प्रकाशित किया था।

उस रात की काली चादर से
जब दिखता न हो हाथ को हाथ,
रही आत्मा मेरी आज भी अविजित
करता हूँ मैं देवताओं का प्रकट आभार।

परिस्थिति के निर्दय चंगुल में
न छलका मेरा दर्द न की चीख-पुकार।
पर न झुका लहूलुहान सिर
भले भाग्य ने किए अनगिनत प्रहार।

क्रोध-अश्रु से भरे इस जगत् के पार
मँडराती भय की काली छाया,
अब तक हूँ खड़ा निर्भीक-निडर
चाहे बरसों तक झेला संकट अपार।

संकुचित चाहे कितनी ही क्यों न हो राह,
अभियोगों से भरे प्रारब्ध में लगा दंड का अंबार।
मालिक मैं ही अपनी किस्मत का
अपने मन का मैं ही खेवनहार।

पूर्णिमा का चाँद पहाड़ी की चोटी से ऊपर आ ही रहा था। मैंने पहले कभी उसे इतना अधिक चमकते हुए नहीं देखा था। जब मैं खड़ा हुआ उसे देख रहा था तो मेरे दिमाग में एक और विचार कौंधा। और वह यह था—

''तुम लोगों को बताते आए हो कि डर पर कैसे काबू पाना चाहिए और जीवन के संकट काल से उत्पन्न हुई मुश्किलों पर कैसे जीत हासिल करनी चाहिए। अब तुम इस बारे में अधिकार के साथ बात कर सकते हो, क्योंकि तुम खुद साहस और उद्देश्य के साथ दृढ़ और अभीत होकर अपनी मुश्किलों से ऊपर उठने वाले हो।''

उस विचार के साथ मेरे अस्तित्व के रसायन में एक परिवर्तन आया, जो मुझे उमंग की एक ऐसी अवस्था में ले गया, जो मैंने पहले कभी अनुभव नहीं की थी। मेरा दिमाग अपने आप को सुस्ती की उस स्थिति से दूर करने लगा, जिसमें वह चला गया था। मेरी तर्क करने की शक्ति एक बार फिर काम करने लगी।

एक छोटे से पल के लिए मुझे खुशी हुई कि मुझे पीड़ा के उन लंबे महीनों से

गुजरने का सौभाग्य प्राप्त हुआ, क्योंकि उस अनुभव ने मुझे उपलब्धि के सिद्धांतों की सुदृढ़ता का परीक्षण करने का अवसर प्रदान किया था, जिन्हें मैंने अपने शोध से इतने परिश्रम से छीना था।

जब यह विचार मेरे मन में आया तो मैं चलते-चलते रुक गया, अपने पैर एक-दूसरे से सटा लिये और अभिवादन करते हुए (मैं नहीं जानता था, किसको या किस चीज को) कई मिनट सावधान की मुद्रा में सीधा खड़ा रहा। पहले ऐसा करना एक मूर्खतापूर्ण काम लग रहा था; लेकिन जब मैं वहाँ खड़ा था तो एक और विचार मेरे दिमाग में आया, इस बार 'आदेश' के रूप में, जो उतना ही संक्षिप्त और तेज था, जितना किसी सैन्य कमांडर द्वारा उसके अधीनस्थ को दिया गया आदेश।

वह आदेश था—"कल अपनी मोटरगाड़ी में बैठकर फिलाडेल्फिया जाओ, जहाँ तुम्हारी उपलब्धि के दर्शन को प्रकाशित करवाने के लिए तुम्हें सहायता प्राप्त होगी।"

इसके आगे न कोई विवरण था, न आदेश का कोई संशोधन। जैसे ही मुझे आदेश मिला, मैं घर वापस लौट गया। अपने बिस्तर पर गया और मन में ऐसी शांति लेकर सोया, जैसी मैंने पिछले एक वर्ष से अधिक समय से महसूस नहीं की थी।

अगली सुबह जब मेरी नींद खुली तो मैं बिस्तर से बाहर निकला और फौरन अपने कपड़े समेटकर फिलाडेल्फिया जाने की तैयारी करने लगा। मेरी बुद्धि कह रही थी कि मैं एक मूर्खतापूर्ण मिशन पर जा रहा था। आखिर मैं फिलाडेल्फिया में किसे जानता था, जिससे मैं पुस्तकों के आठ खंडों को प्रकाशित करने के लिए 25,000 डॉलर की वित्तीय सहायता के लिए कहता? मैंने खुद से सवाल किया।

फौरन उस प्रश्न का उत्तर मेरे दिमाग में कौंधा—इतने स्पष्ट रूप से, जैसे कोई सुनाई देनेवाले शब्दों में कह रहा हो, "तुम इस समय प्रश्न पूछने के बजाय आदेशों का पालन कर रहे हो। इस यात्रा का प्रभारी तुम्हारा 'दूसरा स्व' होगा।"

एक और बात थी, जो फिलाडेल्फिया जाने की मेरी तैयारी को बेतुका बना रही थी। मेरे पास पैसे नहीं थे! यह विचार मेरे मन में आया ही था कि मेरा 'दूसरा स्व' एक और तेज आदेश के साथ फट पड़ा और बोला, "अपने बहनोई से 50 डॉलर माँग लो। वह तुम्हें उधार दे देगा।"

यह आदेश निश्चित और अंतिम प्रतीत हो रहा था। बिना और झिझके मैंने निर्देशों का पालन किया। जब मैंने अपने बहनोई से पैसे माँगे तो वह बोला, "क्यों

नहीं। तुम्हें निश्चित रूप से 50 डॉलर मिल सकते हैं; लेकिन अगर तुम काफी लंबे समय के लिए जा रहे हो तो बेहतर होगा कि तुम 100 डॉलर ले जाओ।''

मैंने उसे धन्यवाद दिया और कहा कि 50 डॉलर पर्याप्त होंगे। मैं जानता था कि वे पर्याप्त नहीं थे, लेकिन मेरे 'दूसरे स्व' ने उतनी ही राशि माँगने का आदेश दिया था और मैंने उतनी ही राशि ली।

मुझे बहुत राहत मिली, जब मैंने देखा कि मेरा बहनोई मुझसे मेरे फिलाडेल्फिया जाने का कारण नहीं पूछने वाला था। यदि उसे पता होता कि पिछली रात मेरे दिमाग में क्या-क्या चला था तो शायद उसे लगता कि एक असंभव-से प्रयास के लिए फिलाडेल्फिया जाने के बजाय मुझे इलाज के लिए मनोरोग अस्पताल में जाना चाहिए था।

मेरे 'दूसरे स्व' के हाथ में कमान

मैं वहाँ से निकला तो मेरा दिमाग मुझसे कह रहा था कि मैं मूर्ख था और मेरा 'दूसरा स्व' मुझे चुनौती की उपेक्षा करके आदेश का पालन करने के लिए कह रहा था।

मैं पूरी रात गाड़ी चलाता रहा और सुबह जल्दी ही फिलाडेल्फिया पहुँच गया। जो विचार मुझे सबसे पहले आया, वह था एक सस्ता सा बोर्डिंग हाउस खोजना, जहाँ मुझे 1 डॉलर प्रतिदिन के हिसाब से कमरा मिल जाए।

यहाँ एक बार फिर मेरे 'दूसरे स्व' ने कमान सँभाल ली और शहर के सबसे विशिष्ट होटल में कमरा लेने का आदेश दिया। जेब में बचे हुए 40 डॉलर से कुछ अधिक लेकर होटल के डेस्क पर कमरे के लिए पूछने जाना मुझे वित्तीय आत्महत्या की तरह लग रहा था। मैं कमरे के लिए पूछने जा ही रहा था कि मेरे नए खोजे हुए 'दूसरे स्व' ने सुइट के लिए पूछने का आदेश दिया, जिसकी कीमत दो दिनों में मेरी बची हुई पूँजी खत्म कर देने वाली थी। मैंने आदेश मान लिया।

बेल बॉय ने मेरे बैग उठाए, मुझे मेरे वाहन का क्लेम चेक सौंपा और झुकते हुए मुझे एलिवेटर की ओर यूँ ले गया, जैसे मैं प्रिंस ऑफ वेल्स था। एक वर्ष से अधिक समय में पहली बार किसी इनसान ने मेरे प्रति ऐसा सम्मान दरशाया था। मेरे अपने रिश्तेदार, जिनके साथ मैं रह रहा था, मेरे प्रति सम्मान जताना तो दूर, मुझे अपने ऊपर बोझ समझ रहे थे (ऐसा मैं सोच रहा था) और मुझे यकीन है कि मैं उन पर बोझ था, क्योंकि जिस तरह की मानसिक स्थिति में मैं पिछले एक वर्ष

से था, उसमें कोई भी व्यक्ति अपने संपर्क में आनेवालों के लिए बोझ के अलावा कुछ नहीं हो सकता था।

यह स्पष्ट होता जा रहा था कि मेरे 'दूसरे स्व' ने मुझे उस हीन-भावना से मुक्त करने का निश्चय कर लिया था, जो मेरे अंदर विकसित हो गई थी।

मैंने बेल बॉय की ओर 1 डॉलर उछाल दिया। मैं अंदाजा लगाने लगा कि सप्ताह के अंत तक मेरा होटल बिल कितना होगा; लेकिन तभी मेरे 'दूसरे स्व' ने मुझे आदेश दिया कि मैं सीमाओं से अपना ध्यान पूरी तरह हटा लूँ और फिलहाल अपने आप को ऐसे दिखाऊँ जैसे मेरी जेब में ढेरों पैसे थे।

जिस अनुभव से मैं गुजर रहा था, वह मेरे लिए नया भी था और अजीब भी। मैंने कभी अपने आप को वैसा दिखाने की कोशिश नहीं की थी, जैसा मैं वास्तव में अपने आप को नहीं समझता था।

लगभग आधे घंटे तक इस 'दूसरे स्व' ने मुझे आदेश दिए, जिनका मैंने अपने फिलाडेल्फिया प्रवास की अवधि के दौरान अक्षरशः पालन किया। ये आदेश मुझे विचारों के माध्यम से मिलते थे, जो अपने आप को मेरे दिमाग में इतनी शक्ति के साथ प्रस्तुत करते थे कि वे आसानी से मेरे खुद के निर्मित साधारण विचारों से अलग पहचान में आ जाते थे।

शैरोन के नोट्स—*हिल ने एक अमीर आदमी का व्यक्तित्व अपना लिया, जो वे बनना चाहते थे। हम इस बात से दृढ़तापूर्वक सहमत हैं कि अमीर बनने के लिए आपको अमीर सोचने की जरूरत है और उसके लिए एक सही वातावरण में होना भी आवश्यक है। नेपोलियन हिल फाउंडेशन के सी.ई.ओ. डॉन ग्रीन ने एक बार मुझसे कहा था, ''मैंने अपने पहले अच्छे सूट सोबेल्स से खरीदे थे।'' एक कस्टम क्लोदिंग स्टोर, जहाँ से ईस्टमैन कोडक के अधिकारी खरीदारी करते थे। स्टोर के मालिक ने रजिस्टर के पीछे एक बोर्ड लगा रखा था, जिस पर लिखा था—'यदि आप सफल होना चाहते हैं तो पहले एक सफल व्यक्ति की तरह तैयार हों।'*

हालाँकि हम वे पैसे खर्च करने में, जो उनके पास नहीं थे, मि. हिल का अनुसरण करने में संयम रखने की सलाह देते हैं।

एक 'अजीब' स्त्रोत से 'अजीब' आदेश

मुझे निर्देश इस अंदाज में मिलने शुरू हुए—

"अब तुम अपने 'दूसरे स्व' के पूरे अधिकार में हो। तुम यह जानने के अधिकारी हो कि तुम्हारे शरीर पर दो तत्त्वों का कब्जा है; बल्कि तथ्य यह है कि पृथ्वी पर रहनेवाले हर जीवित व्यक्ति के शरीर पर दो तत्त्वों का कब्जा है।

"इनमें से एक तत्त्व डर से प्रेरित है और उसी के आवेग का जवाब देता है। दूसरा विश्वास से प्रेरित है और उसके आवेग का जवाब देता है। एक वर्ष से अधिक समय से तुम डर के तत्त्व द्वारा एक गुलाम की तरह प्रेरित रहे हो।

"परसों रात को विश्वास तत्त्व ने तुम्हारे भौतिक शरीर पर नियंत्रण प्राप्त कर लिया और अब तुम उस तत्त्व द्वारा प्रेरित हो। सुविधा के लिए तुम इस विश्वास तत्त्व को अपना 'दूसरा स्व' कह सकते हो। यह कोई सीमाएँ नहीं जानता। इसे कोई डर नहीं है और यह 'असंभव' जैसे किसी शब्द से परिचित नहीं है।

"तुम्हें एक अच्छे होटल में विलासिता के इस माहौल का चयन करने का निर्देश उस भय तत्त्व को सत्ता में वापस आने से हतोत्साहित करने के लिए दिया गया था। डर से प्रेरित वह 'पुराना स्व' मरा नहीं है; उसे सिर्फ सत्ता से उतारा गया है और तुम जहाँ भी जाओगे, वह तुम्हारे पीछे जाएगा और एक अनुकूल अवसर का इंतजार करेगा, जब वह आगे बढ़कर एक बार फिर तुम्हें अपने नियंत्रण में ले सके। वह तुम पर नियंत्रण सिर्फ तुम्हारे विचारों के माध्यम से कर सकता है। याद रखो और अपने मन के दरवाजे हर उस विचार के खिलाफ कसकर बंद रखो, जो तुम्हें किसी भी प्रकार सीमित करते हों और तुम सुरक्षित रहोगे।

"खुद को उन पैसों के बारे में चिंता करने की अनुमति मत दो, जिनकी तुम्हें तुम्हारे तात्कालिक खर्चों के लिए आवश्यकता होगी। जब उन्हें तुम्हारे पास होना चाहिए, वे अपने आप आ जाएँगे।

"अब हम काम की बात करते हैं। सबसे पहले तुम्हें पता होना चाहिए कि जिस विश्वास तत्त्व के नियंत्रण में अब तुम्हारा शरीर है, वह कोई चमत्कार नहीं करता, न ही वह प्रकृति के नियमों के विपरीत कोई काम करता है। जब तक तुम्हारे शरीर पर उसका नियंत्रण है, वह तुम्हारे आह्वान पर तुम्हारा मार्गदर्शन करेगा, तुम्हारी योजनाओं को यहाँ उपलब्ध सबसे अधिक तार्किक और सुविधाजनक प्राकृतिक मीडिया द्वारा कार्यान्वित करने में, विचार के आवेगों के माध्यम से, जिन्हें वह तुम्हारे मस्तिष्क में रोपित करेगा।

''सबसे ऊपर, इस तथ्य को अपने मन में अच्छी तरह बैठा लो कि तुम्हारा 'दूसरा स्व' तुम्हारे लिए तुम्हारा काम नहीं करेगा; वह सिर्फ तुम्हारी इच्छित वस्तुओं को तुम्हारे अपने लिए प्राप्त करने में बुद्धिमत्तापूर्वक तुम्हारा मार्गदर्शन करेगा।

शैरोन के नोट्स— *क्या आप विश्वास द्वारा निर्देशित होंगे या आप डर को खुद पर हावी होने की अनुमति देंगे?*

''यह 'दूसरा स्व' तुम्हें तुम्हारी योजनाओं का वास्तविकता में अनुवाद करने में सहायता करेगा। इसके अलावा, तुम्हें पता होना चाहिए कि यह हमेशा तुम्हारी प्रमुख या सबसे स्पष्ट इच्छा से शुरू होता है। इस समय तुम्हारी प्रमुख इच्छा वह है, जो तुम्हें यहाँ लाई है और सफलता व असफलता के कारणों में तुम्हारे शोध के परिणामों को प्रकाशित और वितरित करना है। तुम अनुमान लगाओ कि तुम्हें लगभग 25,000 डॉलर की आवश्यकता होगी।

''तुम्हारे परिचितों के बीच एक आदमी है, जो तुम्हें इस आवश्यक पूँजी की आपूर्ति करेगा। फौरन अपने मन में अपनी जान-पहचानवाले उन सभी लोगों के नाम याद करो, जिनके बारे में तुम्हें लगता है कि वे तुम्हें वित्तीय सहायता प्रदान करने के लिए प्रेरित हो सकते हैं।

''जब उस तार्किक व्यक्ति का नाम तुम्हारे दिमाग में आएगा तो तुम उसे पहचान लोगे। उस व्यक्ति को संपर्क करना और तुम जो सहायता चाहते हो, वह तुम्हें मिल जाएगी; लेकिन जब तुम उससे मिलोगे तो अपना अनुरोध ऐसे शब्दों में पेश करना, जैसे तुम आमतौर पर व्यापारिक लेन-देन में करते हो। किसी भी हालत में 'दूसरे स्व' से हुए अपने इस परिचय का संदर्भ मत पेश करना। यदि तुम इन निर्देशों का उल्लंघन करोगे तो तुम्हें अस्थायी हार मिलेगी।

''तुम्हारा 'दूसरा स्व' नियंत्रण में रहेगा और तब तक तुम्हारा मार्गदर्शन करता रहेगा, जब तक तुम उस पर भरोसा करोगे। संदेह, डर एवं चिंता और सीमाओं के सभी विचार पूरी तरह अपने दिमाग से बाहर रखना।

''अभी के लिए इतना काफी है। अब तुम अपनी इच्छा से काम करना शुरू कर दोगे, बिल्कुल वैसे, जैसे तुम अपने 'दूसरे स्व' से मिलने से पहले करते थे। शारीरिक रूप से तुम अभी भी वैसे हो, जैसे हमेशा से थे; इसलिए किसी को पता नहीं चलेगा कि तुम्हारे अंदर कोई परिवर्तन आया है।''

मैंने कमरे में चारों ओर देखा, अपनी आँखें झपकाईं और यह सुनिश्चित करने

के लिए कि मैं कोई सपना नहीं देख रहा था, मैं उठकर आईने तक गया और ध्यान से खुद को देखने लगा। मेरे चेहरे का भाव संदेह से बदलकर साहस और विश्वास का हो गया था। अब मेरे मन में कोई संदेह नहीं था कि मेरा भौतिक शरीर एक ऐसे प्रभाव के नियंत्रण में था, जो उससे बहुत अलग था, जो दो रात पहले पश्चिम वर्जीनिया के उस स्कूल की इमारत के चक्कर काटते हुए सत्ता से हटा दिया गया था।

शैरोन के नोट्स— *यहाँ पांडुलिपि का संपादन करने में मैंने इस अध्याय का अंत लेखक के जीवन के एक महान् मोड़ पर किया है। क्या आपके जीवन में कभी ऐसा परिवर्तन आया है, जैसा हिल ने ऊपर वर्णित किया है? धार्मिक संदर्भ में, इसका वर्णन एक 'रूपांतरण अनुभव' के रूप में भी किया जा सकता है। अन्य लोग इसे सिर्फ एक 'वेकअप कॉल' (जाग्रत् करना) या 'टैप ऑन द शोल्डर' (कंधे पर थपकी देना) या और जोरदार शब्दों में 'स्लैप इन द फेस' (चेहरे पर थप्पड़ मारना) कह सकते हैं।*

□

अध्याय-2

एक नई दुनिया में प्रवेश

जाहिर है कि मेरा एक नया जन्म हुआ था, जिसके द्वारा मैं हर प्रकार के डर से अलग कर दिया गया था। अब मेरे पास ऐसा साहस था, जैसा मैंने पहले कभी अनुभव नहीं किया था। बावजूद इसके मुझे अब तक बताया नहीं गया था कि कैसे या किस स्रोत से मैं वह आवश्यक धनराशि प्राप्त कर पाऊँगा, जो मुझे चाहिए थी। मुझे इस तरह का पूर्ण विश्वास था कि वे पैसे मेरे पास आ जाएँगे कि मैं उन्हें पहले से ही अपने कब्जे में देख सकता था।

अपने पूरे जीवन में कुछ ही अवसरों पर मैंने ऐसे विश्वास का अनुभव किया है। वह एक ऐसा एहसास था, जिसका एक व्यक्ति दूसरे को वर्णन नहीं कर सकता। ऐसे वर्णन के लिए अंग्रेजी भाषा में उपयुक्त शब्द नहीं है—एक ऐसा तथ्य, जिसकी वे लोग आसानी से पुष्टि कर सकते हैं, जिन्हें समान अनुभव हुए हैं।

मैंने फौरन उन निर्देशों का पालन करना आरंभ कर दिया, जो मुझे प्राप्त हुए थे। वह संपूर्ण भावना कि मैं एक असंभव मिशन पर काम करने जा रहा था, अब मुझे छोड़ चुकी थी। एक-एक करके मैं अपने उन सभी परिचितों के नाम याद करने लगा, जो मुझे मेरी जरूरत के 25,000 डॉलर देने में आर्थिक रूप से सक्षम थे। मैंने शुरुआत हेनरी फोर्ड के नाम से की और 300 से अधिक लोगों की सूची अपने दिमाग में दोहरा ली। मेरे 'दूसरे स्व' ने सिर्फ इतना कहा, 'तलाश करते रहो।'

सबसे ज्यादा अंधकार भोर के बिल्कुल पहले होता है

लेकिन मैं अब थक चुका था। मेरे परिचितों की पूरी सूची समाप्त हो चुकी थी और उसके साथ मेरी शारीरिक सहन-शक्ति भी। मैं पिछले दो दिन और दो रातों से लगातार नामों की उस सूची पर ध्यान केंद्रित करते हुए काम में लगा हुआ था और सिर्फ कुछ घंटों की नींद लेने के लिए मैंने काम रोका था।

मैं अपनी कुरसी पर पीछे टिककर बैठ गया, आँखें बंद कर लीं और कुछ मिनटों के लिए एक तरह की झपकी में चला गया। मेरी आँख कमरे में हुई विस्फोट जैसी आवाज से खुली। जब मुझे होश आया तो मेरे दिमाग में अल्बर्ट एल. पेल्टन का नाम आया और उसके साथ एक योजना, जो मैं तुरंत समझ गया कि वही योजना थी, जिसके माध्यम से मैं मि. पेल्टन से अपनी पुस्तकें प्रकाशित करवाने में सफलता प्राप्त कर सकता हूँ। मुझे मि. पेल्टन सिर्फ 'द गोल्डन रूल' पत्रिका में

एक विज्ञापनदाता के रूप में याद थे। वह पत्रिका, जो मैं पहले प्रकाशित करता था।

शैरोन के नोट्स— ***आप जिससे भी मिलते हैं, उस पर प्रभाव छोड़ते हैं। आप नहीं जानते कि कब आपका कोई परिचित आपका व्यापार सहयोगी बन जाएगा। आपके नेटवर्क में बहुत शक्ति है।***

मैंने एक टाइपराइटर मँगवाया। मेरीडेन, कनेक्टिकट में मि. पेल्टन को एक पत्र लिखा और उन्हें वह योजना समझाई—बिल्कुल उसी रूप में, जैसे वह मुझे प्राप्त हुई थी। उनका जवाब टेलीग्राम से आया, जिसमें लिखा था कि वे अगले दिन मुझसे मिलने के लिए फिलाडेल्फिया में होंगे।

जब वे आए तो मैंने उन्हें अपने दर्शन की मूल पांडुलिपियाँ दिखाईं और संक्षेप में समझाया कि मेरी दृष्टि में उसका मिशन क्या था। वे कुछ मिनटों तक पांडुलिपियों के पन्ने पलटते रहे, फिर अचानक रुक गए। कुछ सेकंड के लिए अपनी आँखें दीवार पर स्थिर कर दीं और बोले, "मैं तुम्हारे लिए तुम्हारी पुस्तकें प्रकाशित करूँगा।"

अनुबंध तैयार हो गया। मुझे रॉयल्टी के निमित्त एक बड़ी अग्रिम राशि दी गई। पांडुलिपियाँ उन्हें सौंप दी गईं और वे उन्हें लेकर मेरीडेन चले गए।

मैंने उस समय उनसे नहीं पूछा कि किस चीज ने उन्हें पांडुलिपियाँ पढ़े बिना मेरी पुस्तकें प्रकाशित करने का निर्णय लेने के लिए प्रेरित किया; लेकिन मैं इतना अवश्य जानता हूँ कि उन्होंने आवश्यक पूँजी की आपूर्ति की, पुस्तकें छापीं और उनके हजारों सेट अपने खुद के पुस्तक खरीदारों को बेचने में मेरी सहायता की, जो दुनिया के लगभग हर अंग्रेजी बोलनेवाले देश में मौजूद थे।

मेरा 'दूसरा स्व' कामयाब हुआ

मि. पेल्टन से फिलाडेल्फिया में मेरी मुलाकात के तीन महीने बाद मेरी पुस्तकों का एक संपूर्ण सेट मेरे सामने टेबल पर रखा था और पुस्तकों की बिक्री से मेरी आय मेरी जरूरतों को पर्याप्त रूप से पूरा करने लगी थी। ये पुस्तकें अब दुनिया भर में मेरे छात्रों के हाथों में हैं।

पुस्तकों की बिक्री से मेरा पहला रॉयल्टी का चेक 850 डॉलर का था। जब मैंने वह लिफाफा खोला, जिसमें चेक था, तो मेरे 'दूसरे स्व' ने कहा, "तुम्हारी एकमात्र सीमा वह होती है, जो तुम अपने खुद के मन में बनाते हो।"

शैरोन के नोट्स— 'तुम्हारी एकमात्र सीमा वह होती है, जो तुम अपने खुद के मन में बनाते हो!' क्या यह वाक्य आपके लिए भी उतना ही सच प्रतीत होता है, जितना मेरे लिए है? कितनी ही बार ऐसा हुआ है कि मैं खुद अपनी दुश्मन बन गई हूँ और आत्मविश्वास की कमी से पीछे हट गई हूँ। हिल चाहते हैं कि हम सब अपने 'दूसरे स्व' को खोजें, ताकि हम हमारी अधिकतम क्षमता तक पहुँच सकें।

मैं यकीन के साथ नहीं कह सकता कि मैं जानता हूँ, यह 'दूसरा स्व' क्या है, लेकिन मैं इतना अवश्य जानता हूँ कि जो पुरुष या महिला उसे खोज लेता/लेती है और उस पर भरोसा करता/करती है, उसे कोई स्थायी हार नहीं मिल सकती।

जिस दिन मि. पेल्टन फिलाडेल्फिया में मुझसे मिलने आए, उसके अगले दिन मेरे 'दूसरे स्व' ने मुझे एक विचार प्रस्तुत किया, जिसने मेरी वित्तीय समस्या को तत्काल हल कर दिया। मेरे मन में विचार आया कि ऑटोमोबाइल के क्रय-विक्रय के तरीकों में एक कठोर परिवर्तन की आवश्यकता थी और भविष्य में इस क्षेत्र के सेल्समैन को ऑटोमोबाइल की बिक्री करना सीखना होगा, बजाय सिर्फ प्रयुक्त कार व्यापार के खरीदारों के रूप में सेवाएँ प्रदान करने के, जैसा कि उस समय अधिकांश सेल्समैन कर रहे थे।

मुझे यह विचार भी आया कि वे युवा, जिन्होंने हाल ही में कॉलेज समाप्त किया था और इसलिए ऑटोमोबाइल क्रय-विक्रय की पुरानी चालों के बारे में कुछ नहीं जानते थे, सेल्समैनों के इस नए ब्रांड को विकसित करने के लिए सर्वाधिक उपयुक्त रहेंगे।

यह विचार इतना स्पष्ट और इतना प्रभावशाली था कि मैंने तुरंत जनरल मोटर्स कंपनी के सेल्स मैनेजर को लंबी दूरी का कॉल लगाया और संक्षेप में अपनी योजना समझाई। वह भी इससे प्रभावित हुआ और मुझे बिक ऑटोमोबाइल कंपनी की पश्चिम फिलाडेल्फिया शाखा में संपर्क करने को कहा, जिसका स्वामित्व और प्रबंधन उस समय अर्ल पॉवेल के पास था।

मैं मि. पॉवेल से मिलने गया, उन्हें अपनी योजना समझाई और उन्होंने फौरन मुझे ध्यानपूर्वक चयनित पंद्रह युवा कॉलेज छात्रों को प्रशिक्षित करने के लिए रख लिया, जिनके माध्यम से योजना कार्यान्वित हुई।

प्रशिक्षक के उस काम से मेरी आय अगले तीन महीनों तक, जब तक कि

मेरी पुस्तकों की बिक्री से लाभ आना शुरू नहीं हो गया, मेरे सारे खर्च पूरे करने के लिए पर्याप्त से भी अधिक थी—उस महँगे सुइट की लागत सहित, जिसके बारे में मैं पहले इतना चिंतित था।

मेरे 'दूसरे स्व' ने मुझे निराश नहीं किया। जिस धनराशि की मुझे आवश्यकता थी, वह सही समय पर मेरे हाथों में थी, जैसा कि मुझे आश्वासन दिया गया था। अब तक मैं आश्वस्त हो चुका था कि मेरी फिलाडेल्फिया की यात्रा किसी भी प्रकार से एक 'मूर्खतापूर्ण मिशन' नहीं थी, जैसा कि मेरी तर्क बुद्धि ने पश्चिम वर्जीनिया छोड़ने से पहले मुझे संकेत दिया था।

तब से लेकर इस मिनट तक मेरी जरूरत की हर चीज मेरे पास आई है, इस तथ्य के बावजूद कि पूरी दुनिया हाल ही में आर्थिक मंदी के दौर से गुजरी है, जब लोगों को उनकी नितांत आवश्यकता की चीजें भी हर समय उपलब्ध नहीं थीं। कभी-कभी मेरी जरूरत की भौतिक चीजों को मेरे पास पहुँचने में देर अवश्य हुई है, लेकिन मैं सच्चाई से कह सकता हूँ कि जब भी मेरे सामने कोई चौराहा आया है, मेरे 'दूसरे स्व' ने हमेशा मुझसे मिलकर मुझे संकेत दिया है कि मुझे किस रास्ते पर जाना चाहिए।

'दूसरा स्व' किसी उदाहरण का अनुसरण नहीं करता, कोई सीमाएँ नहीं पहचानता और वांछित लक्ष्य को प्राप्त करने के लिए हमेशा कोई रास्ता निकाल लेता है। उसे अस्थायी हार का सामना करना पड़ सकता है, लेकिन स्थायी विफलता के साथ नहीं। मुझे इस बयान की सुदृढ़ता का उतना ही यकीन है, जितना इस तथ्य का कि मैं ये पंक्तियाँ लिख रहा हूँ।

शैरोन के नोट्स— ***'दूसरे स्व' को अस्थायी हार का सामना करना पड़ सकता है, लेकिन स्थायी विफलता के साथ नहीं। कितनी बार हम एक अस्थायी हार को अपने को ऐसे प्रभावित करने देते हैं, जैसे कि वह एक स्थायी विफलता थी, बजाय इसके कि हम उससे सीख लेकर आगे बढ़ जाएँ। जैसा कि हिल वर्णन करते हैं, उन्होंने खुद भी अपनी यात्रा के दौरान कई झटके खाए थे, लेकिन हर बार वे बड़े लाभ के बीज को तलाश करके और बड़ी सफलताओं की ओर बढ़ने में सक्षम रहे थे।***

इस बीच, मैं ईमानदारी से आशा करता हूँ कि व्यापारिक अवसाद और अन्य अप्रिय अनुभवों से घायल हुए लाखों पुरुषों व महिलाओं में से कुछ लोग अपने

अंदर इस अजीब से अस्तित्व को खोज लेंगे, जिसे मैं अपना 'दूसरा स्व' कहता हूँ, और जैसा कि मेरे साथ हुआ था, वह खोज उन्हें उस शक्ति के स्रोत के साथ एक घनिष्ठ संबंध की ओर प्रेरित करेगी, जो बाधाओं को पार करता है और कठिनाइयों पर विजय प्राप्त करता है, बजाय उन्हें खुद पर हावी होने देने के। आपके 'दूसरे स्व' में एक महान् शक्ति छिपी हुई है। ईमानदारी से तलाश करिए, वह आपको मिल जाएगी।

शैरोन के नोट्स—*हिल की पुस्तकें ग्रेट डिप्रेशन के समय प्रकाशित हुई थीं और उन्होंने वास्तव में लाखों लोगों की इस विश्वास में रहने की आशा और साहस प्राप्त करने में सहायता की कि वे सफलता के अपने रास्ते को तलाश कर लेंगे। मेरा मानना है कि हम उनके समय और अपने समय के बीच कई समानताएँ तलाश कर सकते हैं—हमें अत्यधिक तनाव के समय ही अपनी इच्छा और आंतरिक शक्ति का पता चलता है। वर्तमान आर्थिक अनिश्चितताओं के साथ लोग अपनी और अपने परिवारों की आवश्यकताएँ पूरी करने के लिए नए रास्ते तलाश कर रहे हैं या तलाश करने पर विवश हो रहे हैं और उनमें से कई बड़ी सफलताएँ प्राप्त करेंगे। वे सफलता की महान् कहानियाँ बनेंगे, जिन्हें हम अब से दो से पाँच वर्ष बाद पढ़ेंगे। क्या आप भी सफलता की उन कहानियों में होंगे या तब भी एक किनारे खड़े होकर देखते रहेंगे?*

विफलता : दुःख के वेश में सुख

मेरे 'दूसरे स्व' से अपने परिचय के परिणामस्वरूप मैंने एक और खोज की है—यह कि हर वैध समस्या का एक समाधान होता है, चाहे वह समस्या कितनी ही मुश्किल क्यों न प्रतीत हो रही हो।

शैरोन के नोट्स—*'हर वैध समस्या का एक समाधान होता है, चाहे वह समस्या कितनी ही मुश्किल क्यों न प्रतीत हो रही*

हो।' जबकि तूफान की नजरों में होते हुए इस बात को स्वीकार करना मुश्किल है; लेकिन दूरंदेशी आम तौर पर इस अवधारणा को सही साबित करती है।

मैंने यह भी जाना कि अस्थायी हार के हर अनुभव, हर असफलता और हर प्रकार की विपरीत परिस्थिति के साथ उसके समकक्ष लाभ का एक बीज आता है। ध्यान रहे, मैंने सफलता को 'पूर्ण विकसित फूल' नहीं कहा है, बल्कि वह बीज कहा है, जिसमें से वह फूल उगाया और विकसित किया जा सकता है। मुझे इस नियम के किसी अपवाद की जानकारी नहीं है। जिस बीज की मैं बात कर रहा हूँ, वह हमेशा दिखाई दे, यह आवश्यक नहीं है; लेकिन आप यकीन रख सकते हैं कि वह किसी-न-किसी रूप में है अवश्य।

मैं उस अजीब शक्ति के बारे में सबकुछ जानने का अभिनय नहीं करता, जिसने मुझे गरीब और जरूरतमंद बना दिया, मुझमें डर भर दिया और फिर मुझे विश्वास का एक नया जन्म दिया, जिसके माध्यम से मुझे उन दसियों हजारों लोगों की मदद करने का सौभाग्य प्राप्त हुआ, जो खुद को फिसलता हुआ पा रहे थे। लेकिन मैं यह अवश्य जानता हूँ कि ऐसी शक्ति मेरे जीवन में आई है और मैं दूसरों को उसके संपर्क में लाने के लिए जो कर सकता हूँ, कर रहा हूँ।

सफलता और असफलता के कारणों में मेरे शोध की चौथाई सदी के दौरान मैंने सच्चाई के कई सिद्धांतों की खोज की है, जो मेरे लिए और दूसरों के लिए मददगार रहे हैं; लेकिन जो कुछ भी मैंने देखा है, उसमें इस खोज से अधिक मुझे किसी चीज ने प्रभावित नहीं किया है कि अतीत का हर महान् नेता, जिसके रिकॉर्ड मैंने जाँचे हैं, कठिनाइयों से आक्रांत था और महान् बनने से पहले उसने अस्थायी हार का सामना किया था।

शैरोन के नोट्स— ***'अतीत का हर महान् नेता, जिसका रिकॉर्ड मैंने जाँचा है, कठिनाइयों से आक्रांत था और महान् बनने से पहले उसने कठिनाइयों का सामना किया था।' असफलता और अस्थायी हार सच्ची सफलता पाने की यात्रा के हिस्से हैं।***

यीशु मसीह से लेकर एडिसन तक जिन लोगों ने सबसे अधिक हासिल किया

है, वे लोग थे, जिन्हें अस्थायी हार के सबसे जिद्दी रूपों का सामना करना पड़ा था। यह उस निष्कर्ष को साबित करता है कि अनंत बुद्धि की एक योजना या एक कानून होता है, जिसके द्वारा वह मनुष्यों के सामने पहले कई बाधाएँ खड़ी करती है और तब उन्हें उल्लेखनीय तरीके से उपयोगी सेवाएँ प्रदान करने का अवसर या नेतृत्व का विशेषाधिकार सौंपती है।

मैं दोबारा उन अनुभवों से नहीं गुजरना चाहूँगा, जिनसे मैं सन् 1923 के उस त्रासदी भरे क्रिसमस के दिन गुजरा था और उसके बाद उस घटनापूर्ण शाम को, जब मैं पश्चिम वर्जीनिया में उस स्कूल की इमारत के आसपास टहलते हुए डर के साथ वह भयानक लड़ाई लड़ रहा था; लेकिन दुनिया की संपूर्ण दौलत भी मुझे उस ज्ञान को छोड़ देने के लिए प्रेरित नहीं कर सकती, जो मैंने उन अनुभवों से प्राप्त किया है।

विश्वास का मेरे लिए अब नया अर्थ है

मैं एक बार फिर कहता हूँ कि मैं नहीं जानता कि यह 'दूसरा स्व' वास्तव में क्या है; लेकिन मैं इसके बारे में इतना तो जानता हूँ कि कठिनाई के समय, जब मेरे मन की सामान्य तर्क शक्ति मेरी आवश्यकता के लिए अपर्याप्त प्रतीत होती है, तब मैं पूर्ण विश्वास की भावना के साथ इस पर निर्भर हो सकता हूँ।

आर्थिक मंदी, जिसकी शुरुआत वर्ष 1929 में हुई थी, लाखों लोगों के लिए कष्ट लेकर आई थी; लेकिन हमें भूलना नहीं चाहिए कि वह अनुभव कई वरदान भी लेकर आया था, जिनमें से एक यह ज्ञान था कि एक चीज है, जो काम करने के लिए विवश किए जाने से भी कहीं बदतर है। वह है काम न करने के लिए विवश किया जाना। यदि उस मंदी का विश्लेषण उन परिवर्तनों के प्रकाश में किया जाए, जो वह उससे घायल हुए लोगों के मन में लाई थी तो मुख्य रूप से वह मंदी अभिशाप से ज्यादा एक वरदान थी। यही बात हर उस अनुभव के मामले में सच है, जो लोगों की आदतों में परिवर्तन लाता है और उन्हें उनकी समस्याओं के समाधान के लिए उस महान् अंतःकरण की ओर मुड़ने पर विवश करता है।

शैरोन के नोट्स—*'एक चीज है, जो काम करने के लिए विवश किए जाने से भी कहीं बदतर है। वह है काम न करने के लिए विवश किया जाना। मुख्य रूप से उसके लाए परिवर्तनों के प्रकाश में विश्लेषण करने पर वह मंदी अभिशाप से ज्यादा एक*

वरदान थी।' क्या हिल यहाँ कठोर हो रहे हैं या वे एक सच्चे संकट से आनेवाले अंतर्निहित आध्यात्मिक परिणाम को आर्थिक संकट के तात्कालिक कारण और प्रभाव से परे देख रहे हैं? क्या हमारे वर्तमान आर्थिक कष्ट अभिशाप की तुलना में वरदान अधिक हो सकते हैं?

वह साल, जो मैंने पश्चिम वर्जीनिया में एकांत में बिताया था, हर प्रकार से मेरे जीवन का सबसे गंभीर दंड था; लेकिन वह अनुभव मेरे लिए आवश्यक ज्ञान के रूप में वरदान लाया, जिसने उस पीड़ा की पर्याप्त भरपाई कर दी, जो मुझे उससे मिली थी। ये दो परिणाम कष्ट और उससे मिला ज्ञान अपरिहार्य थे। मुआवजे के कानून ने, जिसे एमर्सन ने इतने स्पष्ट रूप से परिभाषित किया है, इस परिणाम को प्राकृतिक और आवश्यक दोनों बना दिया।

शैरोन के नोट्स—*'राल्फ वाल्डो एमर्सन (1803-1882) ने मुआवजे के कानून (लॉ ऑफ कंपनसेशन) को स्पष्ट शब्दों में समझाया था, ''हर उस चीज के लिए, जो आपने खोई है, आपने कोई और चीज पाई है और हर उस चीज के बदले, जो आप प्राप्त करते हैं, आप कोई और चीज खो देते हैं।'' 8 जनवरी, 1826 के दिनांकित अपने जर्नल में उन्होंने यह भी लिखा था—''वह सबकुछ, जो हम जानते हैं, मुआवजों की प्रणाली है। एक तरीके में मौजूद दोषों की पूर्ति दूसरे में हो जाती है। हर कष्ट को पुरस्कृत किया जाता है; हर बलिदान की पूर्ति होती है; हर कर्ज का भुगतान होता है।''*

भविष्य में किसी अस्थायी असफलता के माध्यम से मुझे कोई निराशा मिलेगी या नहीं, बेशक यह जानने का मेरे पास कोई तरीका नहीं है। हालाँकि मैं यह अवश्य जानता हूँ कि भविष्य का कोई अनुभव मुझे उतने गहरे घाव नहीं दे सकता, जैसे अतीत के कुछ अनुभवों ने दिए हैं, क्योंकि अब कम-से-कम मैं अपने 'दूसरे स्व' से बात करने की स्थिति में हूँ।

जब से इस 'दूसरे स्व' ने मेरी जिम्मेदारी ली है, मुझे ऐसा उपयोगी ज्ञान मिला है, जो मुझे यकीन है कि मेरे पुराने भय के अस्तित्व के सत्ता में रहते मुझे कभी

नहीं मिल सकता था। एक बात, जो मैंने सीखी, वह यह है कि जो लोग दुर्गम-सी प्रतीत होनेवाली कठिनाइयों का सामना कर रहे हैं, उनके लिए, यदि वे करना चाहें तो, इन कठिनाइयों को दूर करने का सबसे अच्छा तरीका है—कुछ समय के लिए अपनी समस्याओं को भूलकर उन लोगों की सहायता करना, जिनकी समस्याएँ और बड़ी हैं।

पाने का प्रयास करने से पहले देने का मूल्य

मुझे विश्वास है कि कोई भी प्रयास, जो हम उन लोगों की मदद के लिए करते हैं, जो संकट में हैं, बिना किसी पर्याप्त पुरस्कार के नहीं जा सकता। पुरस्कार हमेशा उनकी ओर से नहीं आता, जिनकी सहायता की गई है; लेकिन किसी-न-किसी स्रोत से वह आएगा अवश्य।

मुझे इस बात में गंभीरता से संदेह है कि कोई व्यक्ति लालच और लोभ, ईर्ष्या और भय में डूबा रहते हुए अपने 'दूसरे स्व' के लाभों का खुद लाभ उठा सकता है; लेकिन यदि मैं इस निष्कर्ष में गलत हूँ तो भी मुझे ऐसा व्यक्ति होने का असाधारण सम्मान प्राप्त है, जिसने एक ऐसे दृष्टिकोण के माध्यम से मन की शांति और खुशी हासिल की है, जो अच्छा नहीं था। लेकिन मैं इस तरह से गलत और खुश रहना ही पसंद करूँगा, बजाय सही और दुःखी रहने के! लेकिन यह दृष्टिकोण गलत नहीं है।

जब तक मेरे 'दूसरे स्व' से मेरे अच्छे संबंध हैं, मैं हर वह भौतिक वस्तु हासिल कर पाऊँगा, जिसकी मुझे आवश्यकता है। इसके अलावा, मैं खुशी और मन की शांति पाने में भी सक्षम रहूँगा। इससे अधिक कोई और क्या हासिल कर सकता है?

लोगों के साथ उस अद्‌भुत संपत्ति को साझा करके, जो उसी पल मेरी हो गई थी, जब मैंने अपने 'दूसरे स्व' की खोज की, जितना भी वे स्वीकार करने के लिए तैयार हों और उनके प्रति उपयोगी बनने की मेरी दिली इच्छा वह एकमात्र मकसद था, जिसने मुझे यह पुस्तक लिखने के लिए प्रेरित किया। यह संपत्ति, खुशी की बात है कि ऐसी नहीं है, जिसे सिर्फ भौतिक या आर्थिक दृष्टि से मापा जा सके; क्योंकि यह हर उस चीज सें बड़ी है, जिसका प्रतिनिधित्व ऐसी बातें करती हैं।

भौतिक और आर्थिक संपत्तियाँ जब अपने सबसे तरल रूप में आ जाती हैं तो बैंक बैलेंस के संदर्भ में मापी जा सकती हैं। बैंक बैलेंस बैंकों से अधिक मजबूत

नहीं होते। यह दूसरी संपत्ति, जिसकी मैं बात कर रहा हूँ, न सिर्फ मानसिक शांति और संतोष के संदर्भ में मापी जा सकती है, बल्कि उस रूप में भी, जैसे प्रार्थना में निपुण लोगों में प्रकट होती है।

मेरे 'दूसरे स्व' ने मुझे सिखाया है कि जब मैं प्रार्थना के लिए जाऊँ तो अपने उद्‌देश्य पर ध्यान केंद्रित करूँ और उस योजना को भूल जाऊँ, जिसके द्वारा वह प्राप्त किया जा सकता है। मैं यह नहीं कहना चाहता कि भौतिक वस्तुएँ बिना योजना के प्राप्त की जा सकती हैं। मैं यह कह रहा हूँ कि वह शक्ति, जो व्यक्ति के विचारों और इच्छाओं को वास्तविकता में बदलती है, उसका स्रोत एक अनंत बुद्धि में है, जो योजनाओं के बारे में प्रार्थना करनेवाले से अधिक जानती है।

इस बात को दूसरी तरह से कहते हुए क्या यह बुद्धिमानी नहीं होगी कि प्रार्थना करते समय उस प्रार्थना की वस्तु की प्राप्ति की सबसे अनुकूल योजना बताने के लिए उस अनंत बुद्धि पर भरोसा किया जाए? प्रार्थना के साथ मेरे अनुभव ने मुझे सिखाया है कि अकसर प्रार्थना के परिणाम के रूप में हमें सिर्फ एक योजना मिलती है (यदि प्रार्थना का जवाब मिलता है तो)—एक योजना, जो प्राकृतिक और भौतिक मीडिया के जरिए प्रार्थना की वस्तु की प्राप्ति के लिए अनुकूल है। उस योजना को स्वयं प्रयास क्रिया के माध्यम से समझना चाहिए।

मैं ऐसी किसी प्रार्थना के तरीके के बारे में नहीं जानता, जो एक ऐसे दिमाग में अनुकूलता से काम करने के लिए प्रेरित की जा सकती हो, जिसमें भय का थोड़ा सा भी प्रभाव हो।

शैरोन के नोट्स— ***'क्या प्रार्थना आपके जीवन का हिस्सा है? क्या आप भगवान् पर भरोसा करते हैं कि वह आपकी प्रार्थना की वस्तु को प्राप्त करने के लिए आपको सबसे अच्छी योजना सौंपेगा? क्या आप स्वीकार करते हैं कि अपनी योजना को सफल बनाने के लिए आपको उसे कार्यान्वित करना पड़ेगा?***

प्रार्थना का नया तरीका

जब से मैं अपने 'दूसरे स्व' को बेहतर ढंग से समझने लगा हूँ, मेरा प्रार्थना करने का तरीका पहले से अलग हो गया है। पहले मैं प्रार्थना करने तभी जाता था,

जब किसी मुश्किल में होता था। अब, जहाँ तक संभव होता है, मैं कठिनाई के खुद पर हावी होने से पहले ही प्रार्थना करने जाता हूँ। अब मैं अधिक मात्रा में दुनिया की सुख-सुविधाएँ और बड़े वरदान पाने की इच्छा से प्रार्थना नहीं करता, बल्कि उसके योग्य बने रहने के लिए करता हूँ, जो मेरे पास पहले से है। मुझे लगता है कि यह योजना पुरानी योजना से बेहतर है।

अनंत बुद्धि बिल्कुल भी आहत नहीं लगती, जब मैं धन्यवाद देता हूँ और दरशाता हूँ कि मैं उन वरदानों के लिए आभारी हूँ, जिन्होंने मेरे प्रयासों को ताज पहनाया है। जब मैंने पहली बार अपने पास मौजूद चीजों के लिए धन्यवाद की प्रार्थना करने की योजना पर अमल किया तो मैं यह देखकर चकित हो गया कि मैं इतनी विशाल संपत्ति का स्वामी था और मैंने कभी उसकी सराहना भी नहीं की।

उदाहरण के लिए, मैंने जाना कि मेरे पास एक अच्छा शरीर है, जिसे कभी किसी बीमारी से गंभीर क्षति नहीं पहुँची। मेरे पास एक दिमाग है, जो पर्याप्त रूप से संतुलित है। मेरे पास एक रचनात्मक कल्पना है, जिसके द्वारा मैं लोगों की बड़ी संख्या को उपयोगी सेवा प्रदान कर सकता हूँ। मुझे उतनी स्वतंत्रता मिली है, जितनी मैं चाहता था—शरीर और मन दोनों में। मेरे पास उन लोगों की सहायता करने की अविनाशी इच्छा है, जो कम भाग्यशाली हैं। मैंने जाना कि खुशी, जो मानव जाति का उच्चतम लक्ष्य है, मेरी पहुँच में थी, व्यापारिक अवसाद हो या न हो।

अंतिम, लेकिन उतनी ही महत्त्वपूर्ण बात, मैंने जाना कि मुझे अनंत बुद्धि तक पहुँचने का सौभाग्य प्राप्त था, चाहे वह मेरे पास मौजूद चीजों के लिए आभार प्रकट करने के उद्देश्य से हो या और अधिक माँगने के लिए और मार्गदर्शन के लिए।

इस पुस्तक के हर पाठक के लिए अपनी अमूर्त संपत्ति की सूची बनाना मददगार होगा। ऐसी सूची उन चीजों का खुलासा कर सकती है, जो अनमोल हैं।

शैरोन का नोट—*आइए, हम सब अपने जीवन में प्राप्त हुए वरदानों की सूची बनाएँ; हर उस उपहार के लिए धन्यवाद दें, जो हमें मिला है। मैं जानती हूँ कि जब मैं अपने जीवन के कमजोर पल में होती हूँ, मैं खुद को अपने परिवार एवं दोस्तों और उन आशीर्वादों के बारे में सोचने पर विवश करती हूँ, जो वे मेरे जीवन में लाए हैं। यह उदासी से बाहर आने का सबसे छोटा रास्ता है और मुझे मिले अस्थायी झटकों को परिप्रेक्ष्य में डाल देता है।*

कुछ संकेत, जिनकी हमने अनदेखी की है

यह पूरी दुनिया ऐसे अद्‌भुत अनुपात के परिवर्तन से गुजर रही है कि लाखों लोग चिंता, संदेह, अनिर्णय और भय के आतंक से त्रस्त हो गए हैं। मुझे लगता है कि जो लोग संदेह के चौराहे पर आ गए हैं, उनके लिए उनके 'दूसरे स्व' से परिचित होने का यह शानदार समय है।

उन सबके लिए, जो ऐसा करना चाहते हैं, प्रकृति से एक सबक लेना उपयोगी रहेगा। अवलोकन से पता चलेगा कि अनंत सितारे रात के समय उन्हीं स्थानों पर चमकते हैं, जिनके वे आदी हैं; कि सूरज अपनी गरमाहट भरी किरणें नीचे भेजता रहता है, जिससे धरती माँ भोजन और कपड़ों की बहुतायत में उपज करती रहती है कि पानी पहाड़ों से नीचे प्रवाहित होता रहता है कि आसमान के पक्षी और वन के जंगली जानवर भोजन की अपनी आवश्यकताएँ प्राप्त करते रहते हैं कि एक उपयोगी दिन के बाद आरामदायक रात आती है कि व्यस्त गरमियों के बाद निष्क्रिय सर्दी आती है कि मौसम ठीक उसी प्रकार आते-जाते रहते हैं, जैसे वर्ष 1929 का अवसाद आरंभ होने से पहले आते-जाते थे कि वास्तव में सिर्फ मनुष्य के दिमाग ने सामान्य रूप से काम करना छोड़ दिया है और वह इसलिए, क्योंकि मनुष्य ने अपने दिमाग में भय भर लिया है। रोजमर्रा के जीवन के इन साधारण तथ्यों का अवलोकन उन लोगों के लिए एक प्रारंभिक बिंदु के रूप में उपयोगी हो सकता है, जो डर को विश्वास से प्रतिस्थापित करना चाहते हैं।

शैरोन के नोट्स—***'प्रत्येक व्यक्ति के पास उसकी आर्थिक या भौतिक स्थिति में परिवर्तन लाने की शक्ति होती है; लेकिन पहले उसे अपने विश्वासों की प्रकृति बदलनी होगी।'***

नेपोलियन हिल ने सन् 1937 में 'अपनी सोच से अमीर बनें' के प्रकाशन के ठीक बाद यह पांडुलिपि 'मन में है विश्वास' आरंभ की। कमजोर मन के साथ अपने साक्षात्कार के माध्यम से नेपोलियन हिल जान पाते हैं और खुलासा करते हैं कि कैसे कमजोर मन आपके साथ अपनी मनमानी कर रहा हो सकता है और कैसे आप अपने 'दूसरे स्व' को प्रज्वलित करके न सिर्फ अपने जीवन में कमजोर मन को जीत सकते हैं, बल्कि अपनी सबसे बड़ी

सफलता हासिल करने के लिए अपने 'दूसरे स्व' को सशक्त भी कर सकते हैं। उनके पूरे काम के दौरान व्यक्ति के विचारों को डर से विश्वास में बदलने के महत्त्व को बार-बार दोहराया गया है।

मैं कोई पैगंबर नहीं हूँ, लेकिन मैं पूरी विनम्रता के साथ यह भविष्यवाणी कर सकता हूँ कि प्रत्येक व्यक्ति के पास उसकी आर्थिक या भौतिक स्थिति में परिवर्तन लाने की शक्ति होती है; लेकिन पहले उसे अपने विश्वासों की प्रकृति बदलनी होगी।

'विश्वास' शब्द को 'इच्छा' के साथ भ्रमित न करें। ये दोनों एक नहीं हैं। हर व्यक्ति आर्थिक, भौतिक या आध्यात्मिक लाभ के लिए 'इच्छा' करने में सक्षम है, लेकिन आस्था का तत्त्व वह एकमात्र निश्चित शक्ति है, जिसके द्वारा एक इच्छा एक विश्वास में और विश्वास वास्तविकता में बदल सकता है।

और ठीक यहीं पर एक वास्तविक लाभ का ध्यान खींचने के लिए एक उपयुक्त स्थान है, जो कोई भी व्यक्ति किसी प्रकार की रचनात्मक इच्छा पर अपना ध्यान केंद्रित करने में जान-बूझकर विश्वास का उपयोग करके अनुभव कर सकता है। मन एक व्यक्ति की उस पर हावी या सबसे स्पष्ट इच्छाओं पर कार्य करता है। इस तथ्य से कोई नहीं बच सकता। यह वास्तव में एक सच्चाई है। 'ध्यान दो कि तुम किस चीज को दिल से पाने की इच्छा कर रहे हो, क्योंकि वह निश्चित रूप से तुम्हारी होगी।'

विश्वास हर महान् उपलब्धि की शुरुआत है

यदि एडिसन सिर्फ उस रहस्य के लिए इच्छा करके रह जाते, जिसके द्वारा विद्युत् ऊर्जा का दोहन करके उसे ताप्तदीप दीपक के माध्यम से काम में लिया जा सकता था तो सभ्यता के लिए यह सुविधा प्रकृति के विविध रहस्यों के बीच ही रह जाती। प्रकृति से यह रहस्य खींच लेने से पहले उन्होंने 10,000 से अधिक बार अस्थायी हार का सामना किया था। अंत में, वह रहस्य उन्हें मिल ही गया, क्योंकि उन्हें विश्वास था कि वह उन्हें मिलेगा और जब तक उन्हें जवाब नहीं मिला, वे प्रयास करते रहे।

एडिसन ने भौतिक विज्ञान के दायरे में दुनिया में जन्म लेनेवाले किसी भी अन्य व्यक्ति से अधिक प्रकृति के रहस्य (पुराने समय में उन्हें 'चमत्कार' कहा जा सकता था) उजागर किए हैं और ऐसा इसलिए हुआ, क्योंकि वे अपने 'दूसरे

स्व' से परिचित हो गए थे। इसके बारे में मेरे पास उनके खुद के शब्द हैं; लेकिन यदि नहीं भी होते तो उनकी खुद की उपलब्धियों ने अपने अनावरण में ये रहस्य उजागर कर दिए हैं।

जो व्यक्ति अपने 'दूसरे स्व' को पहचानता है और उस पर भरोसा करता है, उसके लिए तर्क बुद्धि के अंदर कोई भी चीज असंभव नहीं है। जिस चीज को भी मनुष्य सच समझता है, उसके पास सच हो जाने का तरीका होता है।

प्रार्थना एक मुक्त किया गया विचार है, जो कभी तो सुनाई देनेवाले शब्दों में व्यक्त होता है और कभी चुपचाप। मैंने अपने अनुभव से जाना है कि एक मौन प्रार्थना भी उतनी ही प्रभावशाली होती है, जितनी कि शब्दों में व्यक्त की गई प्रार्थना। मैंने यह भी देखा है कि प्रार्थना के काम करने और न करने के पीछे भी व्यक्ति की मानसिक अवस्था निर्धारक कारक होती है।

मैंने 'दूसरे स्व' की जिस धारणा का वर्णन करने का प्रयास किया है, वह है कि यह सिर्फ अनंत बुद्धि की ओर एक नए खोजे दृष्टिकोण का प्रतीक है; एक दृष्टिकोण, जिसे व्यक्ति के विचारों के साथ विश्वास का मिश्रण करने की आसान सी प्रक्रिया के द्वारा नियंत्रित और निर्देशित किया जा सकता है। यह सिर्फ इस बात को कहने का अलग तरीका है कि अब मुझे प्रार्थना की शक्ति में और अधिक विश्वास है।

आस्था के नाम से जानी जानेवाली मानसिक स्थिति स्पष्ट तौर पर एक व्यक्ति के सामने एक छठी इंद्रिय का माध्यम खोल देती है, जिसके द्वारा वह व्यक्ति शक्ति और जानकारी के ऐसे स्रोत के साथ संवाद कर सकता है, जो पाँच भौतिक इंद्रियों के माध्यम से उपलब्ध किसी भी स्रोत से श्रेष्ठ है। छठी इंद्रिय के विकास के साथ आपकी सहायता के लिए और आपका कहा करने के लिए एक ऐसी अजीब शक्ति आती है, जो हम मान लेते हैं कि एक अभिभावक देवदूत है, जो आपके सामने हर समय ज्ञान के मंदिर के दरवाजे खोल सकता है। यह छठी इंद्रिय चमत्कार के काफी करीब है, कम-से-कम मेरे द्वारा अनुभव की गई किसी भी चीज से अधिक और ऐसा इसलिए प्रतीत होता है, क्योंकि मैं उस विधि को नहीं समझता, जिससे यह सिद्धांत संचालित होता है।

इतना तो मैं जानता हूँ कि एक शक्ति या एक पहला कारण अथवा एक बुद्धि है, जो पदार्थ के प्रत्येक कण में व्याप्त है और मनुष्य को दिखनेवाली ऊर्जा की प्रत्येक इकाई को गले लगाती है और यह कि यह अनंत बुद्धि बलूत के बीज को बलूत के पेड़ों में बदलती है, गुरुत्वाकर्षण के सिद्धांत के जवाब में पानी के पहाड़ी

से नीचे प्रवाहित होने का कारण बनती है, दिन के बाद रात लाती है और गरमी के बाद सर्दी और यह सब अपना उचित स्थान तथा एक-दूसरे के साथ संबंध बनाए रखते हैं। यह बुद्धि व्यक्ति की इच्छाओं को ठोस या भौतिक रूप में परिणत करने में मदद कर सकती है। मेरे पास यह जानकारी है, क्योंकि मैंने इसके साथ प्रयोग किया है और इसका अनुभव किया है।

मैंने पिछले कई वर्षों से साल में एक बार अपनी खुद की व्यक्तिगत सूची बनाने की आदत डाली हुई है, यह निर्धारित करने के उद्देश्य से कि मैंने अपनी कितनी कमजोरियों को खत्म कर लिया है या पाट लिया है और यह पता लगाने के लिए कि मैंने पूरे साल में यदि कोई प्रगति की है तो कितनी की है।

शैरोन के नोट्स— 'विश्वास' पर यह अध्याय बार-बार पढ़ने योग्य है, क्योंकि इसमें प्रार्थना पर हिल की मुख्य शिक्षाएँ हैं। विश्वास, उनके अनुसार, एक छठी इंद्रिय या आध्यात्मिक शक्ति है, जो व्यक्ति को सफल होने में मदद करती है, यदि वह व्यक्ति हर चीज के पहले कारण के साथ कदम मिलाकर चल रहा है—ईश्वर के उसके वर्णनों में से एक। उनका विश्वास व्यावहारिक या वैज्ञानिक विश्वास है, जो ठोस परिणामों पर जोर देता है।

पुस्तक 'थ्री फीट फ्रॉम गोल्ड' में हमने व्यक्तिगत सफलता समीकरण पर चर्चा की थी, जो स्पष्ट रूप से विश्वास के महत्त्व को प्रकट करता है।

((P+T) x A x A) + F = *आपका व्यक्तिगत सफलता समीकरण।*

अपनी प्रतिभा का अपने जुनून से संयोजन करना और फिर संगति की खोज करना और सही कदम उठाना सफलता के लिए बहुत महत्त्वपूर्ण घटक हैं; लेकिन जब आप इन सब घटकों को खुद पर और अपने मिशन पर एक दृढ़ विश्वास के साथ जोड़ते हैं, तभी आपको वास्तव में आपका व्यक्तिगत सफलता समीकरण प्राप्त होता है।

□

अध्याय-3

कमजोर मन के साथ एक विचित्र साक्षात्कार

कमजोर मन के साथ मेरा साक्षात्कार पढ़ते समय आप मेरे जीवन के इतिहास के उस संक्षिप्त विवरण से, जो मैंने दिया है, जान जाएँगे कि मुझे सार्वजनिक मान्यता मिलने से पहले कमजोर मन ने मेरा मुँह बंद करने का कितना हताश प्रयास किया था। आप इस साक्षात्कार को पढ़ने के बाद यह भी समझ जाएँगे कि साक्षात्कार के पहले मेरी पृष्ठभूमि के इस निजी इतिहास को प्रस्तुत करने की आवश्यकता क्यों थी।

आप साक्षात्कार पढ़ना आरंभ करें, उससे पहले मैं आपको उस अंतिम आघात की स्पष्ट तसवीर दिखाना चाहता हूँ, जो कमजोर मन ने मुझे दिया था और इस बात को लाभ के साथ याद रखना आवश्यक है कि यही अंतिम आघात था, जिसने दया को मौका दिया कि वह कमजोर मन की पूँछ को मोड़कर तब तक घुमाती रहे, जब तक वह चीखकर अपना इकबालिया बयान न दे दे।

कमजोर मन की बरबादी वर्ष 1929 के अवसाद के साथ शुरू हुई। जीवन के चक्र के उस भाग्यशाली मोड़ के माध्यम से मैंने कैट्सकिल माउंटेन्स में अपनी 600 एकड़ की जायदाद गँवा दी; मेरी आय पूरी तरह खत्म हो गई; हैरीमन नेशनल बैंक ने, जिसमें मेरा सारा धन जमा था, अपना काम समेट लिया और पूरी तरह खत्म हो गया। इससे पहले कि मैं समझ पाता कि क्या हो रहा है, मैंने खुद को एक आध्यात्मिक और आर्थिक तूफान में फँसा हुआ पाया, जो दुनिया भर में एक ऐसी शक्तिशाली तबाही लाया कि कोई व्यक्ति या व्यक्तियों का समूह उसका सामना नहीं कर पाया।

तूफान के थमने और मानव भय की भगदड़ के रुकने का इंतजार करते हुए मैं वाशिंगटन डी.सी. चला गया—वह शहर, जहाँ से मैंने एंड्रू कार्नेगी के साथ अपनी पहली मुलाकात के बाद एक नई शुरुआत की, लगभग चौथाई सदी पहले।

मेरे पास बैठकर इंतजार करने के अलावा कोई काम नहीं था। मेरे पास यदि कुछ था तो वह समय था। तीन साल बिना किसी ठोस परिणाम के इंतजार करने के बाद मेरी बेचैन आत्मा मुझे फिर से सेवा की ओर धकेलने लगी।

मेरे पास सफलता का दर्शन पढ़ाने के लिए बहुत कम अवसर था, जबकि मेरे चारों ओर पूरी दुनिया घोर विफलता से घिरी थी और लोगों के मन गरीबी के डर से भरे हुए थे।

यह विचार मेरे मन में एक शाम तब आया, जब मैं राजधानी की छाया के भीतर, लिंकन मेमोरियल के सामने पोटोमैक नदी पर अपनी गाड़ी में बैठा हुआ था। इसी के साथ मेरे मन में एक और विचार आया। दुनिया में एक अभूतपूर्व अवसाद छाया हुआ था, जिस पर किसी मनुष्य का नियंत्रण नहीं था। उस अवसाद के साथ मेरे सामने आत्म-निर्णय के दर्शन का परीक्षण करने का एक अवसर आया

था, जिसके संगठन में मैंने अपने वयस्क जीवन का बेहतर हिस्सा समर्पित किया था। एक बार फिर मुझे यह जानने का अवसर मिला कि मेरा दर्शन व्यावहारिक था या मात्र एक सिद्धांत था।

मुझे एहसास हुआ कि उस दावे का परीक्षण करने का भी समय आ गया था, जो मैंने सैकड़ों बार किया था कि 'प्रत्येक विपरीत परिस्थिति अपने साथ समान लाभ का बीज लेकर आती है।'

'एक वैश्विक अवसाद के मेरे लिए क्या लाभ हो सकते हैं?' मैंने अपने आप से पूछा।

जब मैंने एक दिशा की तलाश करनी शुरू की, जिसमें मैं अपने दर्शन का परीक्षण करने के लिए कदम उठा सकूँ, तो मैंने अपने जीवन की सबसे चौंकानेवाली खोज की। मैंने जाना कि किसी अजीब शक्ति के माध्यम से, जिसे मैं समझ नहीं पाया, मैंने अपना साहस खो दिया था। मेरा आत्मबल नष्ट हो चुका था; मेरा उत्साह कमजोर हो चुका था। सबसे बुरी बात यह थी कि मुझे यह स्वीकार करने में कष्टदायी शर्मिंदगी हो रही थी कि मैं आत्म-निर्णय के एक दर्शन का लेखक था, क्योंकि दिल की गहराई में मैं जानता था, या मुझे लगता था कि मैं जानता था कि मेरा अपना दर्शन मुझे निराशा की उस खाई से खींचकर बाहर नहीं ला सकता था, जिसमें मैं खुद को देख रहा था।

जिस समय मैं मानसिक घबराहट की स्थिति में छटपटा रहा था, कमजोर मन निश्चित रूप से आनंद के साथ नाच रहा होगा। अंततः उसने दुनिया के पहले व्यक्तिगत उपलब्धि के दर्शन के लेखक को अपने अँगूठे के नीचे दबा लिया था और अनिर्णय से पंगु बना दिया था।

लेकिन कमजोर मन का विरोधी पक्ष भी तो काम पर लगा होगा!

~※~

जब मैं लिंकन मेमोरियल के सामने बैठा हुआ पीछे मुड़कर उन परिस्थितियों की समीक्षा कर रहा था, जिन्होंने पहले कई बार मुझे उपलब्धि की महान् ऊँचाइयों तक उठाया था और फिर निराशा की उतनी ही गहराइयों में गिरने दिया था, तब मुझे कारवाई की एक निश्चित योजना के रूप में एक सुखद विचार सौंपा गया, जिसके द्वारा मुझे लग रहा था कि मैं उदासीनता की उस सम्मोहक भावना को दूर कर पाऊँगा, जिससे मैं बँधा हुआ था।

कमजोर मन के साथ साक्षात्कार में उस शक्ति की सटीक प्रकृति, जिसके

द्वारा मैं अपने आत्मबल और साहस से वंचित कर दिया गया था, का वर्णन किया गया है। यह वही शक्ति है, जिससे लाखों अन्य लोग ग्रेट डिप्रेशन के समय बँध गए थे। यह मुख्य हथियार है, जिससे कमजोर मन मनुष्यों को फुसलाता और नियंत्रित करता है।

मेरे मन में जो विचार आया था, उसका योग और पदार्थ यह था—इस तथ्य के बावजूद कि मैंने एंड्रू कार्नेगी और उन्हीं के समान व्यापारिक एवं पेशेवर उपलब्धियाँ प्राप्त पाँच सौ से अधिक अन्य लोगों से सीखा था कि जीवन के सभी क्षेत्रों में उल्लेखनीय उपलब्धियाँ मास्टर माइंड (एक निश्चित लक्ष्य के लिए काम कर रहे दो या अधिक दिमागों का सामंजस्यपूर्ण समन्वय) के अनुप्रयोग से आती हैं। मैं खुद व्यक्तिगत उपलब्धि के दर्शन को दुनिया के सामने ले जाने की अपनी योजना के कार्यान्वयन में ऐसा गठबंधन बनाने में असफल रहा था।

इस तथ्य के बावजूद कि मैं मास्टर माइंड की शक्ति को समझ गया था, मैंने उस शक्ति के सही उपयोग की उपेक्षा की थी। कुछ अन्य और बेहतर दिमागों के साथ गठबंधन कर लेने के बजाय मैं एक अकेले भेड़िए की तरह श्रम कर रहा था।

***शैरोन के नोट्स**—कमजोर मन के साथ साक्षात्कार उस समय हुआ होगा, जब नेपोलियन हिल लिंकन मेमोरियल के नीचे बैठे थे। क्या वह वास्तविक था? वह हिल के लिए असली था और वह ढाँचा कि कैसे उन्होंने अपना जीवन जिया—अपने खुलासे हमसे, अपने छात्रों से साझा किए, तैयार किया। हिल के पहले शब्दों को दोहराते हुए, 'वह खोज कि अतीत का हर महान् नेता, जिसका रिकॉर्ड मैंने जाँचा है, मुश्किलों से आक्रांत था और महानता प्राप्त करने से पहले अस्थायी पराजयों का सामना कर चुका था।' हिल अपने काम में इस बात का वर्णन भी करते हैं कि कैसे उन महान् नेताओं ने खुद को मास्टर माइंड से घेर लिया था। उन्होंने विपरीत परिस्थितियों से उत्पन्न आंतरिक संघर्षों पर विजय प्राप्त की और फिर अपनी सफलताओं को प्रेरित करने के लिए मास्टर माइंड की शक्ति का उपयोग किया। सोचिए, आप कैसे एक मास्टर माइंड समूह—एक टीम का निर्माण कर सकते हैं, जो विपरीत परिस्थितियों से उबरने और सफलता की ओर प्रेरित करने में आपकी मदद करे।*

एक विश्लेषण

आइए, अब हम उस विचित्र साक्षात्कार का संक्षेप में विश्लेषण करते हैं, जो आप पढ़ने जा रहे हैं। इसे पढ़नेवाले कुछ लोग पढ़ना समाप्त करने के बाद पूछना चाहेंगे, "क्या आपने वास्तव में एक असली कमजोर मन का साक्षात्कार लिया या सिर्फ एक काल्पनिक कमजोर मन का?" कुछ लोग पढ़ना आरंभ करने से पहले इस प्रश्न का उत्तर जानना चाहेंगे।

मैं इस प्रश्न का उत्तर उसी सच्चे तरीके से दूँगा, जैसे दे सकता हूँ...यह कहकर कि जिस कमजोर मन का मैंने साक्षात्कार लिया था, वह असली हो सकता था, जैसा कि उसने दावा किया था या फिर वह मेरी कल्पना का सृजन भी हो सकता था; लेकिन वह जो भी था, वास्तविक या काल्पनिक, यह बात उस अद्‍भुत जानकारी की तुलना में बहुत कम महत्त्व रखती है, जो उस साक्षात्कार के माध्यम से प्राप्त हुई है।

महत्त्वपूर्ण सवाल यह है—क्या यह साक्षात्कार ऐसी भरोसेमंद जानकारी प्रदान करता है, जो इस दुनिया में अपना स्थान तलाश कर रहे लोगों के लिए सहायक हो सकती है? यदि यह उस प्रकार की जानकारी प्रदान करता है, चाहे तथ्य के रूप में या कल्पित रूप में, तब यह ध्यानपूर्वक पढ़कर गंभीर विश्लेषण किए जाने के योग्य है। मुझे इस बात की बिल्कुल चिंता नहीं है कि इस जानकारी का वास्तविक स्रोत क्या है या उस कमजोर मन की असली प्रवृत्ति क्या है, जिसकी आश्चर्यजनक कहानी आप पढ़ने जा रहे हैं। मुझे सिर्फ इस बात से मतलब है कि मैंने जो जीवन देखा है, कमजोर मन का बयान उससे पूरी तरह मेल खाता है।

मेरा मानना है कि यह साक्षात्कार उन सबको व्यावहारिक लाभ की जानकारी देता है, जिनके साथ जीवन का व्यवहार दोस्ताना नहीं रहा है और मेरे ऐसा मानने का कारण यह है कि मैंने इस पुस्तक के मुख्य विषय से वह सारी खुशी प्राप्त की है, जिसकी मुझे आवश्यकता है और वह भी उस रूप में, जो मेरे स्वभाव के लिए सबसे उपयुक्त है।

मुझे उन सिद्धांतों में से कई का अनुभव मिल चुका है, जिनका उल्लेख कमजोर मन ने किया है। इसलिए मुझे विश्वास है कि वे वही करेंगे, जो वह कहता है। मेरे लिए इतना पर्याप्त है। इसलिए मैं इस साक्षात्कार की कहानी आप तक पहुँचा रहा हूँ, ताकि आप उपयोगी लाभांश के रूप में इससे जो भी प्राप्त कर पाएँ, कर लें।

शायद आप सबसे अधिक मूल्य तब प्राप्त करेंगे, जब आप कमजोर मन को उस रूप में स्वीकार करेंगे, जो होने का वह दावा करता है। उसके संदेश पर भरोसा करेंगे कि वह जो कुछ भी आपके लिए लाता है, आप उसका उपयोग कर सकते हैं और इस बात की चिंता नहीं करेंगे कि कमजोर मन कौन है और उसका अस्तित्व है या नहीं।

यदि आप मेरी ईमानदार व्यक्तिगत राय चाहते हैं तो मैं मानता हूँ कि कमजोर मन बिल्कुल वही है, जो वह होने का दावा करता है। आइए, अब हम उसके विचित्र बयान का विश्लेषण करें।

कमजोर मन की चेतना में जबरदस्ती प्रवेश करने के बाद 'श्रीमान सांसारिक' या 'मि. अर्थबाउंड' ने उन सवालों के साथ यह अनभिलषित साक्षात्कार शुरू किया, जिनसे बचा नहीं जा सकता था।

शैरोन के नोट्स—नेपोलियन हिल मि. अर्थबाउंड डेविल से बिल्कुल अदालत जैसे माहौल में प्रश्न करते हैं। किसी प्रकार कमजोर मन पूर्ण और सटीक उत्तर देने के लिए बाध्य है। यह कैसे हो पाया? शायद हिल ने कमजोर मन का बयान एक मास्टर माइंड का गठन करके, संभवतः अपनी पत्नी के साथ, प्राप्त किया—'दो या दो से अधिक मस्तिष्कों का संयोजन, बिल्कुल सही सामंजस्य की भावना में, एक निश्चित उद्देश्य के साथ, एक साथ एक ही अंत की तलाश में'—ईश्वर की शक्ति को लागू करने के लिए—'अनंत बुद्धि का महान् स्टोर हाउस, जिसके अंदर वह सब संगृहीत है, जो अभी है, वह सब, जो कभी था और वह सब, जो कभी हो सकता है।' शायद हिल ने सटीक प्रतिक्रियाएँ प्राप्त करने का अधिकार एक विचारक बनकर किया, जिसका अपने मन पर नियंत्रण है और जिसने अपने सभी डरों पर विजय प्राप्त कर ली है। अपने मन पर नियंत्रण रखने के इस प्रबोधन के माध्यम से हिल कमजोर मन से सच्ची और सटीक प्रतिक्रियाएँ माँग सकते थे। किसी भी स्थिति में हिल कमजोर मन को उसकी चालों का खुलासा करने के लिए विवश करते हैं, ताकि हम उनका सामना कर सकें और अपने जीवन में नुकसानों से बच सकें। उसकी चालें जानकर हम उसके छल-बल से बच सकते हैं।

यह आरंभ होता है
कमजोर मन के साथ साक्षात्कार

प्रश्न : मैंने उस गुप्त कोड का पता लगा लिया है, जिसके द्वारा मैं आपके विचार जान सकता हूँ। मैं आपसे कुछ बहुत ही सरल प्रश्न पूछने आया हूँ। मैं माँग करता हूँ कि आप मुझे सीधे और सच्चे जवाब दें। क्या आप साक्षात्कार के लिए तैयार हैं, श्रीमान कमजोर मन?

उत्तर : हाँ, मैं तैयार हूँ; लेकिन तुम्हें और अधिक सम्मान के साथ मुझे संबोधित करना चाहिए। इस साक्षात्कार के दौरान तुम मुझे 'महामहिम' कहकर संबोधित करोगे।

प्रश्न : किस अधिकार से आप मुझसे इतना राजसी सम्मान माँग रहे हैं?

उत्तर : तुम्हें पता होना चाहिए कि मैं तुम्हारी दुनिया के 98 प्रतिशत लोगों को नियंत्रित करता हूँ। क्या तुम्हें नहीं लगता कि इससे मुझे रॉयल्टी (शाही) का दर्जा पाने का अधिकार मिलता है?

शैरोन के नोट्स— ***जब मैं पहली बार यह साक्षात्कार पढ़ रही थी तो कमजोर मन के संदर्भ में 'महामहिम' का संबोधन सुनते ही मेरे भीतर ऐसी ही प्रतिक्रिया उत्पन्न हुई। फिर मुझे एहसास हुआ कि ऐसा संभवतः एक कारण से हुआ। बिल्कुल यही प्रतिक्रिया उत्पन्न करने के इरादे से हुआ''और मैं आगे पढ़ने लगी।***

प्रश्न : क्या आपके पास इस दावे का कोई सबूत है?

उत्तर : हाँ, बहुत सारे सबूत हैं।

प्रश्न : आपके सबूतों में क्या-क्या शामिल है ?

उत्तर : बहुत सी चीजें। यदि तुम्हें जवाब चाहिए तो तुम मुझे 'महामहिम' कहकर संबोधित करोगे। कुछ बातें तुम्हारी समझ में आएँगी, कुछ नहीं आएँगी। तुम मेरा दृष्टिकोण समझ सको, इसके लिए मैं खुद का वर्णन करूँगा और उन गलत धारणाओं को ठीक कर दूँगा, जो लोगों को मेरे और मेरे रहने के स्थान के बारे में हैं।

प्रश्न : यह एक अच्छा विचार है, महामहिम। सबसे पहले यह बताइए कि आप कहाँ रहते हैं ? फिर अपने शारीरिक स्वरूप का वर्णन करिए।

उत्तर : मेरा शारीरिक स्वरूप ? अरे, मेरे प्यारे श्रीमान सांसारिक, मेरा कोई भौतिक शरीर नहीं है। जिस तरह के भार के साथ तुम सांसारिक जीव रहते हो, उसमें मैं पंगु हो जाऊँगा। मुझमें नकारात्मक ऊर्जा होती है और मैं उन लोगों के मन में रहता हूँ, जो मुझसे डरते हैं। इसके अलावा, भौतिक पदार्थ के प्रत्येक परमाणु के आधे हिस्से पर और मानसिक व शारीरिक ऊर्जा की प्रत्येक इकाई पर मेरा कब्जा है। शायद यह बताने पर तुम मेरा स्वभाव बेहतर ढंग से समझ पाओगे कि मैं परमाणु का नकारात्मक हिस्सा हूँ।

प्रश्न : ओह, मैं समझ गया, आप क्या दावा करने की तैयारी कर रहे हैं। आप यह कहने के लिए भूमिका तैयार कर रहे हैं कि यदि आप नहीं होते तो न यह दुनिया होती, न सितारे, न इलेक्ट्रॉन, न परमाणु, न ही इनसान होते; कुछ नहीं होता। सही बात है न ?

उत्तर : सही, बिल्कुल सही।

प्रश्न : अच्छा, यदि आपका ऊर्जा और पदार्थ के आधे हिस्से पर कब्जा है तो बाकी आधे में क्या है ?

उत्तर : बाकी के आधे हिस्से पर मेरे विरोधी का कब्जा है।

प्रश्न : विरोधी! क्या मतलब है आपका ?

उत्तर : विरोधी वह है, जिसे तुम सांसारिक लोग 'भगवान्' कहते हो।

प्रश्न : तो आपने ब्रह्मांड को भगवान् के साथ बाँटा हुआ है। क्या यही आपका दावा है ?

उत्तर : मेरा दावा नहीं, बल्कि वास्तविक तथ्य है। तुम यह भी समझ जाओगे कि इसका सच होना क्यों आवश्यक है, वरना तुम्हारी दुनिया जैसी कोई दुनिया नहीं होती, तुम्हारे जैसे कोई सांसारिक जीव न होते।

मैं वक्र जीभ और काँटेदार पूँछवाला कोई जानवर नहीं हूँ।

प्रश्न : लेकिन आप 100 में से 98 लोगों के दिमागों को तो नियंत्रित करते हैं न? आपने खुद ऐसा कहा है और यदि आप नहीं हैं तो इस 98 प्रतिशत कमजोर मन-नियंत्रित दुनिया में दु:खों का क्या कारण है?

उत्तर : मैंने यह नहीं कहा है कि मैं दुनिया के सभी दु:खों का कारण नहीं हूँ; बल्कि मैं तो इस पर गर्व करता हूँ। हर चीज के नकारात्मक पक्ष का प्रतिनिधित्व करना मेरा काम है। तुम सांसारिक लोगों के विचारों सहित और क्या तरीका है मेरे पास लोगों को नियंत्रित करने का? मेरा विरोधी सकारात्मक विचार नियंत्रित करता है, मैं नकारात्मक विचार नियंत्रित करता हूँ।

प्रश्न : आप लोगों के दिमागों पर नियंत्रण कैसे प्राप्त करते हैं?

उत्तर : ओह, बहुत आसान है। मैं सिर्फ अंदर प्रवेश करके मानव मस्तिष्क के अप्रयुक्त स्थान पर कब्जा कर लेता हूँ। मैं लोगों के दिमागों में नकारात्मक विचारों के बीज बो देता हूँ, ताकि मैं उस स्थान पर कब्जा करके उसे नियंत्रित कर सकूँ!

प्रश्न : आपके पास तो कई गुर और उपकरण होंगे, जिनके द्वारा आप मानव मस्तिष्क पर नियंत्रण प्राप्त करके कब्जा करते होंगे?

उत्तर : निश्चित तौर पर मैं मानव मन को नियंत्रित करने के लिए चालों और उपकरणों का उपयोग करता हूँ। मेरे उपकरण बहुत चतुर भी हैं।

प्रश्न : अब आप अपनी चतुर चालों का वर्णन भी कर दीजिए, महामहिम।

उत्तर : मस्तिष्क नियंत्रण के लिए सबसे चतुर उपकरणों में से एक है डर। मैं लोगों के मस्तिष्क में डर का बीज बो देता हूँ और जैसे-जैसे ये बीज अंकुरित होकर बढ़ते हैं—उपयोग के माध्यम से—मैं उस स्थान पर कब्जा कर लेता हूँ, जहाँ वे मौजूद होते हैं। छह सबसे प्रभावी डर हैं—गरीबी का डर, आलोचना, खराब स्वास्थ्य, प्रेम का खोना, बुढ़ापा और मृत्यु।

कमजोर मन कहता है, "मस्तिष्क नियंत्रण के लिए मेरा सबसे चतुर उपकरण है डर, गरीबी, आलोचना, बीमारी, प्रेम का खोना, बुढ़ापा और मृत्यु।"

प्रश्न : इनमें से कौन सा डर आपके सबसे अधिक काम आता है, महामहिम ?

उत्तर : पहला और अंतिम गरीबी और मृत्यु! जीवन काल में कभी-न-कभी मैं इनमें से एक या दोनों के माध्यम से सभी मनुष्यों पर अपना शिकंजा कसता हूँ। मैं लोगों के मन में यह डर इतनी चालाकी से डालता हूँ कि उन्हें लगता है, यह उनका खुद का निर्मित डर है। मैं अपना यह उद्‌देश्य लोगों को इस बात का विश्वास दिलाकर पूरा करता हूँ कि मैं अगले जीवन के प्रवेश द्वार के बिल्कुल परे खड़ा हूँ और उनकी मृत्यु के बाद सनातन दंड देने के लिए उनका इंतजार कर रहा हूँ। बेशक, मैं किसी को सजा नहीं दे सकता, सिवाय उस मनुष्य के अपने मस्तिष्क के, वह भी किसी डर के माध्यम से; लेकिन उस चीज का डर, जो मौजूद नहीं है, मेरे लिए उतना ही उपयोगी है, जितना कि उसका डर, जो मौजूद है। सभी प्रकार के डर मानव मन में उस स्थान का विस्तार करते हैं, जो मेरे कब्जे में है।

प्रश्न : महामहिम, क्या आप समझाएँगे कि आपने मनुष्यों पर यह नियंत्रण कैसे प्राप्त किया ?

उत्तर : सीमित शब्दों में कहने के लिए यह कहानी बहुत बड़ी है। इसकी शुरुआत दस लाख वर्ष पहले हुई, जब पहले मनुष्य ने सोचना आरंभ किया। उस समय तक मेरा नियंत्रण सभी मनुष्यों पर था; लेकिन मेरे दुश्मनों ने सकारात्मक विचार की शक्ति की खोज की, मनुष्यों के दिमाग में उसका बीजारोपण किया और फिर नियंत्रण बनाए रखने की मेरी लड़ाई शुरू हुई। अब तक मैंने काफी अच्छा प्रदर्शन किया है और विरोधियों से सिर्फ दो प्रतिशत मनुष्यों को हारा हूँ।...

प्रश्न : तो मैं आपके उत्तर से यह समझूँ कि जो मनुष्य विचार करते हैं, वे आपके दुश्मन हैं ? सही बात है न ?

उत्तर : यह सही नहीं है, लेकिन यह सच है ?

प्रश्न : मुझे उस दुनिया के बारे में और बताइए, जिसमें आप रहते हैं ?

उत्तर : मैं जहाँ रहना चाहता हूँ, वहाँ रहता हूँ। मेरे लिए समय और स्थान का अस्तित्व नहीं है। मैं एक बल हूँ, जिसे तुम लोग सबसे अच्छी

तरह ऊर्जा के रूप में समझते हो। मेरा पसंदीदा भौतिक स्थान, जैसा कि मैंने तुम्हें बताया है, सांसारिक लोगों का दिमाग है। मैं प्रत्येक मनुष्य के मस्तिष्क का एक हिस्सा नियंत्रित करता हूँ। एक व्यक्ति के मस्तिष्क में मैं कितनी जगह पर कब्जा करता हूँ, यह इस पर निर्भर करता है कि वह मनुष्य कितना और कैसा विचार करता है। जैसा कि मैंने तुम्हें बताया है, मैं उस व्यक्ति को पूरी तरह नियंत्रित नहीं कर सकता, जो विचार करता है।

प्रश्न : आप अपने प्रतिद्वंद्वी की बात करते हैं। उससे आपका क्या तात्पर्य है ?

उत्तर : मेरा प्रतिद्वंद्वी दुनिया की सब सकारात्मक शक्तियों को नियंत्रित करता है; जैसे—प्रेम, विश्वास, उम्मीद और आशावाद। मेरा प्रतिद्वंद्वी ब्रह्मांड के सभी प्राकृतिक नियमों के सकारात्मक कारकों को भी नियंत्रित करता है—वे शक्तियाँ, जो पृथ्वी और सभी ग्रहों एवं सितारों को उनके क्रम में संतुलित रखती हैं। लेकिन ये शक्तियाँ उनकी तुलना में कमजोर हैं, जो मानव मन में मेरे नियंत्रण में संचालित होती हैं। देखो, मैं ग्रहों और सितारों पर नियंत्रण नहीं करना चाहता। मैं मानव मन पर नियंत्रण करना पसंद करता हूँ।

प्रश्न : आपने अपनी शक्ति कहाँ से प्राप्त की और आप उसमें वृद्धि कैसे करते हैं ?

उत्तर : मैं सांसारिक प्राणियों की मानसिक शक्ति को विनियोजित करके अपनी शक्ति में जोड़ता हूँ, जब वे मृत्यु के समय द्वार से प्रवेश करते हैं। प्रत्येक 100 में से 98 लोगों पर, जो पृथ्वी के विमान से मेरे विमान में वापस आते हैं, मैं कब्जा कर लेता हूँ और उनकी मानसिक शक्ति को अपने अस्तित्व में जोड़ लेता हूँ। मुझे वे सब मिल जाते हैं, जो किसी डर के साथ आते हैं। देखो, मैं निरंतर काम करता रहता हूँ, मृत्यु के पहले लोगों के मस्तिष्क तैयार करता हूँ, ताकि जब वे मेरे विमान में वापस आएँ तो मैं उन्हें विनियोजित कर सकूँ।

प्रश्न : क्या आप मुझे बताएँगे कि आप मानव मस्तिष्क को तैयार करने का काम कैसे करते हैं, ताकि आप उसे नियंत्रित कर सकें ?

उत्तर : मेरे पास मनुष्यों के पृथ्वी के विमान पर रहते हुए ही उनके मस्तिष्क

पर नियंत्रण प्राप्त करने के अनगिनत तरीके हैं। मेरा सबसे बड़ा हथियार गरीबी है। मैं जान-बूझकर लोगों को भौतिक संपत्ति एकत्रित करने से हतोत्साहित करता हूँ; क्योंकि गरीबी लोगों को सोचने से रोकती है और उन्हें आसानी से मेरा शिकार बना देती है। मेरा दूसरा सबसे अच्छा मित्र है—खराब स्वास्थ्य। एक अस्वस्थ शरीर सोच को हतोत्साहित करता है। फिर पृथ्वी पर मेरे अनगिनत कार्यकर्ता हैं, जो लोगों के मस्तिष्क का नियंत्रण प्राप्त करने में मेरी सहायता करते हैं। मैंने उन एजेंटों को हर जगह तैनात किया हुआ है। वे हर जाति, पंथ और धर्म का प्रतिनिधित्व करते हैं।

प्रश्न : पृथ्वी पर आपके सबसे बड़े दुश्मन कौन हैं, महामहिम?

उत्तर : वे सब, जो लोगों को उनकी खुद की पहल पर सोचने और कार्य करने के लिए प्रेरित करते हैं, मेरे दुश्मन हैं; जैसे—सुकरात, कन्फ्यूशियस, वॉल्टेयर, एमर्सन, थॉमस पेन एवं अब्राहम लिंकन; और तुम भी मेरा कोई भला नहीं कर रहे हो।

प्रश्न : क्या यह सच है कि आप ऐसे लोगों का उपयोग करते हैं, जिनके पास अपार धन है?

उत्तर : जैसा कि मैं तुम्हें बता चुका हूँ, गरीबी हमेशा से मेरी मित्र है; क्योंकि वह विचारों की स्वतंत्रता को हतोत्साहित करती है और लोगों के मन में डर को प्रोत्साहित करती है। कुछ अमीर लोग मेरे काम आते हैं, जबकि कुछ मुझे बहुत नुकसान पहुँचाते हैं। यह इस पर निर्भर करता है कि उनके धन का उपयोग किस प्रकार हो रहा है। उदाहरण के लिए, महान् रॉकफेलर संपदा मेरे सबसे बड़े दुश्मनों में से एक है।

प्रश्न : दिलचस्प बात है। महामहिम, क्या आप मुझे बताएँगे कि आपको रॉकफेलर संपदा से औरों की तुलना में अधिक डर क्यों लगता है?

उत्तर : रॉकफेलर धन का उपयोग दुनिया के हर हिस्से में भौतिक शरीर की बीमारियों को अलग करने और जीतने के लिए किया जा रहा है। बीमारी हमेशा से मेरा सबसे प्रभावी हथियार रही है। गरीबी के डर के बाद सबसे बड़ा डर खराब स्वास्थ्य का होता है। रॉकफेलर धन सौ विभिन्न दिशाओं में प्रकृति के नए रहस्य उजागर कर

रहा है और वे सभी मनुष्यों को उनके खुद के दिमाग पर कब्जा करने और उसे बनाए रखने के लिए तैयार किए गए हैं। वह लोगों को भोजन, वस्त्र एवं आवास देने के नए और बेहतर तरीकों को प्रोत्साहित कर रहा है। वह बड़े शहरों से मलिन बस्तियों का सफाया कर रहा है, जहाँ मेरे पसंदीदा सहयोगी पाए जाते हैं। वह बेहतर सरकार के लिए वित्त-पोषण अभियान चला रहा है और राजनीति से बेईमानी को मिटाने में मदद कर रहा है। वह व्यापार में उच्च मानक स्थापित करने में मदद कर रहा है और व्यापारियों को गोल्डन रूल के माध्यम से व्यवसाय करने के लिए प्रोत्साहित कर रहा है, और इन सबसे मेरे उद्देश्य को कोई मदद नहीं मिल रही है।

प्रश्न : उन लड़कों और लड़कियों का क्या, जिनके बारे में कहा जाता है कि वे नरक के रास्ते पर जा रहे हैं? क्या आपका उन पर नियंत्रण है?

उत्तर : इस प्रश्न का उत्तर मैं सिर्फ 'हाँ' और 'नहीं' में दे सकता हूँ। मैंने युवाओं के मस्तिष्क शराब पीना और धूम्रपान करना सिखाकर प्रदूषित कर दिए हैं; लेकिन उन्होंने खुद के बारे में सोचने की अपनी प्रवृत्ति से मुझे हैरान कर दिया है।

शैरोन के नोट्स—***हिल कमजोर मन से लड़ाई के मैदान में आगे-पीछे हो रहे हैं। रॉकफेलर के परोपकार के बारे में उनके पहले बिंदु के बाद इस बारे में एक स्पष्टीकरण है कि युवा लोग नरक के रास्ते पर क्यों हैं। मुझे लगता है कि लेखक हमें हमारे दिमाग में एक साथ कई विचार लाने की चुनौती दे रहा है, जबकि वह कमजोर मन को उसका गंदा काम करने देता है—हमें भ्रमित करने की आशा से। इस पूरी पुस्तक में अन्य उदाहरण तलाश करिए, आपको मिल जाएँगे।***

प्रश्न : आप कहते हैं कि आपने युवाओं के मस्तिष्क शराब और सिगरेट से भ्रष्ट कर दिए हैं। मैं समझ सकता हूँ कि शराब किस प्रकार स्वतंत्र विचार की शक्ति को नष्ट कर सकती है; लेकिन मैं यह

नहीं समझ पा रहा हूँ कि सिगरेट आपके उद्देश्य में किस प्रकार मदद कर सकती है।

उत्तर : तुम शायद नहीं जानते, लेकिन सिगरेट हठ करने की शक्ति को तोड़ देती है; वह सहन-शक्ति को नष्ट कर देती है; वह ध्यान केंद्रित करने की क्षमता को नष्ट कर देती है; वह कल्पना-शक्ति को कमजोर और मृतप्राय कर देती है और अन्य कई तरीकों से लोगों को उनके दिमाग प्रभावी तरीके से उपयोग करने से रोककर मेरी मदद करती है।

क्या तुम जानते हो कि मेरे पास लाखों लोग हैं—जवान और बूढ़े, दोनों लिंगों के, जो एक दिन में दो पैकेट सिगरेट पी लेते हैं? इसका मतलब मेरे पास लाखों ऐसे लोग हैं, जो धीरे-धीरे अपनी प्रतिरोधक क्षमता नष्ट कर रहे हैं।

एक दिन मैं उनकी सिगरेट पीने की आदत में एक और विचार-शक्ति नष्ट करनेवाली आदत जोड़ दूँगा, जब तक मैं उनके मस्तिष्कों पर नियंत्रण प्राप्त नहीं कर लेता।

आदतें जोड़े में, तीन में और चार में आती हैं। कोई भी आदत, जो किसी मनुष्य की इच्छा-शक्ति को कमजोर करती है, अपने रिश्तेदारों को आगे बढ़कर मस्तिष्क का नियंत्रण लेने के लिए आमंत्रित कर लेती है। सिगरेट की आदत न सिर्फ प्रतिरोधक क्षमता को कम करती है और दृढ़ता को हतोत्साहित करती है, बल्कि अन्य मानव संबंधों में ढिलाई भी ले आती है।

प्रश्न : मैंने कभी नहीं सोचा था कि सिगरेट विनाश का साधन हो सकती थी, महामहिम; लेकिन आपका विवरण इस विषय पर एक अलग रोशनी डाल रहा है। आप अब तक कितने लोगों को यह आदत डालने का दावा करते हैं?

उत्तर : मुझे अपने रिकॉर्ड पर गर्व है। अब तक लाखों लोग इस आदत का शिकार हो चुके हैं और यह संख्या प्रतिदिन बढ़ रही है। जल्दी ही मैं दुनिया के अधिकांश लोगों को इसकी आदत डलवा दूँगा। मेरे पास हजारों परिवार हैं, जिनका प्रत्येक सदस्य इस आदत का अनुयायी है। बहुत कम उम्र के लड़के और लड़कियाँ अब सिगरेट के आदी होने लगे हैं। वे अपने माता-पिता और बड़े भाई-बहनों

को देखकर धूम्रपान करना सीख रहे हैं।

प्रश्न : आप मानव मन पर नियंत्रण पाने के लिए किस हथियार को ज्यादा बड़ा मानते हैं—शराब या सिगरेट?

उत्तर : मैं बिना हिचके सिगरेट कहूँगा। एक बार मैं एक युवा व्यक्ति को दिन में दो पैकेटवाले क्लब में शामिल कर लेता हूँ तो मुझे उस व्यक्ति में शराब, अत्यधिक सेक्स और अन्य संबंधित आदतें डालने में, जो विचार और काररवाई की स्वतंत्रता को नष्ट कर देती हैं, बिल्कुल परेशानी नहीं होती।

शैरोन के नोट्स—***याद रखिए, यह सन् 1938 में लिखा गया था—तंबाकू की नशे की लत वाली प्रवृत्ति की खोज होने से बहुत पहले। यहाँ, अन्य स्थानों की तरह, नेपोलियन हिल हमें दिखाते हैं कि अपने कुछ चिकित्सकीय और सामाजिक मतों के साथ वे अपने समय से बहुत आगे हैं।***

प्रश्न : महामहिम, जब मैंने यह साक्षात्कार शुरू किया था तो मैं आपको बिल्कुल गलत समझ रहा था। मुझे लगा था, आप धोखेबाज और नकली हैं; लेकिन अब मैं देख सकता हूँ कि आप काफी वास्तविक और बहुत शक्तिशाली हैं।

उत्तर : तुम्हारी माफी मुझे मंजूर है; लेकिन तुम्हें परेशान होने की जरूरत नहीं थी। लाखों लोगों ने मेरी शक्ति पर सवाल उठाया है और मैं उनमें से अधिकांश को उनके आने पर द्वार तक ले गया। मैं किसी से मुझ पर विश्वास करने के लिए नहीं कहता। मैं यह पसंद करता हूँ कि लोग मुझसे डरें। मैं कोई भिखारी नहीं हूँ! मुझे जो चाहिए होता है, वह मैं चालाकी और बल से ले लेता हूँ। लोगों से विश्वास करने के लिए भीख माँगना मेरे विरोधी का काम है, मेरा नहीं।

प्रश्न : महामहिम, मेरी असभ्यता को क्षमा करें; लेकिन मैं खुद से कभी नजरें नहीं मिला पाऊँगा, यदि मैं आपको यहीं और इसी समय नहीं बता देता कि आप वे सबसे निंदनीय पिशाच हैं, जिन्हें मासूम लोगों पर खुला छोड़ दिया गया है।

आपके बारे में मेरी धारणा हमेशा गलत रही है। मैं सोचता था कि आप इतने दयालु तो थे कि लोगों को उनके जीवित रहते अकेला छोड़ देते थे कि आप सिर्फ उनकी मृत्यु के बाद उनकी आत्माओं पर अत्याचार करते थे; लेकिन अब मैं आपके खुद के बेशर्मी भरे बयान से जान गया हूँ कि आप उनके विचारों की स्वतंत्रता के अधिकार को नष्ट कर देते हैं और उन्हें धरती पर ही एक जीवित नरक से गुजरने को विवश करते हैं। इस बारे में आपको क्या कहना है?

उत्तर : मुझे जो चाहिए होता है, वह मैं आत्म-नियंत्रण के माध्यम से प्राप्त कर लेता हूँ। यह मेरे व्यवसाय के लिए बहुत अच्छा नहीं है; लेकिन मेरा सुझाव है कि तुम मेरी आलोचना करने के बजाय मेरा अनुकरण करो। तुम खुद को विचारक कहते हो और तुम हो भी, वरना तुम इस साक्षात्कार के लिए मुझे विवश नहीं कर पाते। लेकिन तुम उस तरह के विचारक कभी नहीं हो सकते, जिससे मुझे डर लगता है, जब तक तुम अपनी भावनाओं पर और अधिक नियंत्रण नहीं प्राप्त कर लेते।

प्रश्न : व्यक्तित्वों की बात जाने दीजिए। मैं यहाँ आपके बारे में अधिक जानने आया हूँ, खुद पर चर्चा करने नहीं। कृपया आगे बढ़िए और मुझे बताइए कि मानव मस्तिष्क पर नियंत्रण प्राप्त करने के लिए आपने कितने तरीके तैयार किए हैं? इस समय आपका सबसे शक्तिशाली हथियार कौन सा है?

उत्तर : इस प्रश्न का उत्तर देना मुश्किल है। मेरे पास मानव मस्तिष्क में प्रवेश करने और उसे नियंत्रित करने के इतने सारे तरीके हैं कि यह कहना मुश्किल है कि कौन से सबसे शक्तिशाली हैं। फिलहाल, इस समय मैं एक और विश्व युद्ध लाने का प्रयास कर रहा हूँ। यहाँ वॉशिंगटन में मौजूद मेरे मित्र अमेरिका को युद्ध में शामिल करने में मेरी मदद कर रहे हैं। यदि मैं दुनिया से थोक आधार पर जानें लेना शुरू करवा लूँगा तो मैं मस्तिष्क नियंत्रण के लिए अपना पसंदीदा तरीका काम में ले पाऊँगा। इसे तुम 'व्यापक भय' कह सकते हो। मैंने इस तरीके का उपयोग सन् 1914 में पहला विश्व युद्ध शुरू करवाने में किया था। मैंने इसका उपयोग सन् 1929

में आर्थिक अवसाद लाने में किया था और यदि मेरे विरोधियों ने मुझे धोखा नहीं दिया होता तो इस समय तक दुनिया का हर पुरुष, महिला और बच्चा मेरे कब्जे में होता। तुम खुद देख सकते हो कि मैं दुनिया पर वर्चस्व प्राप्त करने के कितने करीब आ गया हूँ; वह चीज, जिसे हासिल करने के लिए मैं वर्षों से संघर्ष कर रहा हूँ।

शैरोन के नोट्स— ***युद्ध को उकसाने के लिए दोनों पक्षों के साथ काम करने का दावा करता है—दुनिया भर में डर के बीज रोपित करने के आधार पर। यह हमारे समय में आतंकवाद के नाम से जानेवाली चीज का सार है और उसकी प्रतिक्रिया भी। हिल के कार्य के माध्यम से कमजोर मन न सिर्फ दोनों विश्व युद्धों का, बल्कि ग्रेट डिप्रेशन का श्रेय भी लेता है।'' उसके कारनामों की सूची में वर्तमान आर्थिक पतन को जोड़ना आसान है। युद्ध और आर्थिक पतन—दोनों ही मनुष्यों के मन में डर उत्पन्न करते हैं और ये निश्चित रूप से शैतान के काम हैं।***

प्रश्न : हाँ, मैं आपकी बात समझ रहा हूँ। कौन नहीं समझेगा? आप लोगों के दिमागों का बहुत आसानी से छल-साधन कर लेते हैं।

उत्तर : अरे, नहीं! मैं जीवन के हर क्षेत्र के लोगों के मस्तिष्क का उपयोग करता हूँ। वास्तव में, मैं ऐसे व्यक्ति को पसंद करता हूँ, जो सोचने का कोई ढोंग नहीं करता; ऐसे व्यक्ति के साथ मैं आसानी से हेर-फेर कर सकता हूँ। मैं दुनिया के 98 प्रतिशत लोगों को नियंत्रित नहीं कर पाता, यदि सभी लोग खुद के लिए सोचने में कुशल होते।

प्रश्न : मुझे उन लोगों की भलाई में दिलचस्पी है, जिन्हें नियंत्रण में रखने का आप दावा करते हैं। इसलिए, मैं चाहता हूँ कि आप मुझे वे सभी गुर बताएँ, जिनके माध्यम से आप उनके मस्तिष्क में प्रवेश करके उसे नियंत्रित करते हैं। मैं आपसे पूर्ण स्वीकारोक्ति चाहता हूँ, इसलिए अपनी सबसे चतुर चाल से शुरू कीजिए।

उत्तर : तुम मुझ पर आत्महत्या करने के लिए दबाव डाल रहे हो; लेकिन मैं असहाय हूँ। इसलिए आराम से बैठ जाओ और मैं तुम्हारे हाथों में वे हथियार रखूँगा, जिसके द्वारा तुम्हारे लाखों सांसारिक साथी मुझसे अपना बचाव कर लेंगे।

□

अध्याय-4

कमजोर मन के साथ भटकना

प्रश्न : सबसे पहले मुझे अपनी सबसे चतुर चाल के बारे में बताइए, जिसका उपयोग आप बड़ी-से-बड़ी संख्या में लोगों को फँसाने के लिए करते हैं?

उत्तर : अगर तुम मुझे यह रहस्य बताने के लिए विवश करते हो तो इसका मतलब होगा—मेरे पास से उन लाखों लोगों का नुकसान, जो अभी जी रहे हैं और उससे भी अधिक लाखों की संख्या में लोग, जिनका अभी जन्म नहीं हुआ है। मैं तुमसे विनती करता हूँ, मुझे यह एक प्रश्न अनुत्तरित छोड़ने की अनुमति दो।

प्रश्न : तो कमजोर मन को एक विनम्र सांसारिक प्राणी से डर लगता है! सही बात है न?

उत्तर : यह सही नहीं है, लेकिन सच है। तुम्हें मेरे व्यापार के सबसे आवश्यक उपकरण को लूटने का कोई अधिकार नहीं है। लाखों वर्षों से मैंने सांसारिक प्राणियों पर डर और अज्ञान के माध्यम से प्रभुत्व हासिल किया है। अब तुम आते हो और मुझे उनके उपयोग का तरीका बताने के लिए विवश करके मेरे इन हथियारों का उपयोग नष्ट करना चाहते हो। क्या तुम्हें एहसास नहीं है कि तुम हर उस व्यक्ति पर से मेरी पकड़ खत्म कर दोगे, जो इस स्वीकारोक्ति को सुन रहा है, जो तुम मुझे विवश करके ले रहे हो? क्या तुम्हें दया नहीं आती? क्या तुम्हारे अंदर हास्य की भावना नहीं है? क्या तुम्हारे अंदर खिलाड़ी भावना नहीं है?

प्रश्न : टालना बंद करिए और कबूल करना शुरू करिए। आप उस व्यक्ति से दया माँगनेवाले कौन होते हैं, जिसे आप मौका मिलने पर खुद नष्ट कर देंगे? खिलाड़ी भावना और हास्य के बारे में बात करनेवाले आप कौन होते हैं? आप, जिसने अपनी खुद की स्वीकारोक्ति से धरती पर जीवित नरक स्थापित किया है, जहाँ आप मासूम लोगों को उनके डर और अज्ञान के माध्यम से सजा देते हैं। जहाँ तक मेरे अपने काम से मतलब रखने की बात है, मैं बिल्कुल वही कर रहा हूँ, जब मैं आपको यह बताने के लिए विवश कर रहा हूँ कि आप लोगों को उनके खुद के मस्तिष्कों के माध्यम से कैसे नियंत्रित करते हैं। मेरा व्यवसाय, यदि उसे व्यवसाय कहा जा सकता है तो, उन स्व-निर्मित कारावासों के दरवाजों को खोलने में मदद करना

है, जिसमें पुरुष और महिलाएँ उन डरों के कारण बंद हैं, जो आपने उनके मस्तिष्कों में रोपित किए हैं।

शैरोन के नोट्स— ***श्रीमान सांसारिक के पास कमजोर मन को उनके प्रश्नों के जवाब देने के लिए विवश करने की शक्ति है। स्वतंत्र विचार और डर के अभाव का उनका अपना ज्ञान उनका हथियार था, जिसने इस स्वीकारोक्ति को बल दिया।***

उत्तर : मनुष्य के ऊपर मेरे सबसे बड़े हथियार में दो गुप्त सिद्धांत हैं, जिनके द्वारा मैं उनके मस्तिष्कों पर नियंत्रण प्राप्त करता हूँ। पहले मैं आदत के सिद्धांत की बात करूँगा, जिसके माध्यम से मैं धीरे से लोगों के मस्तिष्कों में प्रवेश करता हूँ। इस सिद्धांत के माध्यम से काम करके मैं भटकने (ड्रिफ्टिंग) की आदत (काश, मैं इस शब्द के प्रयोग से बच पाता) स्थापित करता हूँ। जब कोई व्यक्ति किसी विषय पर भटकने लगता है तो वह सीधे उस द्वार की ओर जाता है, जिसे तुम सांसारिक लोग नरक कहते हो।

प्रश्न : उन सब तरीकों का वर्णन करिए, जिनसे आप लोगों को भटकने के लिए प्रेरित करते हैं? इस शब्द की परिभाषा बताइए और हमें बताइए कि इसका ठीक-ठीक अर्थ क्या है?

उत्तर : मैं 'भटकाव' (ड्रिफ्टिंग) शब्द को सबसे अच्छी तरह यह कहकर परिभाषित कर सकता हूँ कि जो लोग अपने खुद के बारे में सोच सकते हैं, वे कभी नहीं भटकते; जबकि जो लोग खुद के बारे में कम या बिल्कुल नहीं सोचते, वे भटक जाते हैं। एक ड्रिफ्टर या भटकनेवाला वह होता है, जो खुद को अपने मन से बाहर की स्थितियों से प्रभावित और नियंत्रित होने की अनुमति देता है। वह अपने बारे में खुद सोचने की परेशानी में पड़ने के बजाय मुझे अपने दिमाग पर कब्जा करके सोचने देना पसंद करता है। एक ड्रिफ्टर वह होता है, जो बिना विरोध किए या लड़ाई किए जीवन उसके सामने जो भी पटक देता है, उसे स्वीकार कर लेता है। वह नहीं जानता कि उसे जीवन से क्या चाहिए और अपना सारा समय उसी को पाने में बिता देता है।

कमजोर मन कहता है, "एक ड्रिफ्टर वह है, जो अपने लिए बहुत कम या बिल्कुल नहीं सोचता और खुद को अपने मन के बाहर की स्थितियों से प्रभावित व नियंत्रित होने की अनुमति देता है।"

एक ड्रिफ्टर के पास बहुत से विचार होते हैं, लेकिन वे उसके अपने नहीं होते। उनमें से अधिकांश की आपूर्ति मेरे द्वारा होती है।

एक ड्रिफ्टर वह है, जो अपने दिमाग का उपयोग करने के लिए मानसिक रूप से बहुत आलसी होता है। यही कारण है कि मैं लोगों के विचारों को नियंत्रित करके उनमें अपने विचार रोपित कर पाता हूँ।

प्रश्न : मुझे लगता है, मैं समझ रहा हूँ कि ड्रिफ्टर क्या होता है। मुझे लोगों की वे सटीक आदतें बताइए, जिनके द्वारा आप उन्हें जीवन से भटकने के लिए प्रेरित करते हैं। शुरुआत यह बताने से कीजिए कि सबसे पहले आप कब और कैसे एक व्यक्ति के मस्तिष्क पर नियंत्रण प्राप्त करते हैं?

उत्तर : एक मनुष्य के मस्तिष्क पर मैं नियंत्रण तब प्राप्त करता हूँ, जब वह युवा होता है। कभी-कभी मैं एक मस्तिष्क के मालिक के जन्म लेने से पहले ही उसके नियंत्रण के लिए नींव रख देता हूँ, उसके माता-पिता के मस्तिष्कों के साथ छेड़छाड़ करके। कभी-कभी मैं इससे भी पीछे चला जाता हूँ और लोगों को अपने नियंत्रण के लिए उस माध्यम से तैयार करता हूँ, जिसे तुम सांसारिक लोग 'शारीरिक आनुवंशिकता' कहते हो। इस प्रकार, तुम देख सकते हो कि मेरे पास एक व्यक्ति के मस्तिष्क तक पहुँचने के दो रास्ते हैं।

प्रश्न : हाँ, आगे बढ़िए और उन दो दरवाजों का वर्णन करिए, जिनसे आप प्रवेश करके मनुष्यों के मस्तिष्कों को नियंत्रित करते हैं।

उत्तर : जैसा कि मैंने कहा है, मैं लोगों को उनके जन्म से पहले उनके पूर्वजों की जितनी संभव हो सकती हैं, उतनी कमजोरियाँ देकर कमजोर दिमागों के साथ तुम्हारी दुनिया में लाने में मदद करता हूँ। तुम लोग इस सिद्धांत को 'शारीरिक आनुवंशिकता' कहते हो। जब लोगों का जन्म हो जाता है तो मैं उन्हें नियंत्रित करने के लिए उस साधन का

उपयोग करता हूँ, जिसे तुम सांसारिक लोग 'वातावरण' कहते हो। यहीं पर आदत का सिद्धांत प्रवेश करता है। मस्तिष्क और कुछ नहीं, सिर्फ एक व्यक्ति की आदतों का कुल योग है! एक-एक करके मैं मस्तिष्क में प्रवेश करता हूँ और आदतें स्थापित करता हूँ, और अंत में मुझे मस्तिष्क का संपूर्ण वर्चस्व प्राप्त हो जाता है।

प्रश्न : मुझे वे सबसे सामान्य आदतें बताइए, जिनके द्वारा आप लोगों के मस्तिष्कों पर नियंत्रण प्राप्त करते हैं?

उत्तर : यह मेरी सबसे चतुर चालों में से एक है। मैं लोगों के मस्तिष्क में उन विचारों के माध्यम से प्रवेश करता हूँ, जिन्हें वे अपने विचार मानते हैं। मेरे लिए सबसे उपयोगी विचार हैं—डर, अंधविश्वास, लालच, लोभ, वासना, बदला, क्रोध, घमंड और शुद्ध आलस्य। इनमें से एक या अधिक के माध्यम से मैं किसी भी उम्र में, किसी भी मस्तिष्क में प्रवेश कर सकता हूँ; लेकिन मुझे सबसे अच्छे परिणाम तब मिलते हैं, जब मैं एक मस्तिष्क को तब नियंत्रण में लेता हूँ, जब वह युवा होता है, इससे पहले कि उसका मालिक इन नौ दरवाजों में से किसी को भी बंद करना सीख ले। तब मैं ऐसी आदतें स्थापित कर सकता हूँ, जो इन दरवाजों को हमेशा के लिए बंद कर देती हैं।

प्रश्न : मैं आपके तरीके समझने लगा हूँ। चलिए, अब ड्रिफ्टिंग की आदत पर वापस लौटते हैं। मुझे उस आदत के बारे में सबकुछ बताइए, क्योंकि आपका कहना है कि लोगों के मस्तिष्कों को नियंत्रित करने के लिए वह आपकी सबसे चतुर चाल है।

उत्तर : जैसा कि मैंने पहले कहा है, मैं लोगों को उनकी युवावस्था के दौरान भटकाने लगता हूँ। मैं उन्हें स्कूल के दौरान भटकने के लिए प्रेरित करता हूँ, उन्हें यह न जानने देकर कि वे भविष्य में किस व्यवसाय से जुड़ना चाहते हैं। यहाँ मैं अधिकांश लोगों को कब्जे में कर लेता हूँ। आदतें संबंधित होती हैं। तुम एक दिशा में भटकना शुरू करो और जल्दी ही तुम हर दिशा में भटकने लगोगे। अपने शिकारों पर एक निश्चित पकड़ हासिल करने के लिए मैं पर्यावरणीय आदतों का उपयोग भी करता हूँ।

प्रश्न : मैं समझ गया। आप बच्चों को बिना किसी उद्देश्य के स्कूल जाने के लिए प्रेरित करके उनमें भटकने की आदत डाल देते हैं। अब

मुझे अपनी कुछ और चालें बताइए, जिनके माध्यम से आप लोगों को ड्रिफ्टर (भटकनेवाला) बना देते हैं।

उत्तर : ठीक है। भटकने की आदत विकसित करने के लिए मेरी दूसरी सबसे अच्छी चाल वह है, जिसे मैं बच्चों के माता-पिता, पब्लिक स्कूल के शिक्षकों और धार्मिक प्रशिक्षकों की सहायता से लागू करता हूँ। मैं तुम्हें चेतावनी दे रहा हूँ कि मुझे यह तरकीब बताने के लिए विवश मत करो। इस तरकीब का खुलासा मत करना। यदि तुम ऐसा करोगे तो मेरे सहयोगी, जो मुझे इस तरकीब का उपयोग करने में मदद करते हैं, तुमसे नफरत करेंगे। यदि तुम इस स्वीकारोक्ति को पुस्तक के रूप में प्रकाशित करोगे तो तुम्हारी पुस्तक पर पब्लिक स्कूलों में रोक लगा दी जाएगी। अधिकांश धार्मिक नेता इसे ब्लैकलिस्ट कर देंगे। कई अभिभावक इसे अपने बच्चों से छुपा देंगे। कोई समाचार-पत्र तुम्हारी पुस्तक की समीक्षा देने की हिम्मत नहीं करेगा। लाखों लोग इस पुस्तक को लिखने के लिए तुमसे नफरत करेंगे।

वास्तव में, जो लोग विचार करते हैं, उनके अलावा तुम्हें या तुम्हारी पुस्तक को कोई पसंद नहीं करेगा और तुम जानते हो कि ऐसे लोगों की संख्या कितनी कम है! तुम्हारे लिए मेरी सलाह है कि मुझे इस दूसरी सबसे अच्छी चाल का वर्णन करने के लिए मत कहो।

शैरोन के नोट्स—***लेखक जानता था कि यह राय पुस्तक के सबसे विवादास्पद पहलुओं में से एक होगी। वास्तव में, उनकी पत्नी इसकी प्रतिक्रिया को लेकर इतनी चिंतित थीं कि उन्होंने नेपोलियन हिल से वादा लिया कि वे इसे प्रकाशित नहीं करेंगे। और वास्तव में, उनकी मृत्यु के काफी समय बाद उनका परिवार इसे दुनिया के साथ साझा करने के लिए तैयार हुआ है। मैं आपको सलाह दूँगी कि आप सार्वजनिक शिक्षा-प्रणाली और धार्मिक शिक्षकों के बारे में हिल के तर्क को अच्छी तरह समझें और फिर खुद निर्णय लें।***

प्रश्न : तो आप मेरी भलाई के लिए अपनी दूसरी सबसे अच्छी चाल के विवरण को रोककर रखना चाहते हैं? जो विचार करते हैं, उनके

अलावा मेरी पुस्तक को कोई पसंद नहीं करेगा, है न? कोई बात नहीं, आगे बढ़िए और जवाब दीजिए।

उत्तर : तुम इस पर अफसोस करोगे, श्रीमान सांसारिक, लेकिन फैसला तुम्हारा है। अपनी इस गलती से तुम ध्यान मुझ पर से हटाकर खुद की ओर आकर्षित कर लोगे। मेरे सहकर्मी, जिनकी संख्या लाखों में है, मेरे बारे में भूलकर मेरी तरकीबों को उजागर करने के लिए तुमसे नफरत करेंगे।

प्रश्न : मेरी चिंता मत करिए। मुझे अपनी दूसरी सबसे अच्छी तरकीब के बारे में सबकुछ बताइए, जिसके द्वारा आप लोगों को अपने साथ नरक की ओर भटकने के लिए प्रेरित करते हैं।

उत्तर : मेरी दूसरी सबसे अच्छी तरकीब वास्तव में दूसरी है ही नहीं। यह पहली है! यह पहली है, क्योंकि इसके बिना मैं युवाओं के मस्तिष्कों पर कभी नियंत्रण नहीं कर सकता था। अभिभावक, स्कूल के शिक्षक, धार्मिक प्रशिक्षक और कई अन्य वयस्क बच्चों की उनके खुद के लिए सोचने की आदत को नष्ट करने में मेरी मदद करके अनजाने में मेरे उद्देश्य की पूर्ति करते हैं। वे विभिन्न तरीकों से अपना काम करते हैं, इस बात पर संदेह किए बिना कि वे बच्चों के मस्तिष्कों के साथ क्या कर रहे हैं या उनकी गलतियों का असली कारण क्या है।

शैरोन के नोट्स—*क्या आपने कभी किसी अभिभावक को एक बच्चे का वाक्य पूरा करते सुना है, या किसी अभिभावक को अपने बच्चे का होमवर्क पूरा करते देखा है? उदाहरण के तौर पर, एक बच्चे के विज्ञान के प्रोजेक्ट को लीजिए। स्कूल के उन विज्ञान मेलों को याद करिए, जहाँ यह स्पष्ट होता है कि बच्चों को पर्याप्त बाहरी सहायता प्राप्त हुई है। उनकी माँ या पिता ने उनकी कुछ अधिक ही सहायता की होगी; लेकिन दिल की गहराई में वे जानते होंगे कि उनका बच्चा इस बात की सराहना करता है और जानता है कि वे कितने महान् अभिभावक हैं। सही बात है न? असल में, बच्चा सोच सकता है। माँ और पिताजी को लगता है कि मैं यह अपने आप नहीं कर सकता¨ तो मुझे परेशान होने की*

क्या जरूरत है? अंततः यह चीज बच्चे के आत्मविश्वास को नष्ट कर देगी। बच्चों को वास्तव में जिम्मेदारी सौंप देने से वे खुद के लिए सोचने की आदत विकसित करेंगे।

प्रश्न : मुझे आपकी बात पर विश्वास नहीं हो रहा है, महामहिम। मैं हमेशा से मानता आया हूँ कि बच्चों के सबसे अच्छे मित्र वे होते हैं, जो उनके सबसे निकट होते हैं—उनके माता-पिता, उनका स्कूल, शिक्षक और उनके धार्मिक प्रशिक्षक। बच्चे भरोसेमंद मार्गदर्शन के लिए यदि उनके पास नहीं जाएँगे, जिन पर उनकी जिम्मेदारी है, तो और कहाँ जाएँगे?

उत्तर : यहीं पर मेरी चतुराई काम आती है। इस बात का सटीक विवरण है कि मैं दुनिया के 98 प्रतिशत लोगों को कैसे नियंत्रित करता हूँ। मैं लोगों पर उनकी युवावस्था में कब्जा कर लेता हूँ, इससे पहले कि वे खुद अपने दिमागों पर कब्जा कर सकें—उन लोगों का उपयोग करके, जिन पर उनकी जिम्मेदारी है। मुझे विशेष रूप से उनकी सहायता की आवश्यकता होती है, जो बच्चों को उनकी धार्मिक शिक्षा देते हैं; क्योंकि यहीं पर मैं लोगों के स्वतंत्र विचार को तोड़कर उनमें भटकने की आदत डालना शुरू करता हूँ, उनके मस्तिष्कों को ऐसी दुनिया से संबंधित असिद्ध विचारों से भ्रमित करके, जिसके बारे में वे कुछ नहीं जानते और यहीं पर मैं बच्चों के मन में सबसे बड़ा डर रोपित करता हूँ—नरक का डर!

प्रश्न : मैं समझता हूँ कि आपके लिए बच्चों को नरक की धमकी से डराना कितना आसान है; लेकिन जब वे बड़े होकर खुद के लिए सोचना सीख जाते हैं, तब भी आप उन्हें खुद से और आपके नरक से डराना जारी कैसे रख पाते हैं?

उत्तर : बच्चे बड़े हो जाते हैं, लेकिन वे हमेशा खुद के लिए सोचना नहीं सीख पाते! एक बार मैं डर के माध्यम से एक बच्चे के मस्तिष्क पर कब्जा कर लेता हूँ तो उस बच्चे की विचार करने की और खुद के लिए सोचने की क्षमता को कमजोर कर देता हूँ, और वह कमजोरी उसके साथ जीवन भर चलती है।

प्रश्न : एक मनुष्य का उसके मस्तिष्क पर पूर्ण अधिकार हो जाए, उससे

पहले ही उसके मस्तिष्क को दूषित कर देना उसका अनुचित लाभ उठाना नहीं है क्या?

उत्तर : हर वह चीज, जिसका मैं अपने उद्देश्य को आगे बढ़ाने के लिए उपयोग कर सकता हूँ, मेरे लिए उचित है। मेरे पास सही और गलत की कोई मूर्खतापूर्ण सीमाएँ नहीं हैं। ताकत मेरे लिए सही है। मैं मानव-मस्तिष्क पर नियंत्रण प्राप्त करने और बनाए रखने के लिए हर ज्ञात मानव कमजोरी का उपयोग करता हूँ।

प्रश्न : मैं आपका शैतानी स्वभाव समझता हूँ! अब चलिए, हम यहाँ पृथ्वी पर लोगों को नरक की ओर भटकने के लिए प्रेरित करनेवाले आपके तरीकों पर आगे चर्चा करते हैं। आपकी स्वीकारोक्ति से मैं यह देख सकता हूँ कि आप बच्चों पर तभी कब्जा कर लेते हैं, जब उनके मस्तिष्क युवा और लचीले होते हैं। मुझे इस बारे में और बताइए कि आप अभिभावकों, शिक्षकों और धार्मिक नेताओं का उपयोग लोगों को फँसाकर भटकाने में कैसे करते हैं?

उत्तर : मेरी पसंदीदा तरकीबों में से एक है—अभिभावकों और धार्मिक प्रशिक्षकों के प्रयासों का समन्वय करना, ताकि वे साथ में काम करके बच्चों की स्वयं के लिए सोचने की शक्ति को नष्ट करने में मेरी सहायता कर सकें। मैं बच्चों के साहस और स्वतंत्र विचार की शक्ति को कम करने के लिए कई धार्मिक प्रशिक्षकों का उपयोग करता हूँ—उन्हें मुझसे डरना सिखाकर; लेकिन मैं अभिभावकों का उपयोग अपने इस महान् कार्य में धार्मिक प्रशिक्षकों की सहायता के लिए करता हूँ।

प्रश्न : अभिभावक अपने बच्चों की स्वयं के लिए सोचने की शक्ति को नष्ट करने में धार्मिक प्रशिक्षकों की सहायता कैसे करते हैं? मैंने इस तरह के राक्षसी कार्य के बारे में कभी नहीं सुना है।

उत्तर : मैं इस कार्य को एक बहुत ही चतुर चाल के माध्यम से पूरा करता हूँ। मैं अभिभावकों को धर्म, राजनीति, विवाह और अन्य महत्त्वपूर्ण विषयों के संबंध में उनके बच्चों को उसी प्रकार विश्वास करना सिखाने के लिए प्रेरित करता हूँ, जैसे वे स्वयं करते हैं। इस प्रकार, जैसा कि तुम देख सकते हो, जब मैं एक व्यक्ति के मस्तिष्क पर नियंत्रण प्राप्त करता हूँ तो उसे उस व्यक्ति के

बच्चों के मस्तिष्कों को जकड़ने में मदद करने के लिए आसानी से नियंत्रित कर सकता हूँ।

प्रश्न : आप और किन तरीकों से बच्चों को ड्रिफ्टर (भटकनेवाला) में बदलने के लिए माता-पिता का उपयोग करते हैं?

उत्तर : मैं बच्चों को उनके माता-पिता के उदाहरणों का पालन करके ड्रिफ्टर बनने के लिए प्रेरित करता हूँ, जिनमें से अधिकांश पर मैं पहले ही कब्जा करके हमेशा के लिए अपने उद्देश्य के साथ बाँध चुका होता हूँ। दुनिया के कुछ हिस्सों में मैं बच्चों के मस्तिष्कों पर स्वामित्व प्राप्त करके उनकी इच्छा-शक्ति को उसी प्रकार वश में कर लेता हूँ, जैसे मनुष्य कम बुद्धिवाले जानवरों को कमजोर करके वश में कर लेते हैं। मुझे इस बात से कोई फर्क नहीं पड़ता कि एक बच्चे की इच्छा-शक्ति किस प्रकार कम होती है, जब तक कि वह किसी चीज से डरता रहता है। मैं उसके मस्तिष्क में उस डर के माध्यम से प्रवेश करूँगा और बच्चे की स्वतंत्र रूप से सोचने की शक्ति को कम कर दूँगा।

शैरोन के नोट्स— कमजोर मन डर के माध्यम से एक बच्चे के मस्तिष्क में प्रवेश करेगा और फिर उसके स्वतंत्र रूप से सोचने की क्षमता को सीमित कर देगा। मैं पीछे मुड़कर कई धार्मिक नेताओं के बारे में सोच सकती हूँ, जिन्हें मैंने अतीत में देखा है और फौरन उन्हें भय-आधारित एवं विश्वास-आधारित प्रशिक्षकों के बीच विभाजित कर सकती हूँ। वास्तव में, बचपन में अनुभव किए कुछ भय-आधारित उपदेशों के 'अग्नि और गंधक' को पुनर्जीवित करने पर मुझे आज भी एक सिहरन-सी महसूस होती है। इसके विपरीत, मुझे विश्वास-आधारित उपदेशों से उत्पन्न आशा और साहस की उत्कट भावना भी याद है। नेपोलियन हिल के ज्ञान भरे शब्द निश्चित रूप से मुझे सच्चे प्रतीत होते हैं। तो क्या डर स्वतंत्र सोच को पंगु बना देता है?

प्रश्न : ऐसा लगता है कि आप लोगों को विचार करने से रोकने के लिए कुछ भी कर सकते हैं?

उत्तर : हाँ, सटीक विचार मेरे लिए मृत्यु के समान है। मैं उनके मस्तिष्कों में नहीं रह सकता, जो सही सोचते हैं। मुझे लोगों के सोचने से फर्क नहीं पड़ता, जब तक वे डर, निराशा, निरुत्साह और विनाश के बारे में सोचते हैं। जब वे विश्वास, साहस, आशा और उद्देश्य की निश्चितता के रचनात्मक संदर्भ में सोचने लगते हैं, तब वे फौरन मेरे विरोधियों के मित्र बन जाते हैं और इसलिए मेरे लिए खत्म हो जाते हैं।

प्रश्न : मुझे यह तो समझ में आने लगा है कि आप बच्चों के मस्तिष्कों पर उनके माता-पिता और धार्मिक प्रशिक्षकों के माध्यम से कैसे नियंत्रण प्राप्त करते हैं, लेकिन मैं यह नहीं समझ पा रहा हूँ कि स्कूल के शिक्षक इस निंदनीय कार्य में आपकी कैसे मदद करते हैं?

उत्तर : स्कूल के शिक्षक मुझे बच्चों के मस्तिष्कों पर नियंत्रण करने में मदद करते हैं; लेकिन उससे नहीं, जो वे बच्चों को सिखाते हैं; बल्कि उससे, जो वे उन्हें नहीं सिखाते। संपूर्ण सार्वजनिक स्कूल प्रणाली इतनी प्रशासित है कि वह बच्चों को लगभग हर चीज सिखाती है, सिवाय इसके कि उन्हें अपने मस्तिष्क का उपयोग कैसे करना चाहिए और स्वतंत्र रूप से कैसे सोचना चाहिए! इस प्रकार वह मेरे उद्देश्य में सहायता करती है। मैं इस डर में रहता हूँ कि किसी दिन कोई साहसी व्यक्ति स्कूली शिक्षा की वर्तमान प्रणाली को उलट देगा और छात्रों को प्रशिक्षक बनने की अनुमति देकर मुझे मौत का झटका देगा और इस समय शिक्षकों का कार्य कर रहे लोगों का सिर्फ गाइड के रूप में उपयोग करेगा, जो बच्चों को अंदर से उनके मस्तिष्क विकसित करने के तरीके और साधन बताएगा। जब वह समय आएगा, तब स्कूली शिक्षक मेरे स्टाफ का हिस्सा नहीं रहेंगे।

शैरोन के नोट्स— ***यहाँ पर हिल की सार्वजनिक शिक्षा की आलोचना का सार है, जो सन् 1938 में लिखा गया था। क्या आप उनसे सहमत हैं? बालवाड़ी और पहली कक्षा में पढ़ रहे बच्चों के बारे में सोचिए। वे उत्साही हैं और हर काम करने के लिए तैयार हैं और अपने हाथ उठाकर सीखने के लिए उत्साहित हैं। अब दस साल आगे बढ़िए और उन्हीं बच्चों को हाई स्कूल के छात्रों के***

रूप में देखिए, जो कक्षा में पीछे की सीटों पर बैठे हैं, कभी बड़ों से नजरें मिलाकर बात नहीं करते और कभी किसी काम के लिए आगे नहीं बढ़ते, न ही कोई प्रश्न पूछते हैं। उन्होंने खुद को सीखने की प्रक्रिया से अलग कर लिया है। क्या हुआ इन बच्चों के साथ? सार्वजनिक शिक्षा के दस वर्ष। वे सोचते हैं कि यदि उनसे कोई गलती हुई तो वे उपहास और तिरस्कार के पात्र बन जाएँगे। इसलिए खुद को बचाने के लिए वे गतिविधियों में हिस्सा लेना बंद कर देते हैं। उन्हें सिखाया जाता है कि सभी समस्याओं और संघर्षों के समाधान उनके हाथों व मस्तिष्कों में नहीं हैं, बल्कि उनके शिक्षक के हाथों और मस्तिष्क में हैं, जो अधिकारियों के प्रतिनिधि होते हैं। संघर्ष का स्वतंत्र रूप से सामना करने पर उन्हें शिक्षक की ओर से फौरन फटकार और प्रतिहिंसा मिलती है। इस प्रकार बच्चे स्वतंत्र सोच के प्रति हतोत्साहित हो जाते हैं और इस धारणा पर यकीन करने लगते हैं कि वे अपनी खुद की समस्याएँ सुलझाने में असमर्थ हैं। हालाँकि दुनिया में कई उत्कृष्ट शिक्षक हैं, लेकिन हिल की आलोचना शिक्षा की वर्तमान स्थिति के संदर्भ में मान्य लगती है। यदि आप हिल से सहमत हैं तो आपके अनुसार हम इस बारे में क्या कर सकते हैं? हमें एक काम यह करना चाहिए कि ऐसे शिक्षकों और स्कूलों को ढूँढ़ निकालें, जो अपने छात्रों के स्वतंत्र विचारों को प्रोत्साहित करते हैं और उनके साहस के लिए उनकी प्रशंसा करें!

प्रश्न : मेरी तो यह धारणा थी कि पूरी स्कूली शिक्षा का उद्देश्य बच्चों को विचार करने में सहायता करना था।

उत्तर : वह स्कूली शिक्षा का उद्देश्य हो सकता है, लेकिन दुनिया के अधिकांश स्कूलों में प्रणाली इस उद्देश्य को पूरा नहीं करती। स्कूली बच्चों को उनके खुद के दिमाग का विकास और उपयोग करना नहीं सिखाया जाता, बल्कि दूसरों के विचारों को अपनाना और उपयोग करना सिखाया जाता है। इस तरह की स्कूली शिक्षा स्वतंत्र विचार की क्षमता को नष्ट कर देती है, सिवाय कुछ दुर्लभ मामलों के, जहाँ बच्चे अपनी खुद की इच्छा-शक्ति पर इतनी दृढ़ता से निर्भर होते हैं

कि वे दूसरों को अपने लिए सोचने की अनुमति नहीं देते। सटीक विचार मेरे विरोधी का काम है, मेरा नहीं!

प्रश्न : आपके विरोधी का घरों, चर्चों और स्कूलों से क्या रिश्ता है, यदि कोई है तो? इस प्रश्न का आपका जवाब दिलचस्प होना चाहिए।

उत्तर : यहीं पर मैं अपनी कुछ और चतुर तरकीबों का उपयोग करता हूँ। मैं ऐसा प्रकट करता हूँ कि अभिभावकों, स्कूल के शिक्षकों और धार्मिक प्रशिक्षकों द्वारा किया हर कार्य मेरे विरोधी द्वारा किया जा रहा है। इससे जब मैं युवाओं के मस्तिष्कों में हेर-फेर करता हूँ तो लोगों का ध्यान मेरी ओर से हट जाता है। जब धार्मिक प्रशिक्षक बच्चों को मेरे विरोधी के गुणों के बारे में सिखाने का प्रयास करते हैं तो आमतौर पर मेरे नाम से उन्हें भयभीत करके करते हैं। मैं उनसे यही चाहता हूँ। मैं डर की लौ को अनुपातों में जला देता हूँ, जो एक बच्चे की ठीक-ठीक सोचने की शक्ति को नष्ट कर देती है। पब्लिक स्कूलों में शिक्षक बच्चों को दिमाग में गैर-जरूरी जानकारी भरने में इतना व्यस्त रखते हैं कि उन्हें सही ढंग से सोचने या प्रशिक्षकों द्वारा सिखाई चीजों का विश्लेषण करने का अवसर ही नहीं मिलता और इस प्रकार शिक्षक मेरे उद्देश्य को आगे बढ़ाने में मेरी सहायता करते हैं।

प्रश्न : क्या आप अपने उद्देश्य के लिए उन सबका उपयोग करते हैं, जो भटकने की आदत से बँधे हैं?

उत्तर : नहीं, भटकाना मेरी सिर्फ एक तरकीब है, जिसके माध्यम से मैं स्वतंत्र विचार की शक्ति पर कब्जा कर लेता हूँ। इससे पहले कि भटकनेवाला मेरी स्थायी संपत्ति बन जाए, मुझे उसको आगे बढ़ाकर एक नई चाल से फँसाना होता है। मैं तुम्हें इस दूसरी तरकीब के बारे में बताऊँगा, लेकिन लोगों को ड्रिफ्टर के रूप में बदलने के अपने तरीकों का वर्णन करने के बाद।

प्रश्न : आपका मतलब है, आपके पास एक ऐसी तरकीब है, जिससे आप लोगों को आत्म-निर्णय से इतना दूर कर सकते हैं कि वे कभी खुद को बचा नहीं सकते?

उत्तर : हाँ, एक निश्चित तरीका, और वह इतना प्रभावी है कि कभी विफल नहीं होता।

प्रश्न : क्या मैं यह समझूँ कि आप अपनी तरकीब के इतना शक्तिशाली

होने का दावा कर रहे हैं कि आपका विरोधी उन लोगों को कभी वापस नहीं पा सकता, जिन्हें आपने भटकाव के माध्यम से स्थायी रूप से फँसा लिया है ?

उत्तर : हाँ, मैं बिल्कुल यही दावा कर रहा हूँ। तुम्हें लगता है कि अगर मेरा विरोधी मुझे रोक पाता तो मैं इतने सारे लोगों को नियंत्रित कर सकता था? लोगों को नियंत्रित करने से मुझे खुद उन लोगों के अलावा कोई नहीं रोक सकता।

सही विचार करने की शक्ति के अलावा मुझे कोई चीज नहीं रोक सकती। जो लोग सही तरीके से सोचते हैं, वे किसी विषय से नहीं भटकते। वे अपने मस्तिष्कों की शक्ति को पहचानते हैं। इसके अलावा, वे उस शक्ति को ग्रहण कर लेते हैं और किसी अन्य व्यक्ति या प्रभाव के पास नहीं जाने देते।

प्रश्न : आगे बढ़िए और मुझे उन तरीकों के बारे में और बताइए, जिनके द्वारा आप लोगों को अपने साथ नरक की ओर भटकने के लिए प्रेरित करते हैं!

उत्तर : मैं लोगों को हर उस विषय पर भटकने के लिए प्रेरित कर सकता हूँ, जिसके माध्यम से मैं स्वतंत्र विचार और काररवाई को नियंत्रित कर सकता हूँ। उदाहरण के लिए, स्वास्थ्य का विषय ले लो। मैं अधिकांश लोगों को बहुत अधिक भोजन और गलत किस्म का भोजन करने के लिए प्रेरित करता हूँ। इससे उन्हें बदहजमी हो जाती है, जो उनके सही ढंग से सोचने की शक्ति को नष्ट कर देती है। यदि पब्लिक स्कूल और गिरजाघर बच्चों को उचित भोजन के बारे में अधिक सिखाते तो मेरे उद्देश्य की अपूर्णीय क्षति होती।

विवाह : मैं पुरुषों और महिलाओं को वैवाहिक संबंध में बँधने की ओर प्रेरित करता हूँ, बिना उस संबंध को सद्भाव में बदलने की किसी योजना या उद्देश्य के। यह लोगों में भटकने की आदत डालने के मेरे सबसे प्रभावी तरीकों में से एक है। मैं विवाहित जोड़ों के बीच पैसों को लेकर झुँझलाहट और बहस के कारण उत्पन्न करता हूँ। मैं उनके बीच बच्चों की परवरिश को लेकर झगड़े उत्पन्न करता हूँ। मैं उन्हें उनके अंतरंग संबंधों को लेकर अप्रिय विवादों और मित्रों एवं सामाजिक गतिविधियों को लेकर असहमतियों में संलग्न कर

देता हूँ। मैं उन्हें एक-दूसरे की गलतियाँ ढूँढ़ने में इतना व्यस्त रखता हूँ कि उनके पास भटकने की आदत को तोड़ने के लिए लंबे समय तक कोई उपाय करने का समय ही नहीं बचता।

व्यवसाय : इस माध्यम से लोगों को भटकना सिखाने के लिए मैं उन्हें स्कूल से निकलते ही मिलनेवाली पहली नौकरी ले लेने के लिए प्रेरित करता हूँ, जिसमें आजीविका कमाने के अलावा उनका कोई निश्चित उद्‌देश्य या लक्ष्य नहीं होता। इस तरकीब से मैं लाखों लोगों को जीवन भर गरीबी के डर में रखता हूँ। इस डर के माध्यम से मैं उन्हें धीरे-धीरे, लेकिन निश्चितता के साथ आगे ले जाता हूँ, जब तक कि वे ऐसे बिंदु पर नहीं पहुँच जाते, जहाँ से कोई व्यक्ति आज तक भटकने की आदत नहीं छोड़ पाया है।

बचत : मैं लोगों को मुक्त हस्त से खर्च करने और न्यूनतम या शून्य बचत करने के लिए प्रेरित करता हूँ, जब तक कि मैं उन पर उनके गरीबी के डर द्वारा पूरा नियंत्रण प्राप्त नहीं कर लेता।

वातावरण : मैं लोगों को उनके घरों में, उनके कार्यस्थलों में, रिश्तेदारों व परिचितों के साथ उनके संबंधों में दुर्गम और अप्रिय वातावरण में जाने के और वहीं बने रहने के कारण उत्पन्न कर देता हूँ, जब तक मैं भटकने की आदत द्वारा उन्हें अपने कब्जे में नहीं ले लेता।

हावी विचार : मैं लोगों में नकारात्मक विचारों की ओर भटकने की आदत डाल देता हूँ। इससे नकारात्मक गतिविधियाँ उत्पन्न होती हैं। लोग विवादों में फँस जाते हैं और उनके मन डर से भर जाते हैं, जिससे मेरे लिए उनके मस्तिष्कों में प्रवेश करके उन्हें नियंत्रित करने का रास्ता आसान हो जाता है। जब मैं प्रवेश करता हूँ तो ऐसा उनके नकारात्मक विचारों द्वारा उन्हें पसंद आकर करता हूँ, जिन्हें वे अपने विचार समझते हैं। मैं लोगों के मस्तिष्कों में नकारात्मक विचार पौधों, समाचार-पत्रों, चलचित्रों, रेडियो और मन को अच्छे लगनेवाले अन्य लोकप्रिय तरीकों के माध्यम से रोपित करता हूँ। मैं ऐसे कारण उत्पन्न करता हूँ कि लोग मुझे उनके लिए सोचने की अनुमति दे देते हैं, क्योंकि वे इतने आलसी और उदासीन हो जाते हैं कि खुद अपने लिए नहीं सोच सकते।

प्रश्न : आप जो कह रहे हैं, उससे मैंने निष्कर्ष निकाला है कि भटकना और टालना एक ही बात है। क्या यह सच है ?

उत्तर : हाँ, यह सच है। कोई भी आदत, जो किसी को काम टालने के लिए प्रेरित करती हो, एक निश्चित निर्णय तक पहुँचने में विलंब करती हो, वह उसे भटकाव की ओर ले जाती है।

कमजोर मन कहता है—मैं ऐसे कारण उत्पन्न करता हूँ कि लोग मुझे उनके लिए सोचने की अनुमति दे देते हैं, क्योंकि वे इतने आलसी और उदासीन हो जाते हैं कि खुद अपने लिए नहीं सोच सकते।

~✻~

शैरोन के नोट्स—*आलस्य + उदासीनता = टॉल-मटोल = भटकाव। यह नेपोलियन हिल द्वारा परिभाषित एक सच्चे ड्रिफ्टर का वर्णन करता है। चूँकि मैं खुद अपने अधिकांश जीवन में एक सच्ची आलसी रही हूँ, इसलिए मैं इस बात को अच्छी तरह समझ सकती हूँ। मैं इस बहाने का इस्तेमाल करना पसंद करती हूँ कि मैं दबाव में अपना श्रेष्ठ प्रदर्शन देती हूँ। लेकिन यह सिर्फ इतना ही है—काम टालने के लिए एक बहाना। क्या आप अपने जीवन में ऐसे उदाहरणों के बारे में सोच सकते हैं, जहाँ आलस्य और उदासीनता ने आपको सफलता की राह से भटका दिया हो? जहाँ एक अवसर आपके हाथों से इसलिए फिसल गया हो, क्योंकि आपने उसे पकड़ने में बहुत सुस्ती दिखाई?*

प्रश्न : क्या मनुष्य ही वह एकमात्र जीव है, जो भटकता है?

उत्तर : हाँ, अन्य सभी जीव प्रकृति के निश्चित नियमों के अनुसार चलते हैं। सिर्फ मनुष्य है, जो प्रकृति के नियमों की अवहेलना करता है और जब चाहता है, भटक जाता है।

मनुष्यों के मस्तिष्कों के बाहर हर चीज मेरे विरोधी द्वारा नियंत्रित होती है, इतने निश्चित नियमों से कि भटकाव असंभव हो जाता है। मैं मनुष्यों के मस्तिष्कों को नियंत्रित सिर्फ इसलिए करता हूँ, क्योंकि उनमें भटकने की आदत होती है, जो कि इसी बात को कहने का दूसरा तरीका है कि मैं मनुष्यों के मस्तिष्कों को सिर्फ इसलिए

नियंत्रित करता हूँ, क्योंकि वे खुद अपने मस्तिष्क का उपयोग और नियंत्रण करने की उपेक्षा करते हैं या उससे इनकार कर देते हैं।

प्रश्न : ये बातें मात्र एक इनसान के लिए बहुत गहरी होती जा रही हैं। आइए, हम किसी ऐसी चीज की चर्चा की ओर वापस जाएँ, जिसमें सार कम हो। कृपया मुझे बताइए कि यह भटकने की आदत लोगों को उनके दैनिक जीवन में कैसे प्रभावित करती है और मुझे ऐसी भाषा में बताइए, जो एक सामान्य व्यक्ति समझ सके।

उत्तर : मैं इस साक्षात्कार को ऊपर सितारों के बीच रखना पसंद करूँगा।

प्रश्न : मुझे इस बात में कोई शंका नहीं है कि आप ऐसा ही चाहेंगे। इस तरह आप सबके सामने उजागर होने से बच जाएँगे। लेकिन अब हम पृथ्वी पर वापस आते हैं। अब मुझे बताइए कि भटकाव यहाँ संयुक्त राज्य में हमारे साथ एक राष्ट्र के तौर पर क्या कर रहा है?

उत्तर : सच कहूँ, तो मैं तुम्हें यह भी बताना चाहूँगा कि मैं संयुक्त राज्य से वैसी ही नफरत करता हूँ, जैसी सिर्फ एक कमजोर मन कर सकता है।

प्रश्न : यह तो बहुत दिलचस्प बात है। इस नफरत का कारण क्या है?

उत्तर : इसके कारण का जन्म 4 जुलाई, 1776 को हुआ, जब 56 लोगों ने एक ऐसे दस्तावेज पर दस्तखत किए, जिसने राष्ट्र पर नियंत्रण करने की मेरी संभावनाओं को नष्ट कर दिया। तुम उस दस्तावेज को 'स्वतंत्रता की घोषणा' के नाम से जानते हो। यदि उस निंदनीय दस्तावेज का प्रभाव नहीं होता तो आज मैं एक तानाशाह से देश का शासन करवा रहा होता और मैं इस स्वतंत्र अभिव्यक्ति एवं स्वतंत्र विचार के अधिकार को खत्म कर देता, जो पृथ्वी पर मेरे शासन को चुनौती दे रहा है।

प्रश्न : तो आप जो कह रहे हैं, उससे मुझे यह समझना चाहिए कि स्वयंभू तानाशाहों द्वारा नियंत्रित राष्ट्र आपके शिविर में शामिल हैं?

उत्तर : यहाँ कोई स्वयंभू तानाशाह नहीं है। सबको मैं नियुक्त करता हूँ। इसके अलावा, मैं उनके साथ जोड़-तोड़ करके उन्हें उनके काम में निर्देशित करता हूँ। मेरे तानाशाहों द्वारा संचालित राष्ट्रों को पता होता है कि उन्हें क्या चाहिए और वे उसे बलपूर्वक प्राप्त कर लेते हैं। देखो, मैंने मुसोलिनी के माध्यम से इटली में क्या किया है!

देखो, मैं हिटलर के माध्यम से जर्मनी में क्या कर रहा हूँ। देखो, मैं स्टालिन के माध्यम से रूस में क्या कर रहा हूँ। मेरे तानाशाह उन राष्ट्रों को मेरे लिए चलाते हैं, क्योंकि वहाँ के लोग भटकने की आदत के वशीभूत हैं। मेरे तानाशाह बिल्कुल नहीं भटकते, इसीलिए वे मेरे लिए अपने नियंत्रण में मौजूद लाखों लोगों पर शासन करते हैं।

प्रश्न : क्या होगा, यदि मुसोलिनी, स्टालिन एवं हिटलर गद्दार हो जाएँ और आपको तथा आपके शासन को अस्वीकार कर दें?

उत्तर : ऐसा नहीं होगा, क्योंकि मैंने उन्हें अच्छी-खासी रिश्वत दिलवाई है। मैं उनमें से प्रत्येक को उनके खुद के अहं से भुगतान कर रहा हूँ, उन्हें यह विश्वास दिलाकर कि वे अपने दम पर काम कर रहे हैं। यह मेरी एक और चाल है।

प्रश्न : आइए, हम संयुक्त राज्य पर वापस आते हैं और जानते हैं कि आप लोगों को भटकने की आदत में डालने के लिए क्या कर रहे हैं?

उत्तर : अभी तो मैं लोगों के दिमागों में डर और अनिश्चितता के बीज डालकर एक तानाशाही के लिए रास्ता बना रहा हूँ।

प्रश्न : आप अपना काम किसके माध्यम से करवा रहे हैं?

उत्तर : मुख्य रूप से राष्ट्रपति के माध्यम से। मैं नियोक्ताओं और कर्मचारियों के बीच एक कार्य समझौते के प्रश्न पर उन्हें भटकाकर लोगों के बीच उनके प्रभाव को नष्ट कर रहा हूँ। यदि मैं उसे एक और वर्ष भटकने के लिए प्रेरित कर लूँगा तो वह पूरी तरह से बदनाम हो जाएगा और फिर मैं देश को एक तानाशाह के हाथों में सौंप सकता हूँ। यदि राष्ट्रपति भटकना जारी रखेगा तो मैं संयुक्त राष्ट्र में व्यक्तिगत स्वतंत्रता को पंगु कर दूँगा; जैसे मैंने स्पेन, इटली, जर्मनी और इंग्लैंड में नष्ट की थी।

शैरोन के नोट्स—*सन् 1938 में जब नेपोलियन हिल यह पांडुलिपि लिख रहे थे, तब राष्ट्रपति फ्रैंकलिन डी. रूजवेल्ट थे। क्या कमजोर मन की टिप्पणी आज लागू हो सकती है? क्या आपको लगता है कि हिल आज भी वही शब्द लिख सकते हैं, जो उन्होंने 70 वर्ष पहले लिखे थे?*

प्रश्न : आप जो कह रहे हैं, वह मुझे इस निष्कर्ष पर ले जा रहा है कि भटकाव एक कमजोरी है, जो अपरिहार्य रूप से असफलता तक ले जाती है, चाहे वह व्यक्तियों में हो या राष्ट्रों में। क्या यही आपका दावा है ?

उत्तर : भटकाव जीवन के प्रत्येक क्षेत्र में असफलता का सबसे आम कारण है। मैं हर उस व्यक्ति को नियंत्रित कर सकता हूँ, जिसे मैं किसी भी विषय पर भटकने की आदत डालने के लिए प्रेरित कर सकता हूँ। इसके दो कारण हैं। पहला, भटका हुआ व्यक्ति मेरे हाथों में उस पुटीन की तरह होता है, जिसे मैं जिस आकार में चाहूँ, ढाल सकता हूँ; क्योंकि भटकाव व्यक्तिगत पहल की शक्ति को नष्ट कर देता है। दूसरा, भटके हुए व्यक्ति को मेरे विरोधी से मदद नहीं मिल सकती, क्योंकि विरोधी इतनी नरम और निरर्थक चीज से आकर्षित नहीं होता।

प्रश्न : क्या इसीलिए कुछ लोग अमीर हैं, जबकि अधिकांश लोग गरीब हैं ?

उत्तर : बिल्कुल यही कारण है। शारीरिक बीमारी की तरह गरीबी भी एक संक्रामक रोग है। तुम इसे हमेशा भटकनेवाले लोगों में पाओगे; उनमें कभी नहीं, जो जानते हैं कि उन्हें क्या चाहिए और उसे पाने के लिए कृत-संकल्प रहते हैं। तुम्हारे लिए इसका कुछ मतलब हो सकता है, जब मैं तुम्हारा ध्यान इस तथ्य की ओर आकर्षित करूँगा कि भटकाव से दूर रहनेवाले लोग, जिन्हें मैं नियंत्रित नहीं करता और वे लोग, जिनके अधिकार में दुनिया की अधिकांश दौलत है, एक ही लोग हैं।

प्रश्न : मैंने हमेशा यह समझा है कि पैसा हर बुराई की जड़ है और यह कि गरीब व कमजोर लोग स्वर्ग में जाते हैं, जबकि अमीर लोग आपको सौंप दिए जाते हैं। इस दावे के बारे में आपको क्या कहना है ?

शैरोन के नोट्स—*वास्तविक छंद पैसे के प्यार के बारे में बात करता है, पैसे के बारे में नहीं, 'क्योंकि पैसे का प्यार हर प्रकार की बुराई की जड़ है।' 1 टिमोथी 6:10*

उत्तर : जो लोग जीवन की भौतिक वस्तुओं को प्राप्त करना जानते हैं, वे आमतौर पर कमजोर मन के विचारों से दूर रहना भी जानते हैं। चीजें प्राप्त करने की क्षमता संक्रामक होती है। भटकनेवाले सिर्फ वही चीज प्राप्त करते हैं, जो कोई और नहीं चाहता। यदि और अधिक लोगों के पास भौतिक और आध्यात्मिक समृद्धि प्राप्त करने के लिए निश्चित उद्देश्य और मजबूत इच्छा होती तो मेरे शिकारों की संख्या कम होती।

प्रश्न : आप जो कह रहे हैं, उससे मैं मान लूँ कि आप औद्योगिक नेताओं के साथ साहचर्य का दावा नहीं करते। स्पष्ट रूप से वे आपके मित्र नहीं हैं।

उत्तर : मेरे मित्र? मैं बताता हूँ, वे मेरे किस प्रकार के मित्र हैं। उन्होंने पूरे देश में अच्छी सड़कें बिछा दी हैं और इस प्रकार शहर एवं देश के लोगों को निकट की सहभागिता में ले आए हैं। उन्होंने अयस्क को स्टील में परिवर्तित कर दिया है और उससे विशाल गगनचुंबी इमारतों के ढाँचे बनाए हैं। उन्होंने विद्युत् शक्ति का उपयोग किया है और उसे हजार उपयोगों में परिवर्तित कर दिया है और उन सबको इस प्रकार बनाया गया है कि मनुष्य को सोचने का समय मिल सके। उन्होंने साधारण नागरिकों तक को व्यक्तिगत परिवहन के लिए वाहन उपलब्ध कराया है और इस प्रकार, सबको यात्रा की सुविधा प्रदान की है। उन्होंने रेडियो के माध्यम से हर घर को दुनिया भर की गतिविधियों के बारे में तात्कालिक समाचारों की सुविधा प्रदान की है।

शैरोन के नोट्स—*और अब टेलीविजन, स्मार्ट फोन, सैटेलाइट और इंटरनेट!*

उन्होंने प्रत्येक शहर, कस्बे और गाँव में पुस्तकालय खड़े कर दिए हैं और उन्हें पुस्तकों से भर दिया है, जो पढ़नेवालों को मानव जाति के अनुभवों द्वारा एकत्रित उपयोगी ज्ञान की संपूर्ण रूपरेखा प्रदान करती हैं। उन्होंने सीधे-सादे नागरिकों को भी बिना उत्पीड़न के किसी भी विषय पर, किसी भी समय, किसी भी स्थान पर अपनी राय व्यक्त करने का अधिकार दिया है और उन्होंने इस बात का ध्यान रखा

है कि प्रत्येक नागरिक अपने स्वयं के कानून बनाने में, अपने कर लागू करने में और मतदान के माध्यम से अपने देश का प्रबंधन करने में सहायता कर सके। ये तो सिर्फ कुछ चीजें हैं, जो औद्योगिक नेताओं ने प्रत्येक नागरिक को भटकने से रोकने के लिए विशेषाधिकार के रूप में दी हैं। क्या तुम्हें लगता है कि इन लोगों ने मेरे उद्देश्य में मेरी सहायता की है ?

प्रश्न : वर्तमान समय के गैर–भटकाव वाले कौन हैं, जिन पर आपका कोई नियंत्रण नहीं है ?

उत्तर : मेरा किसी गैर–भटकाव वाले पर नियंत्रण नहीं है, चाहे वे अतीत के हों या वर्तमान के। मैं कमजोरों को नियंत्रित करता हूँ, उन्हें नहीं, जो स्वयं के लिए सोचते हैं।

प्रश्न : आगे बढ़िए और एक विशिष्ट भटकाव वाले का वर्णन करिए। एक–एक करके उसके गुण बताइए, ताकि जब मैं एक भटकवा वाले को देखूँ तो पहचान सकूँ।

उत्तर : एक भटकाव वाले के बारे में जिस चीज पर तुम्हारा ध्यान सबसे पहले जाएगा, वह है—उसके जीवन में एक प्रमुख उद्देश्य का नितांत अभाव।

वह अपने आत्मविश्वास में कमी द्वारा स्पष्ट रूप से पहचाना जाएगा। वह उस कार्य को कभी पूरा नहीं कर पाएगा, जिसमें विचार और प्रयास की आवश्यकता होगी।

वह जितना कमाता है, सब खर्च कर देता है और यदि उधार मिले तो उससे अधिक भी।

वह किसी वास्तविक या काल्पनिक कारण से बीमार या रोगी होगा और थोड़ा सा भी शारीरिक दर्द होने पर ईश्वर को याद करेगा।

उसके पास कल्पना–शक्ति बहुत कम या बिल्कुल नहीं होगी।

जिस काम को करने के लिए उसे विवश नहीं किया जाता, उसे शुरू करने के प्रति उसमें उत्साह एवं पहल की कमी होगी और जब भी वह ऐसा कर पाएगा, सबसे कम प्रतिरोध की रेखा लेकर स्पष्ट रूप से अपनी कमजोरी व्यक्त करेगा।

वह चिड़चिड़े स्वभाव का होगा और उसका अपनी भावनाओं पर नियंत्रण नहीं होगा।

उसके व्यक्तित्व में चुंबकीय शक्ति नहीं होगी और वह दूसरों को

आकर्षित नहीं कर पाएगा।

उसकी हर चीज के बारे में राय होगी, लेकिन सटीक ज्ञान किसी चीज का नहीं होगा।

उसे हर कार्य की थोड़ी-बहुत जानकारी होगी, लेकिन वह कुशल किसी में नहीं होगा।

वह अपने आसपास के लोगों के साथ सहयोग नहीं करेगा; उनके साथ भी नहीं, जिन पर उसे भोजन और आश्रय के लिए निर्भर रहना होगा।

वह एक ही गलती को बार-बार दोहराएगा, अपनी असफलता से कभी सीख नहीं लेगा।

उसकी विचारधारा संकीर्ण होगी और वह हर चीज के प्रति असहिष्णु होगा। जो लोग उसकी बातों से सहमत नहीं होंगे, वह उन्हें सूली पर चढ़ाने को तैयार हो जाएगा।

वह दूसरों से सभी चीजों की अपेक्षा करेगा, लेकिन बदले में कुछ देने की इच्छा नहीं रखेगा।

वह कई चीजों की शुरुआत कर सकता है, लेकिन पूरी कोई चीज नहीं करेगा।

वह अपनी सरकार की निंदा जोर-शोर से करेगा, लेकिन आपको निश्चित रूप से यह कभी नहीं बताएगा कि उसमें सुधार कैसे लाया जा सकता है।

वह हमेशा निर्णय लेने से बचने की कोशिश करेगा और यदि उसे निर्णय लेने पर विवश किया जाएगा तो पहला अवसर मिलते ही अपनी बात से पलट जाएगा।

वह खाएगा बहुत अधिक और व्यायाम बहुत कम करेगा।

यदि कोई और भुगतान कर रहा हो तो वह शराब भी पी लेगा।

वह जुआ भी खेलेगा, यदि ऋण के तौर पर खेल सके।

जो लोग अपने चुने हुए व्यवसाय में सफल हो रहे हैं, वह उनकी आलोचना करेगा।

संक्षेप में, एक ड्रिफ्टर (भटकाव वाला) विचार करने से बचने के लिए उतनी कड़ी मेहनत करेगा, जितनी लोग एक अच्छा जीवन प्राप्त करने के लिए करते हैं।

वह किसी विषय पर अपनी अज्ञानता स्वीकार करने के बजाय झूठ बोलने का चुनाव करेगा।

यदि वह दूसरों के लिए काम करता है तो वह उनकी पीठ पीछे उनकी बुराई करेगा और मुँह पर प्रशंसा।

प्रश्न : आपने मुझे ड्रिफ्टर का एक ग्राफिक वर्णन दिया है। कृपया अब एक नॉन-ड्रिफ्टर का वर्णन कीजिए, ताकि मैं उसे देखते ही पहचान सकूँ।

उत्तर : एक नॉन-ड्रिफ्टर की पहली निशानी यह है कि वह हमेशा कोई निश्चित काम करने में लगा रहता है, किसी सुनियोजित योजना के माध्यम से, जो निश्चित होती है। उसका जीवन में एक बड़ा लक्ष्य होता है, जिसकी ओर वह निरंतर काम करता रहता है। उसके कई छोटे लक्ष्य भी होते हैं और वे सब उसे उसकी केंद्रीय योजना की ओर ले जाते हैं।

उसकी आवाज का लहजा, उसके कदमों की तेजी, उसकी आँखों की चमक, उसके फैसलों की तत्परता स्पष्ट रूप से उसे एक ऐसे व्यक्ति के रूप में दरशाते हैं, जो जानता है कि वह वास्तव में क्या चाहता है और उसे पाने के लिए कृत-संकल्प रहता है, चाहे उसमें कितना भी समय लग जाए या उसे कोई भी कीमत चुकानी पड़े।

यदि तुम उससे प्रश्न पूछोगे तो वह तुम्हें सीधे उत्तर देगा और कभी बहानों या छल का सहारा नहीं लेगा।

वह दूसरों पर कई एहसान करता है, लेकिन खुद किसी का एहसान बहुत कम या बिल्कुल नहीं लेता।

चाहे कोई खेल हो या लड़ाई, वह सामने ही पाया जाएगा।

यदि उसके पास किसी प्रश्न का जवाब नहीं है तो वह स्पष्ट रूप से कह देगा।

उसकी याद्दाश्त अच्छी होगी; वह अपनी कमियों के लिए कोई बहाना प्रस्तुत नहीं करेगा।

वह अपनी गलतियों के लिए किसी दूसरे को दोषी नहीं ठहराएगा, भले ही वे उस दोष के योग्य हों।

पहले उसे एक उद्योगी पुरुष के नाम से जाना जाता था, लेकिन आधुनिक समय में वह एक दाता पुरुष है। तुम उसे शहर का सबसे

बड़ा व्यवसाय चलाते हुए, सर्वश्रेष्ठ इलाके में रहते हुए, सर्वश्रेष्ठ वाहन चलाते हुए और हर जगह अपनी उपस्थिति महसूस कराते देख सकते हो।

वह उन सबके लिए एक प्रेरणा है, जो उसके मस्तिष्क के संपर्क में आते हैं।

एक नॉन-ड्रिफ्टर की प्रमुख विशेषता यह है कि उसके पास अपना स्वयं का दिमाग है, जिसका वह अपने सभी उद्देश्यों के लिए उपयोग करता है।

कमजोर मन कहता है, *"(नॉन-ड्रिफ्टर) के पास अपना स्वयं का दिमाग है, जिसका वह अपने सभी उद्देश्यों के लिए उपयोग करता है।" क्या आप किसी ऐसे व्यक्ति के बारे में सोच सकते हैं, जिसके लिए यह वर्णन उपयुक्त है? क्या वह एक नॉन-ड्रिफ्टर है?*

प्रश्न : क्या नॉन-ड्रिफ्टर किसी मानसिक, शारीरिक या आध्यात्मिक लाभ के साथ जन्म लेते हैं, जो ड्रिफ्टर को उपलब्ध नहीं हैं?

उत्तर : नहीं, एक ड्रिफ्टर और नॉन-ड्रिफ्टर के बीच जो प्रमुख अंतर है, वह एक ऐसी चीज है, जो दोनों को समान रूप से उपलब्ध है। वह सिर्फ दोनों का अपने दिमाग का उपयोग करने और स्वयं के बारे में सोचने का विशेष अधिकार है।

प्रश्न : यदि आप एक विशिष्ट ड्रिफ्टर को उसकी इस बुरी आदत से मुक्त करना चाहते हों तो आप उसे किस प्रकार का संक्षिप्त संदेश भेजेंगे?

उत्तर : मैं उसे जागने और देने की चेतावनी दूँगा!

प्रश्न : क्या देने की?

उत्तर : किसी प्रकार की सेवा, जो अधिक-से-अधिक लोगों के लिए उपयोगी हो।

प्रश्न : तो इसका मतलब है एक नॉन-ड्रिफ्टर को देना चाहिए, है न?

उत्तर : हाँ, यदि वह पाने की अपेक्षा करता है और उसे पाने से पहले देना चाहिए।

प्रश्न : कुछ लोग आपके होने पर संदेह करते हैं।

उत्तर : यदि मैं तुम्हारी जगह होता तो इस बात की चिंता न करता। जो लोग

भटकते रहने की आदत में परिवर्तन लाने के लिए तैयार हैं, वे इस सुझाव की सुदृढ़ता द्वारा इस साक्षात्कार की प्रामाणिकता को पहचान लेंगे। अन्य लोग उस मेहनत के लायक नहीं हैं, जो उन्हें बदलने के लिए लगेगी।

प्रश्न : आप मुझे इस स्वीकारोक्ति को प्रकाशित करने से रोकने का प्रयास क्यों नहीं करते, जो मैं आपसे जबरदस्ती उगलवा रहा हूँ?

उत्तर : क्योंकि वह इस बात को सुनिश्चित करने का सबसे निश्चित तरीका होगा कि तुम इसे प्रकाशित करोगे। मेरे पास इस स्वीकारोक्ति का प्रकाशन रोकने से बेहतर तरीका है। मैं तुमसे प्रकाशन का काम आगे बढ़ाने का आग्रह करूँगा और फिर आराम से बैठकर तुम्हें परेशान होते हुए देखूँगा, जब मेरे कुछ वफादार ड्रिफ्टर तुम्हारे लिए मुश्किलें खड़ी करना शुरू करेंगे। मुझे तुम्हारी कहानी से इनकार करने की आवश्यकता नहीं होगी। मेरा यह काम मेरे अनुयायी कर देंगे। देख लेना, यदि वे न करें तो।

शैरोन के नोट्स— ***यह जानते हुए कि यह पुस्तक इन शब्दों के लिखे जाने के 70 वर्ष बाद तक भी प्रकाशित नहीं हुई थी, मैं यह जानने के लिए उत्सुक और चिंतित हूँ कि वे और क्या-क्या प्रकट करेंगे! अभी तो बहुत सी आतिशबाजी बाकी है।***

□

अध्याय-5

साक्षात्कार जारी है…

प्रश्न : यदि आपका साक्षात्कार इसी समय रुक जाता तो आपकी कही बात सही होती; लेकिन आपके उन लाखों शिकारों की खुशकिस्मती से, जिन्हें आपकी स्वीकारोक्ति के माध्यम से मुक्ति मिलेगी, यह साक्षात्कार तब तक जारी रहेगा, जब आप मुझे अपना वह हथियार नहीं सौंप देते, जिसके द्वारा आपको लोगों के डरों और अंधविश्वासों के माध्यम से उन पर वर्चस्व प्राप्त करने से अंतत: रोका जा सकेगा। याद रखिए महामहिम, आपकी स्वीकारोक्ति अभी शुरू ही हुई है। आपसे उन तरीकों का वर्णन उगलवाने के बाद, जिसके द्वारा आप लोगों को नियंत्रित करते हैं, मैं आपको वह सूत्र देने के लिए भी विवश करूँगा, जिसके द्वारा आपका नियंत्रण मरजी से तोड़ा जा सकता है।

यह सच है कि मैं आपको पराजित करने के लिए यहाँ लंबे समय तक नहीं रहूँगा, लेकिन जो प्रकाशित शब्द मैं अपने पीछे छोड़ जाऊँगा, वे अमर होंगे; क्योंकि उनमें सच्चाई होगी! आप किसी व्यक्ति के विरोध से नहीं डरते, क्योंकि आप जानते हैं, वह अधिक समय तक नहीं रहेगा; लेकिन आप सच्चाई से अवश्य डरते हैं। आप सिर्फ सच से डरते हैं, और किसी चीज से नहीं; क्योंकि वे धीरे-धीरे, लेकिन निश्चित रूप से मनुष्यों को हर प्रकार के डर से मुक्ति दे रहा है। डर के हथियार के बिना आप असहाय और किसी भी मनुष्य पर नियंत्रण प्राप्त करने में पूर्ण रूप से असमर्थ होंगे! यह बात सही है या गलत?

शैरोन के नोट्स— ***'यह सच है कि मैं आपको पराजित करने के लिए यहाँ लंबे समय तक नहीं रहूँगा, लेकिन जो प्रकाशित शब्द मैं अपने पीछे छोड़ जाऊँगा, वे अमर होंगे; क्योंकि उनमें सच्चाई होगी।' वास्तव में नेपोलियन हिल की सन् 1970 में मृत्यु हो गई और यह पुस्तक, जो सन् 1911 में प्रकाशित हुई, अमर हो गई है।***

उत्तर : मेरे पास यह स्वीकार करने के अलावा कोई चारा नहीं है कि तुम जो कह रहे हो, वह सच है।

प्रश्न : अब, जब हम एक-दूसरे को समझ गए हैं, आइए, आपकी

स्वीकारोक्ति के साथ आगे बढ़ते हैं। लेकिन इससे पहले कि हम आगे बढ़ें, मैं भी अपने आप पर थोड़ा घमंड करना चाहता हूँ, अब जब आप ऐसा कर चुके हैं। मैं अपने आप को एक प्रश्न तक सीमित रखूँगा, जिसका उत्तर मुझे वह संतुष्टि दे देगा, जो मुझे चाहिए। क्या यह सच नहीं है कि आप सिर्फ उन्हीं लोगों के दिमागों पर नियंत्रण करते हैं, जिन्होंने भटकने की आदत को खुद पर हावी होने की अनुमति दे दी है?

उत्तर : हाँ, यह सच है। मैं यह सच्चाई एक दर्जन अलग-अलग तरीकों से स्वीकार भी कर चुका हूँ। तुम यह प्रश्न बार-बार दोहराकर मुझे परेशान क्यों कर रहे हो?

प्रश्न : दोहराने में शक्ति होती है। मैं आपकी स्वीकारोक्ति के प्रमुख बिंदुओं को बार-बार दोहराने के लिए आपको इसलिए विवश कर रहा हूँ, ताकि आपके शिकार इस साक्षात्कार को जाँच लें और इसकी सुदृढ़ता को आपके साथ हुए अपने अनुभवों के आधार पर निर्धारित करें। यह मेरी एक छोटी सी चाल है। क्या आपको मेरी चाल पसंद आई?

उत्तर : तुम थोड़ी और बोस्टिंग करने के उद्देश्य से मेरे लिए कोई जाल तो नहीं बिछा रहे हो न?

प्रश्न : मैं प्रश्न पूछ रहा हूँ और आप उत्तर दे रहे हैं। अब आगे बढ़िए और बताइए कि आप मुझे जबरदस्ती यह स्वीकारोक्ति लेने से रोक पाने में असमर्थ क्यों हैं? मैं आपकी स्वीकारोक्ति आपके शिकारों की सहायता और सुविधा के लिए चाहता हूँ, ज़िन्हें मैं आपके नियंत्रण से उसी पल मुक्त कराने का इरादा रखता हूँ, जिस पल वे आपका बयान पढ़ेंगे।

उत्तर : मैं तुम्हें प्रभावित या नियंत्रित करने में इसलिए असमर्थ हूँ, क्योंकि तुमने मेरी सत्ता तक पहुँचने का गुप्त रास्ता ढूँढ़ लिया है। तुम जानते हो कि मैं सिर्फ उन्हीं लोगों के मस्तिष्कों में रहता हूँ, जो डरते हैं। तुम जानते हो कि मैं सिर्फ उन ड्रिफ्टर्स को नियंत्रित करता हूँ, जो अपने दिमागों का उपयोग नहीं करना चाहते। तुम जानते हो कि मेरा नरक यहीं पृथ्वी पर है और उस दुनिया में नहीं, जो मृत्यु के बाद मिलती है और तुम यह भी जानते हो कि ड्रिफ्टर्स ही वह ईंधन उपलब्ध कराते हैं, जिसका मैं अपने नरक में उपयोग करता हूँ। तुम

जानते हो कि मैं ऊर्जा का एक सिद्धांत या रूप हूँ, जो पदार्थ या ऊर्जा के नकारात्मक पक्ष को अभिव्यक्त करता है, और मैं नुकीली जीभ एवं काँटेदार पूँछवाला कोई जानवर नहीं हूँ। तुम मेरे स्वामी बन गए हो, क्योंकि तुमने अपने सभी डरों पर विजय प्राप्त कर ली है। अंत में, तुम जानते हो कि तुम मेरे उन सांसारिक शिकारों को मुक्त कर सकते हो, जिनसे तुम संपर्क करते हो; और यह निश्चित जानकारी ही वह प्रहार है, जिसके द्वारा तुम मुझे सबसे बड़ी हानि पहुँचा सकते हो।

मैं तुम्हें नियंत्रित नहीं कर सकता, क्योंकि तुमने अपने मस्तिष्क को खोज लिया है और उस पर कब्जा कर लिया है। यह लो श्रीमान सांसारिक, यह स्वीकारोक्ति शायद तुम्हारे अहं की पर्याप्त रूप से पूर्ति कर देगी।

कमजोर मन कहता है, *''मैं तुम्हें नियंत्रित नहीं कर सकता, क्योंकि तुमने अपने मस्तिष्क को खोज लिया है और उस पर कब्जा कर लिया है। यह निश्चित जानकारी ही वह अंतिम प्रहार है, जिसके द्वारा तुम मुझे सबसे बड़ी हानि पहुँचा सकते हो।''*

प्रश्न : वह अंतिम 'डार्ट' अनावश्यक था। जिस तरह के ज्ञान का मैंने आप पर स्वामित्व प्राप्त करने के लिए उपयोग किया है, वह अपने आप को घमंड में अशिष्ट आसक्ति के साथ दूषित नहीं करता। सच्चाई दुनिया की एकमात्र चीज है, जो उपहास का सामना कर सकती है। चलिए, अब आपकी स्वीकारोक्ति को आगे बढ़ाते हैं। चापलूसी के सिद्धांत में क्या बुराई है? आप उसका उपयोग करते हैं कि नहीं?

उत्तर : क्या मैं उसका उपयोग करता हूँ? चापलूसी मेरे सबसे उपयोगी हथियारों में से एक है। इस घातक उपकरण से मैं बड़े मनुष्यों को और छोटे मनुष्यों को मारता हूँ।

प्रश्न : आपका बयान मुझमें दिलचस्पी जगा रहा है। अब आगे बढ़िए और मुझे बताइए कि आप चापलूसी का उपयोग कैसे करते हैं?

उत्तर : मैं इसका उपयोग इतने सारे तरीकों से करता हूँ कि मेरे लिए सोचना मुश्किल है कि कहाँ से शुरू करूँ; लेकिन इससे पहले कि मैं विस्तार

से जवाब दूँ, मैं तुम्हें चेतावनी दे रहा हूँ कि मेरे जवाबों को प्रकाशित करने के बाद तुम्हारे सिर पर यह सवाल उठाने के लिए उपहास का एक हिम-स्खलन होगा।

प्रश्न : मैं उसकी जिम्मेदारी उठा लूँगा। आप आगे बढ़िए।

उत्तर : वैसे, मैं यहाँ यह भी स्वीकार करना चाहूँगा कि तुम उस मुख्य रहस्य तक पहुँच गए हो कि मैं लोगों में भटकने की आदत कैसे डालता हूँ।

प्रश्न : यह तो एक चौंकानेवाली स्वीकारोक्ति है। आप अपने बयान के साथ आगे बढ़िए और चापलूसी के विषय पर ही ध्यान केंद्रित करिए। फिलहाल कोई इधर-उधर की बात या हँसी-मजाक नहीं। मुझे लोगों को नियंत्रित करने में चापलूसी के आपके उपयोग के बारे में सबकुछ बताइए।

उत्तर : चापलूसी उन सबके लिए एक अतुलनीय कीमत का चारा है, जो दूसरों पर नियंत्रण हासिल करना चाहते हैं। इसमें लोगों को खींचने के शक्तिशाली गुण हैं, क्योंकि यह मनुष्य की दो सबसे आम कमजोरियों के माध्यम से संचालित होता है—घमंड और अहंकार। हर व्यक्ति में थोड़ा-बहुत घमंड और अहंकार होता है। कुछ लोगों में ये गुण इतने स्पष्ट रूप में मौजूद होते हैं कि वे वास्तव में एक ऐसी रस्सी का काम करते हैं, जिससे किसी को बाँधा जा सकता है। ऐसी रस्सियों में सर्वश्रेष्ठ चापलूसी है।

चापलूसी वह प्रमुख चारा है, जिसके माध्यम से पुरुष महिलाओं को लुभाते हैं। कभी-कभी; वास्तव में अकसर महिलाएँ इसी चारे का उपयोग पुरुषों पर नियंत्रण हासिल करने के लिए करती हैं, विशेष रूप से उन पुरुषों पर, जिन्हें वे अपने शारीरिक आकर्षण से नहीं लुभा पातीं। मैं पुरुषों और महिलाओं दोनों को इसका उपयोग सिखाता हूँ। चापलूसी ही वह प्रमुख चारा है, जिसके द्वारा मेरे एजेंट उन लोगों के भरोसे में अपना रास्ता बनाते हैं, जिनसे फिर वे युद्ध जारी रखने के लिए आवश्यक जानकारी प्राप्त करते हैं।

जब भी कोई चापलूसी के बल पर अपने अहंकार को पोषित करने के लिए रुकता है, मैं आगे बढ़ता हूँ और एक और ड्रिफ्टर का निर्माण शुरू कर देता हूँ। जो नहीं भटकते (नॉन-ड्रिफ्टर), वे आसानी से चापलूसी के प्रभाव में नहीं आते। मैं लोगों को प्रत्येक मानव संबंध

में, जहाँ भी इसका उपयोग संभव हो, चापलूसी का प्रयोग करने के लिए प्रेरित करता हूँ; क्योंकि जो लोग इससे प्रभावित होते हैं, वे भटकने की आदत के आसानी से शिकार हो जाते हैं।

कमजोर मन कहता है, *"चापलूसी वह प्रमुख चारा है, जिसके माध्यम से पुरुष महिलाओं को लुभाते हैं।"*

प्रश्न : क्या आप हर उस व्यक्ति को नियंत्रित कर सकते हैं, जो चापलूसी के वशीभूत है?

उत्तर : आसानी से। जैसा कि मैं तुम्हें पहले बता चुका हूँ, चापलूसी लोगों को भटकने की आदत की ओर लुभाने में प्रमुख महत्त्व रखती है।

प्रश्न : कौन सी उम्र में लोग चापलूसी के प्रति सर्वाधिक संवेदनशील होते हैं?

उत्तर : चापलूसी के प्रति व्यक्ति की संवेदनशीलता से उसकी उम्र का कोई लेना-देना नहीं है। लोग अपने अस्तित्व के प्रति जागरूक होने से लेकर अपनी मृत्यु तक किसी-न-किसी प्रकार से इसके प्रभाव में आ जाते हैं।

प्रश्न : महिलाएँ कौन से माध्यम से सबसे आसानी से खुश की जा सकती हैं?

उत्तर : उनके घमंड के माध्यम से। एक महिला से यह कहो कि वह खूबसूरत है, या वह कपड़े बहुत सलीके से पहनती है।

प्रश्न : पुरुषों को फुसलाने में सबसे प्रभावी कौन सा माध्यम है?

उत्तर : उनका अहं! एक पुरुष से कहो कि उसका शरीर बलवान् और मजबूत है, या वह एक महान् उद्यमी है; और वह बिल्ली की तरह बोलने तथा ओपोसम की तरह मुसकराने लगेगा। उसके बाद क्या होता है, तुम जानते हो।

प्रश्न : क्या सभी पुरुष ऐसे ही होते हैं?

उत्तर : अरे, नहीं। प्रत्येक 100 में से 2 पुरुष अपने अहं को इतने मजबूत नियंत्रण में रखते हैं कि एक विशेषज्ञ चापलूस भी उन्हें फुसला नहीं सकता, चाहे वह कितने ही प्रयास क्यों न कर ले।

प्रश्न : एक चतुर महिला पुरुषों को लुभाने में अपनी चापलूसी की कला

को कैसे लागू करती है?

उत्तर : हे भगवान्! यार, क्या मुझे तुम्हारे लिए उसके तरीके का चित्र बनाना होगा? क्या तुम्हारे पास अपनी कोई कल्पना नहीं है?

प्रश्न : ओह, हाँ। मेरे पास पर्याप्त कल्पना है, महामहिम। लेकिन मैं दुनिया के उन गरीब बेचारों के बारे में सोच रहा हूँ, जिन्हें वह सही तकनीक समझने की आवश्यकता है, जिसके माध्यम से वे भटकने की आदत में फुसलाए जाते हैं। आगे बढ़िए और हमें बताइए कि कैसे एक महिला अमीर और संभवतः आकर्षक पुरुषों को लुभा सकती है।

उत्तर : यह महिलाओं पर खेलने के लिए एक शैतानी चाल है; लेकिन चूँकि तुम जानकारी माँग रहे हो, इसलिए मैं इसे रोक न पाने पर विवश हूँ। महिलाएँ पुरुषों को एक ऐसी तक़नीक से प्रभावित करती हैं, जिसमें एक तो उनके पास अपनी आवाजों में एक कोमल, बच्चे के किलकने जैसे स्वर का समावेश करने की क्षमता होती है और दूसरे, वे अपनी आँखों को अर्ध-निद्रित अवस्था जैसी स्थिति में आधी बंद कर लेती हैं, जो पुरुषों को लुभाने के लिए सम्मोहन का काम करती हैं।

शैरोन के नोट्स—*मुझे यकीन है कि कुछ महिलाएँ इससे उत्तेजित हो जाएँगी। वास्तव में, पहले मैं भी हो गई थी। अपनी आँखें घुमाएँ और बढ़ती रहें''इस बात में सच्चाई है।*

प्रश्न : क्या चापलूसी में बस, इतना ही होता है?

उत्तर : नहीं, यह तो सिर्फ तकनीक है। इसके बाद वह मकसद आता है, जिसका एक महिला प्रलोभन के रूप में उपयोग करती है। जिस प्रकार की महिला शायद तुम्हारे दिमाग में है, वह कभी पुरुष को स्वयं को या कोई भी चीज, जो वह उसको दे सकती है, नहीं बेचती; बल्कि वह उसे उसका खुद का अहंकार बेचती है।

प्रश्न : क्या महिलाएँ बस, इसी का उपयोग करती हैं, जब वे पुरुषों को लुभाना चाहती हैं?

उत्तर : वह सबसे प्रभावी चीज है, जिसका वे उपयोग करती हैं। जब शारीरिक आकर्षण विफल हो जाता है, तब यह काम करता है।

प्रश्न : इसका मतलब, मुझे यह मान लेना चाहिए कि लंबे-चौड़े, मजबूत, आकर्षक पुरुषों को चापलूसी के द्वारा फुसलाकर काबू में किया जा सकता है; जैसे कि वे सिर्फ थोड़ी सी पुट्टी हों। क्या यह संभव है?

उत्तर : ऐसा दिन के प्रत्येक मिनट हो रहा है। इसके अलावा, जब तक कि वे नॉन-ड्रिफ्टर न हों, वे जितने लंबे-चौड़े होंगे, उतनी ही आसानी से गिरेंगे, जब विशेषज्ञ चापलूस उन पर अपनी चाल चलेगा।

प्रश्न : मुझे अपनी कुछ और तरकीबें बताइए, जिनके द्वारा आप लोगों को जीवन में भटकने के कारण उत्पन्न करते हैं?

उत्तर : मेरे सबसे प्रभावी उपकरणों में से एक है विफलता। अधिकांश लोग विरोध मिलते ही भटकना शुरू कर देते हैं और दस हजार में से कोई एक भी दो या तीन असफलताओं के बाद प्रयास करना जारी नहीं रखता।

प्रश्न : तो यह आपका काम है कि जब भी हो सके, आप लोगों को विफल होने के लिए प्रेरित करें। सही बात है न?

उत्तर : तुमने सही समझा है। असफलता व्यक्ति का मनोबल तोड़ देती है। वह आत्मविश्वास तोड़ती है, उत्साह कम कर देती है, कल्पना-शक्ति को क्षीण कर देती है और उद्देश्य की निश्चितता को दूर कर देती है।

इन गुणों के बिना कोई भी किसी उपक्रम में स्थायी सफलता नहीं पा सकता। दुनिया ने थॉमस अल्वा एडिसन से बेहतर क्षमतावाले हजारों अन्वेषक पैदा किए हैं; लेकिन उन लोगों को कोई नहीं जानता, जबकि एडिसन का नाम आगे बढ़ता रहेगा, क्योंकि एडिसन ने असफलता को अपनी उपलब्धि की सीढ़ी में परिवर्तित कर दिया था और अन्य लोगों ने उसे नतीजों का उत्पादन न करने के बहाने के रूप में इस्तेमाल किया।

प्रश्न : क्या बिना निराश हुए असफलता पर विजय पाना हेनरी फोर्ड की प्रमुख विशेषताओं में से एक है?

उत्तर : हाँ, और यही गुण हर उस व्यक्ति की प्रमुख विशेषता है, जो किसी भी काम में असाधारण सफलता प्राप्त करता है।

कमजोर मन कहता है, " *बिना निराश हुए असफलता पर विजय प्राप्त करना हर उस व्यक्ति की प्रमुख विशेषता है, जो किसी भी काम में असाधारण सफलता प्राप्त करता है।*"

~✻~

शैरोन के नोट्स— ***पुस्तक 'थ्री फीट फ्रॉम गोल्ड' में हमने वर्तमान समय के 35 से अधिक शीर्ष नेताओं के साक्षात्कार लिये—उनकी सफलताओं के बारे में नहीं, बल्कि उनके सबसे मुश्किल पलों के बारे में और कैसे उन्होंने महान् सफलता प्राप्त करने के प्रयास किए, इस बारे में। उदाहरण के लिए, जूली क्रोन, थॉरोब्रेड हॉल ऑफ फेम में शामिल होनेवाली पहली महिला जॉकी ने, जिनके नाम 3,704 जीतें दर्ज हैं, अपने कॅरियर के शुरुआती संघर्षों को साझा किया। घोड़ों के कई मालिक एक महिला जॉकी से सवारी करवाने को बिल्कुल तैयार नहीं थे। जूली ने बताया कि उनकी दृढ़ता का आदर्श वाक्य था—'सामने दिखते रहो!' उन्होंने साझा किया, 'मैंने जाना कि यदि मैं प्रतिदिन आती रही और अपना सर्वश्रेष्ठ देती रही तो अंत में वे मुझे एक घोड़े पर बैठा ही देंगे, भले ही मुझसे छुटकारा पाने के लिए।' बाकी सब इतिहास है। जूली 'यू.एस.ए. टुडे' द्वारा सर्वकालीन एथलीटों में सबसे मजबूत एथलीट नामित की गईं। यह हम सबके लिए एक महान् अनुस्मारक है—'बस, सामने दिखते रहो।'***

प्रश्न : इस कथन का क्षेत्र बहुत विस्तृत है, महामहिम। क्या आप सटीकता की खातिर इसे थोड़ा संशोधित या कम नहीं करना चाहते?

उत्तर : इसमें किसी संशोधन की आवश्यकता नहीं है, क्योंकि यह दावा बहुत व्यापक नहीं है। उन पुरुषों और महिलाओं के जीवन में सही तरीके से खोजो, जिन्हें स्थायी सफलता मिली है; और तुम बिना अपवाद के पाओगे कि उनकी सफलता उस हद के सटीक अनुपात में है, जिस हद तक उन्हें असफलता मिली थी।

प्रत्येक सफल व्यक्ति का जीवन उस तथ्य की जोरों से जयकार करता है, जो

हर सच्चा दार्शनिक जानता है। प्रत्येक विफलता अपने साथ एक समान सफलता का बीज लाती है।

लेकिन वह बीज एक भटके हुए व्यक्ति के प्रभाव में अंकुरित होकर नहीं बढ़ेगा। वह तभी जीवंत होगा, जब वह किसी ऐसे व्यक्ति के हाथों में होगा, जो समझता है कि अधिकांश विफलताएँ सिर्फ अस्थायी पराजय होती हैं और कभी भी, किसी भी परिस्थिति में पराजय को भटकने के बहाने के रूप में स्वीकार नहीं करता।

प्रश्न : यदि मैं आपको सही समझ रहा हूँ तो आपका दावा है कि असफलता में भी गुण होता है। यह उचित नहीं प्रतीत हो रहा है। यदि विफलता में गुण होता है तो आप लोगों को विफलता की ओर प्रेरित करने का प्रयास क्यों करते हैं?

उत्तर : मेरे दावों में कोई विसंगति नहीं है। विसंगति तुम्हारी समझ में कमी के कारण प्रतीत हो रही है। विफलता तभी तक एक गुण है, जब तक वह एक व्यक्ति को प्रयास करना छोड़कर भटकने की ओर न ले जाए। मैं जितने लोगों को कर सकता हूँ, उतने लोगों को और जितनी बार संभव होता है, उतनी बार विफल होने के लिए प्रेरित करता हूँ; क्योंकि दस हजार लोगों में से एक भी दो या तीन बार विफल होने के बाद अपना प्रयास जारी नहीं रखेगा। मुझे उन कुछ लोगों की परवाह नहीं है, जो अपनी विफलताओं को सफलता की सीढ़ियों में परिवर्तित कर लेते हैं; क्योंकि वैसे भी वे मेरे विरोधी पक्ष में शामिल होते हैं। वे भटकते नहीं, इसलिए वे मेरी पहुँच से बाहर हैं।

प्रश्न : आपके स्पष्टीकरण ने इस मामले को स्पष्ट कर दिया है। अब आगे बढ़िए और मुझे अपनी कुछ और तरकीबें बताइए, जिनके द्वारा आप लोगों को भटकने की ओर ले जाते हैं।

कमजोर मन कहता है, *''एडिसन ने असफलता को अपनी उपलब्धि की सीढ़ी में परिवर्तित कर दिया था और अन्य लोगों ने उसे नतीजों का उत्पादन न करने के बहाने के रूप में इस्तेमाल किया।''*

~✻~

शैरोन के नोट्स—*आप अपने जीवन में विफलताओं का सामना कैसे कर रहे हैं?*

उत्तर : मेरी सबसे प्रभावी तरकीबों में से एक को तुम प्रचार के नाम से जानते हो। यह उपकरण लोगों को युद्ध की आड़ में एक-दूसरे की हत्या के लिए तैयार करने में बहुत महत्त्वपूर्ण है।

इस तरकीब की चतुराई मुख्य रूप से उस सूक्ष्मता में है, जिससे मैं इसका उपयोग करता हूँ। मैं प्रचार को दुनिया के समाचारों के साथ मिला देता हूँ। मैं सार्वजनिक और निजी स्कूलों में इसकी शिक्षा दिलवाता हूँ। मैं सुनिश्चित करता हूँ कि ये पौराणिक कथाओं में अपना रास्ता बनाएँ। मैं चलती तसवीरों को इससे रंग देता हूँ। मैं सुनिश्चित करता हूँ कि यह हर उस घर में प्रवेश करे, जहाँ रेडियो है। मैं इसे बिल बोर्ड, समाचार-पत्र, टेलीविजन और रेडियो के विज्ञापनों में डाल देता हूँ। मैं इसे कारोबार की हर उस जगह पर फैला देता हूँ, जहाँ लोग काम करते हैं। मैं इसका उपयोग तलाक की अदालतों को भरने के लिए करता हूँ और व्यापार एवं उद्योग को नष्ट करने के लिए काम में लेता हूँ।

यह बैंकों पर काम करने के लिए मेरा प्रमुख उपकरण है। मेरे प्रचारक दुनिया को इतनी अच्छी तरह कवर कर लेते हैं कि मैं जब चाहूँ, बीमारियों की महामारी शुरू कर सकता हूँ, युद्ध आरंभ करवा सकता हूँ या व्यापार में हलचल मचा सकता हूँ।

प्रश्न : यदि आप प्रचार के साथ वह सब कर सकते हैं, जिसका आप दावा कर रहे हैं तो कोई अचरज की बात नहीं है कि दुनिया में युद्ध और व्यापारिक अवसाद होते हैं। आप मुझे 'प्रचार' शब्द का आसान-सा विवरण दीजिए। बस, इतना कि यह क्या है और कैसे काम करता है ? मैं विशेष रूप से यह जानना चाहता हूँ कि आप इस शैतानी उपकरण के उपयोग से लोगों को भटकाते कैसे हैं ?

उत्तर : प्रचार वह उपकरण, योजना या पद्धति है, जिसके द्वारा लोग बिना प्रभाव का स्रोत जाने या यह जाने कि वे प्रभावित हो रहे हैं, प्रभावित किए जा सकते हैं।

व्यापार में प्रचार का उपयोग प्रतिद्वंद्विता को हतोत्साहित करने के उद्देश्य से किया जाता है। नियोक्ता इसका उपयोग अपने कर्मचारियों पर लाभ हासिल करने के लिए करते हैं। बदले में कर्मचारी इसे अपने नियोक्ताओं पर लाभ हासिल करने के लिए उपयोग में लाते हैं। वास्तव में, यह इतने सार्वभौमिक रूप से और इतनी स्पष्ट व

खूबसूरत सुव्यवस्थित तकनीक के माध्यम से उपयोग में लाया जाता है कि इसका पता चलने के बाद भी यह हानि–रहित प्रतीत होता है।

प्रश्न : मुझे लगता है, आपके कुछ लोग अब अमेरिकी लोगों के दिमागों को किसी प्रकार की तानाशाही की ओर भटकने के लिए तैयार करने में व्यस्त हैं। मुझे बताइए, वे कैसे काम करते हैं ?

उत्तर : हाँ! मेरे लाखों लोग अमेरिकियों को हिटलर की तरह बनने के लिए तैयार कर रहे हैं। मेरे सर्वश्रेष्ठ लोग राजनीति और श्रम संगठनों के माध्यम से काम कर रहे हैं। हम देश पर गोलियों (बुलेट्स) के बजाय मतपत्रों (बैलेट्स) से कब्जा करने का इरादा रखते हैं। अमेरिकी इतने संवेदनशील हैं कि वे अपनी सरकार के स्वरूप को मशीनगनों एवं टैंक–कारों की सहायता से बदलते हुए देखने का झटका कभी सहन नहीं कर पाएँगे। इसलिए हमारे प्रचारक लोग उन्हें ऐसा आहार परोस रहे हैं, जो वे निगल लेंगे—नियोक्ताओं एवं कर्मचारियों के बीच संघर्ष पैदा करके और सरकार को व्यापार एवं उद्योग के खिलाफ खड़ा करके। जब प्रचार अपना काम अच्छी तरह कर लेगा तो मेरा एक लड़का तानाशाह के रूप में प्रवेश करेगा और तुम्हारे सर्वोच्च न्यायालय के नौ बूढ़े लोग संविधान की अपनी मूर्खतापूर्ण धारणाओं के साथ बाहर निकल जाएँगे। सभी को एक नौकरी दी जाएगी या सरकारी खजाने से पोषित किया जाएगा। जब लोगों के पेट भरे होते हैं तो वे आसानी से उसके साथ भटकने लगते हैं, जो उनका पेट भरता है। भूखे लोग नियंत्रण से बाहर चले जाते हैं।

शैरोन के नोट्स—*सन् 1938 में अमेरिका की 'हिटलरिंग' करने के लिए कमजोर मन का एक उपकरण था 'सरकार को व्यापार और उद्योग के खिलाफ करना' और सरकारी खजाने से लोगों का पेट भरना। क्या अभी भी ऐसा ही है ? क्या कमजोर मन को सफलता मिल रही है ? यदि नेपोलियन हिल आज कमजोर मन का साक्षात्कार लेते तो कमजोर मन तथाकथित पात्रता कार्यक्रमों को, जो चल रहे हैं या प्रस्तावित हैं, बुरी नजर लगाता और मोटर वाहन एवं वित्तीय उद्योगों जैसे स्वतंत्र व्यवसायों में सरकार की बढ़ती भागीदारी पर काबू पाने की कोशिश करता।*

प्रश्न : मैं अकसर सोचता था कि इस चतुर चाल का आविष्कार किसने किया होगा, जिसे आप 'प्रचार' कह रहे हैं? इसके स्रोत और प्रकृति के बारे में आप जो बता रहे हैं, उससे मैं समझ रहा हूँ कि यह इतना घातक क्यों है। महामहिम, आपके जैसा कोई चतुर व्यक्ति ही ऐसे उपकरण का आविष्कार कर सकता था, जिससे विचार-शक्ति को क्षीण किया जा सकता है, इच्छाओं को दबाया जा सकता है और मनुष्य को भटकने की ओर प्रेरित किया जा सकता है।

आप अपने शिकारों को डर के माध्यम से दबाने और युद्ध के माध्यम से उनका संहार करने के बजाय उन पर नियंत्रण प्राप्त करने के लिए प्रचार के अपने शक्तिशाली उपकरण का उपयोग क्यों नहीं करते?

उत्तर : प्रचार के अलावा कमजोर मन का डर है क्या? तुमने मेरी तकनीक को सावधानी से नहीं समझा है, वरना तुम देख पाते कि मैं दुनिया का सबसे बड़ा प्रचारक हूँ! मैं जिस मकसद को अव्यवस्था और सूक्ष्मता के माध्यम से हासिल कर सकता हूँ, उसे सीधे, स्पष्ट साधनों के माध्यम से कभी हासिल नहीं करता।

तुम्हारे अनुसार मैं किस चीज का उपयोग करता हूँ, जब मैं लोगों के दिमागों में नकारात्मक विचार डालता हूँ और उन विचारों के माध्यम से उन पर नियंत्रण प्राप्त करता हूँ, जिन्हें वे खुद अपने विचार मानते हैं। इसे तुम प्रचार के सबसे चतुर तरीके के अलावा और क्या कहोगे?

प्रश्न : निश्चित रूप से आप मुझे यह नहीं बताने जा रहे हैं कि आप लोगों को उन्हीं की सहायता से नष्ट करते हैं और उन्हें एहसास भी नहीं होता कि आप क्या कर रहे हैं!

उत्तर : मैं तुम्हें बिल्कुल यही समझाना चाहता हूँ। इसके अलावा, मैं तुम्हें दिखाऊँगा कि यह चाल कैसे चली जाती है।

प्रश्न : अब हम काम की बात कर रहे हैं। ठीक-ठीक बताइए कि आप किस प्रकार लोगों को प्रचारकों में बदलकर आत्म-कारावास की ओर ले जाते हैं? मुझे पूरे भयानक विवरण के साथ इसकी कहानी बताइए। यह आपकी स्वीकारोक्ति का सबसे महत्त्वपूर्ण हिस्सा है और मैं आपका रहस्य जानने की उत्सुकता से भरा हुआ हूँ। मैं आपको मेरे प्रश्न का उत्तर टालने के लिए दोषी नहीं ठहरा सकता;

क्योंकि आप जानते हैं कि आपका उत्तर सैकड़ों निर्दोष शिकारों को आपके नियंत्रण से छीन लेगा। आप यह भी जानते हैं कि आपका उत्तर उन असंख्य लोगों को आपका शिकार बनने से बचा लेगा, जिनका अभी जन्म नहीं हुआ है। इसलिए इस बात में थोड़ा सा भी आश्चर्य नहीं है कि आप उत्तर देने से बचना चाहते हैं।

उत्तर : तुम्हारा अनुमान सही है। मेरी स्वीकारोक्ति का यह हिस्सा मुझे बाकी के पूरे हिस्से से अधिक नुकसान पहुँचाएगा।

प्रश्न : आपकी परेशानी को बेहतर तरीके से बताते हुए आपकी स्वीकारोक्ति का यह हिस्सा शेष हिस्से की तुलना में लाखों अधिक लोगों को आपके नियंत्रण से बचाएगा?

उत्तर : मैं सिर्फ इतना कह सकता हूँ कि तुमने मुझे बहुत ही विकट स्थिति में डाल दिया है!

प्रश्न : अब आपको समझ में आएगा कि लाखों की संख्या में आपके शिकार कैसा महसूस करते हैं। चलिए, अब जवाब दीजिए।

उत्तर : मैं पहली बार एक व्यक्ति के दिमाग में उसे रिश्वत देकर प्रवेश करता हूँ।

प्रश्न : रिश्वत के रूप में आप किस चीज का उपयोग करते हैं?

उत्तर : मैं कई चीजों का उपयोग करता हूँ। वे सभी चीजें, जिनका एक व्यक्ति को लालच होता है। मैं उसी प्रकार की रिश्वत का उपयोग करता हूँ, जिसका लोग एक-दूसरे को रिश्वत देते समय उपयोग करते हैं, अर्थात् मैं रिश्वत के लिए उन चीजों का उपयोग करता हूँ, जो लोग सबसे ज्यादा चाहते हैं। मेरी सबसे अच्छी रिश्वतें हैं—

- प्यार
- सेक्स की अभिव्यक्ति के लिए प्यास
- पैसे का लोभ
- बिना कुछ किए कुछ पाने की जुनूनी इच्छा जुआ
- महिलाओं में गुरूर, पुरुषों में अहंकार

आज के वातावरण की स्पष्टता में महिला और पुरुष दोनों घमंड और अहंकार का शिकार हो सकते हैं।

- दूसरों पर प्रभुत्व होने की इच्छा
- मादक द्रव्यों और नशीले पदार्थों के लिए इच्छा
- शब्दों और कर्मों के माध्यम से आत्म–अभिव्यक्ति की इच्छा
- दूसरों की नकल करने की इच्छा
- मौत के बाद जीवन की शाश्वतता की इच्छा
- नायक या नायिका बनने की इच्छा
- शारीरिक भोजन की इच्छा।

प्रश्न : यह तो रिश्वतों की बहुत शानदार सूची है, महामहिम। क्या आप अन्य चीजों का भी उपयोग करते हैं?

उत्तर : हाँ, बहुत सारी; लेकिन ये मेरी पसंदीदा हैं। इनके किसी संयोजन के माध्यम से मैं अपनी मरजी से किसी भी मनुष्य के दिमाग में प्रवेश कर सकता हूँ—जन्म से मृत्यु तक किसी भी उम्र में।

प्रश्न : आपका मतलब है, ये रिश्वतें वे चाभियाँ हैं, जिनसे आप अपने चुने हुए किसी भी दिमाग के दरवाजे को चुपचाप खोल सकते हैं?

उत्तर : मेरा बिल्कुल यही मतलब है और मैं ऐसा कर भी सकता हूँ।

प्रश्न : क्या होता है, जब आप एक ऐसे व्यक्ति के दिमाग में प्रवेश करते हैं, जिसे अभी भटकने की आदत हुई नहीं है, लेकिन वह उन 98 प्रतिशत संभावित भटकनेवालों की श्रेणी में शामिल है?

उत्तर : मैं तुरंत उस व्यक्ति के दिमाग पर जितना अधिक हो सकता है, उतना कब्जा करने की ओर काम करना शुरू कर देता हूँ। यदि उस व्यक्ति की सबसे बड़ी कमजोरी पैसा है तो मैं उसके सामने सिक्के लटकाने शुरू कर देता हूँ। ऐसा मैं लाक्षणिक रूप से बोल रहा हूँ। मैं उसकी इच्छा को और बढ़ा देता हूँ और उसे पैसों के पीछे जाने के लिए प्रेरित करता हूँ; फिर जब वह उसके पास पहुँचता है तो मैं वे पैसे उससे छीन लेता हूँ।

यह मेरी एक पुरानी चाल है। जब यह चाल कई बार दोहराई जाती है तो वह बेचारा हथियार डाल देता है और हार मान लेता है। तब मैं उसके दिमाग में थोड़ी और जगह पर कब्जा कर लेता हूँ और

उसमें गरीबी का डर भर देता हूँ। वह दिमाग को भरने के लिए सबसे अच्छी चीज है।

प्रश्न : हाँ, मैं मानता हूँ कि आपका तरीका बहुत चतुराई भरा है; लेकिन अगर आपका शिकार आपको मूर्ख बनाकर बहुत सारे पैसे कमा लेता है, तब क्या होता है? तब तो आप उसके दिमाग को गरीबी के डर से नहीं भर सकते। है न?

उत्तर : नहीं भर सकता। मैं उस जगह को किसी और चीज से भरकर उस पर कब्जा करता हूँ, जो मेरे उद्‌देश्य को उतनी ही अच्छी तरह से पूरा करती है। यदि मेरा शिकार अपनी धन की चाह को बड़ी धनराशि में परिवर्तित कर लेता है तो मैं उसे वे चीजें परिमाण से अधिक लेने पर प्रेरित करता हूँ, जो वह उन पैसों से खरीद सकता है। उदाहरण के लिए, मैं उसे उसका पेट समृद्ध खाद्य पदार्थों से भर लेने के लिए प्रेरित करता हूँ। इससे उसकी सोचने की क्षमता क्षीण हो जाती है, उसका दिल खतरे में आ जाता है और वह भटकने की राह पर चला जाता है।

फिर मैं उसे उसके खाए अधिशेष भोजन के माध्यम से आंत्र विषाक्तता द्वारा परेशान करता हूँ। इससे भी उसके सोचने की गति धीमी होती है और उसका स्वभाव खराब होने लगता है।

प्रश्न : और अगर आपका शिकार पेटू या खाऊ न हुआ तो? तब आप उसे भटकने की ओर ले जाने के लिए उससे कौन सी गलतियाँ करवाएँगे?

उत्तर : यदि शिकार एक पुरुष है तो मैं आमतौर पर उसकी सेक्स की भूख के माध्यम से उसे फँसा सकता हूँ। सेक्स में बहुत अधिक लिप्त होनेवाले लोग अन्य सभी कारणों की तुलना में अधिक संख्या में असफलता की ओर जाते हैं।

प्रश्न : तो भोजन और सेक्स लोगों को फाँसने के लिए आपके सबसे निश्चित चारे हैं! मैं सही कह रहा हूँ न?

उत्तर : हाँ, इन दोनों प्रलोभनों से मैं अपने अधिकांश शिकारों को नियंत्रण में ले सकता हूँ और फिर, धन की चाह भी है।

प्रश्न : अगर आपकी कहानी पर विश्वास किया जाए तो मुझे लगने लगा है कि समृद्धि गरीबी से ज्यादा खतरनाक है।

उत्तर : यह पूरी तरह इस बात पर निर्भर करता है कि धन किसके पास है और कैसे प्राप्त किया गया था।

प्रश्न : धन वरदान है या अभिशाप, इसका इस बात से क्या लेना-देना है कि वह कैसे प्राप्त किया गया?

उत्तर : सबकुछ। यदि तुम्हें मेरी बात पर विश्वास नहीं है तो उनकी ओर नजर डालो, जिन्होंने बहुत कम समय में बहुत सारा धन प्राप्त कर लिया है, बिना उसके साथ ज्ञान प्राप्त करने के लिए समय दिए; और ध्यान से देखो कि वे उसका उपयोग कैसे करते हैं।

तुम्हें क्या लगता है, ऐसा क्यों है कि अमीर लोगों के बेटे शायद ही कभी अपने पिताओं की उपलब्धियों की बराबरी कर पाते हैं? मैं बताता हूँ, क्यों? ऐसा इसलिए है, क्योंकि वे उस आत्म-अनुशासन से वंचित रखे गए हैं, जो काम करने की मजबूरी से आता है।

उन फिल्मी सितारों और एथलीटों के रिकॉर्ड देखो, जिन्हें अचानक बहुत सारा धन, जनता का प्यार और प्रशंसा मिल जाती है। ध्यान से देखो कि कितने मामलों में मैं कितनी जल्दी प्रवेश करके उन पर नियंत्रण हासिल कर लेता हूँ; मुख्य रूप से सेक्स, जुए, भोजन और शराब के माध्यम से। इन चीजों के द्वारा मैं सबसे बड़े और श्रेष्ठ लोगों को कब्जे में लेकर नियंत्रित करने लगता हूँ, जैसे ही उनके हाथों में बड़ी रकम आती है।

शैरोन के नोट्स— उन अनगिनत एथलीटों के बारे में सोचिए, जो मशहूर हस्तियाँ बन गए और फिर अपनी प्रसिद्धि एवं त्वरित धन से ही बरबाद हो गए और फिर उन लाखों युवाओं के बारे में सोचिए, जो उन्हें अपना आदर्श समझते थे! उन लॉटरी विजेताओं के बारे में सोचिए, जो लॉटरी जीतने के बाद कुछ ही वर्षों के अंदर अपना सारा पैसा गँवा देते हैं। क्या ऐसा उनके भटक जाने के कारण होता होगा? जुए के कारण नीचे गिरने से? क्या यह कमजोर मन द्वारा पैदा किए और संचालित चक्रों द्वारा होता होगा?

प्रश्न : उन लोगों का क्या, जो किसी प्रकार की उपयोगी सेवा प्रदान करके धीरे-धीरे धन अर्जित करते हैं? क्या वे भी आसानी से फँस जाते हैं?

उत्तर : ओह! मैं उन्हें भी नियंत्रण में ले लेता हूँ, लेकिन आम तौर पर मुझे

अपनी चाल बदलनी पड़ती है। उनमें से कुछ लोग एक चीज चाहते हैं, जबकि दूसरे कोई और चीज।

जहाँ मेरा उद्देश्य सबसे अच्छी तरह पूरा होता है, वहाँ मैं देखता हूँ कि उन्हें वह चीज मिले, जिसे पाने की उनकी सबसे ज्यादा इच्छा हो; लेकिन मैं उस पैकेट में वह भी लपेट देता हूँ, जो उन्हें नहीं चाहिए। जो चीज मैं उन्हें देता हूँ, वह उन्हें ड्रिफ्टर (भटकनेवाला) बनाने के लिए निश्चित चीज होती है। तुम समझे, मैं कैसे काम करता हूँ?

प्रश्न : बहुत चालाकी से काम करते हैं आप। आप लोगों को उनकी प्राकृतिक इच्छाओं के माध्यम से लुभाते हैं; लेकिन जब भी संभव होता है, आप उनकी इच्छित वस्तु में अपना घातक जहर मिला देते हैं।

उत्तर : अब तुम समझने लगे हो। देखो, मैं बीच में रहकर दोनों ओर से खेलता हूँ, जैसा कि कहा जाता है।

प्रश्न : आप जो कुछ भी कह रहे हैं, उससे मुझे लग रहा है कि आप एक नॉन-ड्रिफ्टर को रिश्वत देकर उसके मन पर नियंत्रण करने में आपकी सहायता करने के लिए प्रेरित नहीं कर सकते। सही बात है न?

उत्तर : बिल्कुल सही बात है। मैं नॉन-ड्रिफ्टर्स की अपनी रिश्वतों में दिलचस्पी पैदा कर सकता हूँ और करता भी हूँ, क्योंकि मैं रिश्वत के उद्देश्य से उन चीजों का उपयोग करता हूँ, जो लोग स्वाभाविक रूप से चाहते हैं। लेकिन एक नॉन-ड्रिफ्टर उस मछली के समान होता है, जो आपके काँटे से चारा तो चुरा लेती है, लेकिन काँटे में फँसने से इनकार कर देती है।

एक नॉन-ड्रिफ्टर जीवन से वह सब ले लेता है, जो वह चाहता है; लेकिन अपनी शर्तों पर लेता है। एक ड्रिफ्टर वह सब ले लेता है, जो उसे मिल सकता है; लेकिन वह सब उसे मेरी शर्तों पर मिलता है। इसी बात को दूसरे तरीके से कहूँ, तो नॉन-ड्रिफ्टर आवश्यकता होने पर एक वैध बैंकर से पैसे उधार लेता है और एक वैध दर पर ब्याज का भुगतान करता है। ड्रिफ्टर एक ब्याजखोर की दुकान पर जाता है, अपनी घड़ी गिरवी रखता है और अपने कर्ज के लिए

आत्मघाती दर पर ब्याज देता है।

प्रश्न : तो मैं आपके दावों से यह निष्कर्ष निकालूँ कि किसी-न-किसी प्रकार लोगों की सभी परेशानियों और कष्टों में आपका हाथ अवश्य है, भले ही आपकी उपस्थिति दिखाई न देती हो?

उत्तर : मेरे अनिच्छुक कार्यकर्ता अकसर मेरे सर्वश्रेष्ठ कार्यकर्ता साबित होते हैं। देखो, मेरे अनिच्छुक कार्यकर्ता वे हैं, जिन्हें मैं रिश्वतों के किसी संयोजन से नियंत्रित नहीं कर सकता; वे लोग, जिन्हें मुझे किसी डर या दुर्भाग्य के माध्यम से नियंत्रण में लेना पड़ता है। वे मेरे लिए काम नहीं करना चाहते, लेकिन वे ऐसा करना टाल नहीं सकते, क्योंकि वे भटकने की आदत के माध्यम से मुझसे हमेशा के लिए बँधे हुए हैं।

प्रश्न : अब मैं आपकी तकनीक को बेहतर तरीके से समझने लगा हूँ। आप अपने शिकारों को उनकी स्वाभाविक इच्छाओं के माध्यम से रिश्वत देते हैं और उन्हें आजाद छोड़ देते हैं; इस बीच यदि वे आपके प्रलोभनों से आकर्षित होते हैं तो आप उन्हें भटकने के लिए प्रेरित करते हैं। यदि वे प्रतिक्रिया नहीं देते तो आप उनके मनों में डर का बीज रोपित कर देते हैं, या किसी दुर्भाग्य के माध्यम से उन्हें फँसा लेते हैं; और जब वे कमजोर पड़ने लगते हैं तो आप उन्हें कब्जे में ले लेते हैं। क्या यही आपका तरीका है!

उत्तर : हाँ, मैं बिल्कुल इसी तरह काम करता हूँ। चतुर हूँ न!

प्रश्न : आप अपने प्रचारकों के रूप में किसकी सेवाएँ लेना पसंद करते हैं—युवाओं की या वृद्धों की?

उत्तर : बेशक युवाओं की! वे अधिकांश रिश्वतों से परिपक्व विचारोंवाले लोगों की अपेक्षा जल्दी प्रभावित हो जाते हैं। इसके अलावा, उनके पास मेरी सेवा में रहने के लिए अधिक समय होता है।

प्रश्न : महामहिम ने मुझे ड्रिफ्टिंग का बहुत स्पष्ट विवरण दे दिया है। अब मुझे यह बताइए कि ड्रिफ्टिंग की आदत से बचने के लिए क्या करना चाहिए? मैं एक संपूर्ण फॉर्मूला चाहता हूँ, जिसका उपयोग सब लोग कर सकें।

उत्तर : ड्रिफ्टिंग से बचने के उपाय हर उस व्यक्ति की आसान पहुँच के भीतर हैं, जिसके पास एक सामान्य शरीर और दुरुस्त दिमाग है।

आत्म-रक्षा इन सरल से तरीकों द्वारा की जा सकती है—

1. हर अवसर पर अपने लिए सोचने का काम स्वयं करो। यह तथ्य कि मनुष्यों को अपने स्वयं के विचार सोचने के अलावा किसी और चीज पर पूरा नियंत्रण नहीं दिया गया है, अत्यधिक महत्त्वपूर्ण है।
2. निश्चित रूप से तय करो कि तुम जीवन से क्या चाहते हो! फिर उसे प्राप्त करने के लिए एक योजना बनाओ और फिर, यदि आवश्यक हो तो सबकुछ बलिदान करने को तैयार रहो, सिवाय स्थायी पराजय स्वीकार करने के।
3. अस्थायी हार का विश्लेषण करो—उसकी प्रकृति या कारण की परवाह किए बिना और उसमें से एक समान लाभ का बीज निकालो।
4. तुम जीवन से जिन भौतिक वस्तुओं की माँग करते हो, उसके बराबर की उपयोगी सेवा प्रदान करने के लिए तैयार रहो और कुछ पाने से पहले सेवा प्रदान करो।
5. यह समझो कि तुम्हारा दिमाग एक प्राप्त करनेवाला उपकरण है, जो अनंत बुद्धि के सार्वभौमिक भंडार से संचार प्राप्त करने के लिए अभ्यस्त हो सकता है, ताकि तुम्हें अपनी इच्छाओं को उनके भौतिक समकक्षों में परिवर्तित करने में मदद मिल सके।
6. जान लो कि तुम्हारी सबसे बड़ी संपत्ति समय है—विचार करने की शक्ति के अलावा एकमात्र चीज, जिस पर तुम्हारा पूर्ण अधिकार है और वह एक चीज, जिसे उन सभी भौतिक वस्तुओं का आकार दिया जा सकता है, जो तुम्हें चाहिए। अपने समय का उपयोग सूझ-बूझ के साथ करो, ताकि उसका कोई हिस्सा व्यर्थ न जाए।
7. इस सच्चाई को पहचानो कि डर आमतौर पर वह फिलर होता है, जिससे कमजोर मन तुम्हारे दिमाग के अप्रयुक्त भाग को भरता है। जान लो कि यह सिर्फ एक मानसिक अवस्था है, जिसे तुम नियंत्रित कर सकते हो—उसके द्वारा भरे गए स्थान को इस विश्वास से भरकर कि तुम जीवन से वह सब प्राप्त करने की क्षमता रखते हो, जिसकी तुम उससे माँग करते हो।
8. जब तुम प्रार्थना करते हो तो भीख मत माँगो! जो चाहते हो,

उसकी माँग करो और उसी चीज को पाने की जिद करो, बिना किसी विकल्प के।

9. जान लो कि जीवन एक क्रूर कार्यपालक है। या तो तुम उस पर नियंत्रण कर लो या वह तुम पर कर लेता है। कोई बीच का रास्ता या समझौते का बिंदु नहीं है। जीवन से कभी कोई ऐसी चीज मत लो, जो तुम्हें नहीं चाहिए। यदि कोई ऐसी चीज, जो तुम्हें नहीं चाहिए, अस्थायी रूप से तुम्हारे ऊपर थोप दी जाती है तो तुम अपने मन में उसे स्वीकार करने से इनकार कर सकते हो; और फिर वह उस चीज के लिए रास्ता बना देगी, जो तुम्हें चाहिए।
10. अंत में, याद रखो कि तुम्हारे सबसे मजबूत विचार प्रकृति के एक निश्चित नियम द्वारा, सबसे छोटे और सबसे सुविधाजनक रास्ते से, अपने भौतिक समकक्ष को आकर्षित करते हैं। ध्यान रखो कि तुम्हारे विचार किस ओर जा रहे हैं।

प्रश्न : यह सूची तो बहुत प्रभावशाली लग रही है। मुझे इन सभी दस बिंदुओं का संयोजन करके एक आसान-सा सूत्र दीजिए। यदि आपको ये दस बिंदु जोड़कर एक सूत्र बनाना हो तो वह क्या होगा?

उत्तर : जो कुछ भी करो, उसके प्रति पूरी तरह सुनिश्चित रहो और मन में कभी अधूरे विचार मत छोड़ो। सभी विषयों पर सुनिश्चित निर्णय लेने की आदत बना लो।

प्रश्न : क्या भटकने की आदत तोड़ी जा सकती है, या एक बार बनने के बाद वह स्थायी हो जाती है?

उत्तर : यदि पीड़ित के पास पर्याप्त इच्छा-शक्ति है तो यह आदत तोड़ी जा सकती है, बशर्ते ऐसा समय से किया जाए। एक बिंदु है, जिसके आगे यह आदत कभी नहीं तोड़ी जा सकती। उस बिंदु के आगे वह शिकार मेरा हो जाता है। वह उस मक्खी के समान हो जाता है, जो मकड़ी के जाल में फँस गई है। वह संघर्ष कर सकता है, लेकिन बाहर नहीं निकल सकता। वह जितना प्रयास करता है, उतनी ही मजबूती से उसमें उलझता जाता है। जिस जाल में मैं अपने शिकारों को स्थायी रूप से फँसाता हूँ, वह प्रकृति का एक ऐसा नियम है, जो अभी वैज्ञानिकों द्वारा अलग किया या समझा नहीं गया है। □

अध्याय-6

सम्मोहक लय

प्रश्न : वह कौन सा रहस्यमय कानून है, जिसके द्वारा आप लोगों की आत्माओं पर कब्जा करने से पहले उनके शरीरों पर स्थायी नियंत्रण प्राप्त कर लेते हैं ? पूरी दुनिया इस कानून और इसके संचालन के बारे में और अधिक जानना चाहेगी।

उत्तर : तुम समझ सको, इस प्रकार इस कानून का वर्णन करना मुश्किल होगा; लेकिन तुम इसे 'सम्मोहक लय' कह सकते हो। यह वही कानून है, जिसके माध्यम से लोगों को सम्मोहित किया जा सकता है।

प्रश्न : तो आपके पास प्रकृति के कानूनों को एक जाल के रूप में उपयोग करने की शक्ति है, जिसमें आप अपने शिकारों को अनंत नियंत्रण में बाँध सकते हैं। क्या यही आपका दावा है ?

उत्तर : यह सिर्फ मेरा दावा नहीं है। यह सच है! मैं जब भी लोगों को सम्मोहक लय में डरा या लुभा पाता हूँ, मैं उनके मन और शरीर उनकी मृत्यु से पहले ही नियंत्रण में ले लेता हूँ।

प्रश्न : सम्मोहक लय क्या है ? आप मनुष्यों पर स्थायी नियंत्रण प्राप्त करने के लिए उसका उपयोग कैसे करते हैं ?

उत्तर : इसके लिए मुझे समय और स्थान में पीछे जाकर तुम्हें एक संक्षिप्त प्राथमिक विवरण देना होगा कि प्रकृति सम्मोहक लय का प्रयोग कैसे करती है। इसके बिना तुम मेरा विवरण, कि मैं कैसे इस सार्वभौमिक नियम का उपयोग मनुष्यों को नियंत्रित करने के लिए करता हूँ, नहीं समझ पाओगे।

प्रश्न : आगे बढ़िए, लेकिन अपनी कहानी को आसान उदाहरणों तक सीमित रखिएगा, जो प्रकृति के कानून के मेरे अपने अनुभव और ज्ञान के क्षेत्र में आते हों।

उत्तर : ठीक है, मैं पूरी कोशिश करूँगा। तुम यह तो निश्चित रूप से जानते हो कि प्रकृति ब्रह्मांड के सभी तत्त्वों और समस्त ऊर्जा के बीच एक आदर्श संतुलन बनाए रखती है। तुम देख सकते हो कि सितारे और ग्रह बिल्कुल सही परिशुद्धता के साथ चलते हैं और वे सब समय एवं स्थान में अपनी जगह बनाए रखते हैं। तुम देख सकते हो कि वर्ष के मौसम पूर्ण नियमितता के साथ आते और जाते हैं। तुम देख सकते हो कि ओक का एक पेड़ बलूत के बीज से उगता है और

एक पाइन भी अपने पूर्वजों के बीज से उगता है। एक बलूत कभी पाइन का उत्पादन नहीं कर सकता और एक पाइन का बीज कभी ओक का पेड़ नहीं उगा सकता।

ये आसान-सी बातें हैं, जो कोई भी व्यक्ति समझ सकता है; लेकिन जो चीज व्यक्ति नहीं देख सकता, वह है सार्वभौमिक कानून, जिसके माध्यम से प्रकृति असंख्य ब्रह्मांडों के बीच संपूर्ण संतुलन बनाती है।

तुम सांसारिक लोगों ने इस महान् सार्वभौमिक कानून की एक छोटी सी झलक देखी थी, जब न्यूटन ने जाना कि यह तुम्हारी पृथ्वी को अपनी जगह पर रखता है और सभी भौतिक वस्तुओं को पृथ्वी के केंद्र की ओर आकर्षित करता है। उन्होंने इस सिद्धांत को 'गुरुत्वाकर्षण' का नाम दिया।

लेकिन वे इस सिद्धांत के अध्ययन में बहुत आगे नहीं गए। यदि गए होते तो उन्होंने जाना होता कि वही सिद्धांत, जो तुम्हारी पृथ्वी को उसकी जगह पर रखता है और प्रकृति को चारों आयामों में संपूर्ण संतुलन बनाए रखने में सहायता करता है, जिसमें समस्त ऊर्जा और तत्त्व समाहित हैं, वह जाल है, जिसमें मैं मनुष्यों के मस्तिष्कों को उलझाकर नियंत्रित करता हूँ।

प्रश्न : मुझे सम्मोहक लय के इस अद्‌भुत सिद्धांत के बारे में और बताइए।

उत्तर : जैसा मैं पहले बता चुका हूँ, ऊर्जा का एक सार्वभौमिक स्रोत है, जिससे प्रकृति समस्त तत्त्वों और ऊर्जाओं के बीच आदर्श संतुलन बनाए रखती है। वह इस सार्वभौमिक निर्माण सामग्री का विशेष उपयोग उसे विभिन्न तरंग दैर्घ्य में तोड़कर करती है। तोड़ने की यह प्रक्रिया आदत के माध्यम से की जाती है।

मैं जो कहने का प्रयास कर रहा हूँ, उसे तुम बेहतर ढंग से समझोगे, यदि मैं उसकी तुलना एक व्यक्ति के संगीत सीखने के तरीके से करूँगा। सबसे पहले, मन में उसके नोट याद किए जाते हैं, फिर सुर और ताल के माध्यम से वे एक-दूसरे से जोड़े जाते हैं। बार-बार दोहराने से सुर और ताल मस्तिष्क में बैठ जाते हैं। देखो, संगीतकार को महारत हासिल करने के लिए एक लय को अविरत रूप से कितनी बार दोहराना पड़ता है। पुनरावृत्ति से संगीत के नोट्स का

मिश्रण होता है और फिर तुम्हें संगीत मिलता है।

विचार का कोई भी आवेग, जो दिमाग आदतन बार-बार दोहराता है, एक संगठित लय का निर्माण करता है। अवांछनीय आदतें तोड़ी जा सकती हैं। वे लय का अनुपात ग्रहण करें, उससे पहले उन्हें तोड़ देना चाहिए। क्या तुम मेरी बात समझ रहे हो?

प्रश्न : हाँ।

उत्तर : हाँ, तो आगे बढ़ते हुए, ताल आदत का अंतिम चरण है! कोई विचार या शारीरिक क्रिया, जो आदत के सिद्धांत द्वारा बार-बार दोहराई जाती है, अंततः ताल के अनुपात में पहुँच जाती है।

फिर वह आदत नहीं तोड़ी जा सकती, क्योंकि प्रकृति उस पर कब्जा करके उसे स्थायी बना देती है। यह कुछ हद तक पानी में भँवर के समान है। एक वस्तु अनिश्चित समय तक पानी में तैरती रह सकती है, जब तक वह भँवर में न फँस जाए। फिर वह उसी में गोल-गोल चक्कर काटती रहती है, लेकिन निकल नहीं पाती। लोग जिस ऊर्जा के साथ सोचते हैं, उसकी तुलना नदी के पानी से की जा सकती है।

प्रश्न : तो यह तरीका है, जिससे आप लोगों के मस्तिष्कों पर नियंत्रण करते हैं। है न?

उत्तर : हाँ। किसी भी मस्तिष्क पर नियंत्रण प्राप्त करने के लिए मुझे सिर्फ उसके स्वामी को भटकने के लिए प्रेरित करना होता है।

प्रश्न : क्या मुझे यह समझना चाहिए कि भटकने की आदत वह सबसे बड़ा खतरा है, जिससे लोग अपने स्वयं के विचारों को सोचने का और अपने स्वयं के सांसारिक स्थलों को आकार देने का विशेषाधिकार खो देते हैं?

उत्तर : वह तथा बहुत कुछ और भी। भटकना ही वह आदत भी है, जिसके माध्यम से मैं उनके भौतिक शरीर को छोड़ने के बाद उनकी आत्माओं पर कब्जा कर लेता हूँ।

प्रश्न : तब तो अनंत विनाश से एक मनुष्य के बचने का एकमात्र तरीका यही है कि वह पृथ्वी पर रहते हुए अपने मस्तिष्क पर अपना नियंत्रण बनाए रखे।

उत्तर : तुमने सच को बहुत अच्छी तरह प्रस्तुत किया है! जो लोग अपने

मस्तिष्क को अपने नियंत्रण में रखते हैं और उसका उपयोग करते हैं, वे मेरे जाल से बच जाते हैं। बाकी लोगों को मैं उतने ही स्वाभाविक तरीके से नियंत्रण में ले लेता हूँ, जैसे—सूरज पश्चिम में डूबता है।

कमजोर मन कहता है, ***"जो लोग अपने मस्तिष्क को अपने नियंत्रण में रखते हैं और उसका उपयोग करते हैं, वे मेरे जाल से बच जाते हैं।"***

प्रश्न : क्या अनंत विनाश से बचने के बस, यही तरीके हैं? क्या वह, जिसे आप अपना विरोधी कहते हैं, लोगों को बचाने के लिए कुछ नहीं करता?

उत्तर : मैं देख सकता हूँ कि तुम वास्तव में बहुत गहराई से सोचते हो। मेरा विरोधी, जिसे तुम सांसारिक लोग ईश्वर कहते हो, लोगों को अनंत विनाश से बचाने के लिए बहुत कुछ करता है और इसीलिए वह मेरा विरोधी ही है, जो प्रत्येक मनुष्य को उसके खुद के मस्तिष्क का उपयोग करने का विशेषाधिकार देता है।

यदि तुम अपने खुद के मस्तिष्क पर नियंत्रण बनाए रखकर उस शक्ति का उपयोग करते हो तो भौतिक शरीर छोड़ने के बाद तुम उसका हिस्सा बन जाते हो। यदि तुम उसका उपयोग करने की उपेक्षा करते हो तो मुझे सम्मोहक लय के सिद्धांत के माध्यम से उस उपेक्षा का लाभ उठाने का विशेषाधिकार मिल जाता है।

प्रश्न : जब आप एक व्यक्ति पर नियंत्रण प्राप्त करते हैं तो उसका कितना हिस्सा अपने कब्जे में कर लेते हैं?

उत्तर : उसके द्वारा उसके खुद के मस्तिष्क का नियंत्रण और उपयोग छोड़ देने के बाद जो बचता है, वह सबकुछ।

प्रश्न : दूसरे शब्दों में, जब आप एक व्यक्ति पर नियंत्रण प्राप्त करते हैं तो आप उसके व्यक्तित्व का वह पूरा हिस्सा अपने कब्जे में कर लेते हैं, जो उसका खुद के मस्तिष्क पर नियंत्रण और उपयोग समाप्त होने तक बचता है! मैं सही कह रहा हूँ न?

उत्तर : हाँ, मैं ऐसे ही काम करता हूँ।

प्रश्न : आप उन लोगों के साथ क्या करते हैं, जिन्हें आप उनकी मृत्यु के

बाद नियंत्रित करते हैं? जीवित रहते हुए वे आपके किस काम आते हैं?

उत्तर : मैं उनका या मेरे नियंत्रण लेने के बाद जो भी बचा होता है, उसका उपयोग प्रचारकों के रूप में करता हूँ, जो दूसरों के मस्तिष्कों को भटकाने के लिए तैयार करने में मेरी सहायता करते हैं।

प्रश्न : आप न सिर्फ लोगों को मूर्ख बनाकर उनसे उनके मस्तिष्क पर नियंत्रण करने की शक्ति नष्ट करवा देते हैं, बल्कि दूसरों को फाँसने के लिए भी उनका उपयोग करते हैं?

उत्तर : हाँ, मैं किसी अवसर को अपने से दूर नहीं जाने देता।

प्रश्न : आइए, अब सम्मोहक लय के विषय पर वापस आते हैं। मुझे इसके काम करने के तरीके के बारे में और बताइए। मुझे बताइए कि आप दूसरों पर नियंत्रण प्राप्त करने के लिए व्यक्तियों का कैसे उपयोग करते हैं? मैं आपके सम्मोहक लय के उपयोग के सबसे प्रभावी तरीके के बारे में कुछ जानना चाहता हूँ।

उत्तर : ओह, यह तो आसान है! जो काम मुझे सबसे अधिक पसंद है, वह है लोगों के मस्तिष्कों में डर भरना। एक बार मैं किसी के मस्तिष्क को डर से भर देता हूँ तो मुझे उस व्यक्ति को सम्मोहक लय के जाल में फाँसने तक भटकने के लिए प्रेरित करने में कठिनाई नहीं होती।

प्रश्न : मनुष्य का कौन सा डर आपके उद्देश्य में सबसे अधिक काम आता है?

उत्तर : मृत्यु का डर।

प्रश्न : मृत्यु का डर आपका सबसे प्रिय हथियार क्यों है?

उत्तर : क्योंकि कोई नहीं जानता और ब्रह्मांड के नियमों की प्रकृति के कारण कोई निश्चित रूप से साबित भी नहीं कर सकता कि मृत्यु के बाद क्या होता है। यह अनिश्चितता लोगों को बहुत अधिक डराती है। जो लोग अपने मस्तिष्क पर डर को हावी होने देते हैं—किसी भी प्रकार के डर को, वे अपने मस्तिष्क का उपयोग करना छोड़ देते हैं और भटकने लगते हैं। अंततः वे सम्मोहक लय के भँवर में चले जाते हैं, जहाँ से वे कभी नहीं निकल पाते।

प्रश्न : तो आपको उन बातों से फर्क नहीं पड़ता, जो धार्मिक नेता मृत्यु की

बात करते समय आपके बारे में कहते या सोचते हैं ?

उत्तर : जब तक वे कुछ कहते हैं, तब तक नहीं। यदि चर्च मेरे बारे में बोलना बंद कर देंगे तो मेरे उद्देश्य को बहुत जबरदस्त झटका लगेगा। मेरे खिलाफ हुआ प्रत्येक हमला उन सब के मन में मेरा डर बैठा देता है, जो उससे प्रभावित हैं। देखो, विरोध ही वह चीज है, जो कुछ लोगों को भटकने से रोकती है, बशर्ते वे उससे दबें नहीं।

प्रश्न : चूँकि आप दावा कर रहे हैं कि चर्च आपके उद्देश्य में बाधा उत्पन्न करने के बजाय आपकी सहायता करते हैं, इसलिए मुझे बताइए कि आपको किस बात से चिंता हो सकती है ?

उत्तर : मेरी एकमात्र चिंता यह है कि किसी दिन एक सच्चा विचारक पृथ्वी पर आ सकता है।

प्रश्न : और अगर वास्तव में ऐसा विचारक आ गया तो क्या होगा ?

उत्तर : तुम मुझसे पूछ रहे हो कि क्या होगा ? मैं तुम्हें बताता हूँ कि क्या होगा ? लोग उस महानतम सत्य को सीख लेंगे कि जो समय वे किसी चीज से डरने में बिताते हैं, उसे यदि उलट दिया जाए तो वह उन्हें इस भौतिक दुनिया में वह सबकुछ देगा, जो वे चाहते हैं और मृत्यु के बाद उन्हें मुझसे बचा लेगा। क्या यह विचार करने योग्य बात नहीं है ?

कमजोर मन कहता है—*"यदि वह समय, जो लोग किसी चीज से डरने में बिताते हैं, उलट दिया जाए तो वह उन्हें इस भौतिक दुनिया में वह सबकुछ देगा, जो वे चाहते हैं और मृत्यु के बाद मुझसे बचा लेगा।"*

प्रश्न : वह क्या है, जो ऐसे विचारक को दुनिया में आने से रोक रहा है ?

उत्तर : आलोचना का डर! तुम्हें यह जानने में दिलचस्पी हो सकती है कि आलोचना का डर वह एकमात्र प्रभावी हथियार है, जिससे मैं तुम्हें चोट पहुँचा सकता हूँ। यदि तुम मुझसे यह स्वीकारोक्ति उगलवाने के बाद इसे प्रकाशित करने में डरोगे नहीं तो मैं अपना सांसारिक राज्य खो दूँगा।

प्रश्न : और यदि मैं आपको आश्चर्यचकित करते हुए इसे वास्तव में

प्रकाशित कर दूँ तो आपको अपना सांसारिक राज्य गँवाने में कितना समय लगेगा?

उत्तर : बस, उतना समय, जितना एक पीढ़ी के बच्चों को समझदार होने में लगता है। तुम वयस्कों को मुझसे नहीं छीन सकते। मैंने उन्हें बहुत सुरक्षित रूप से रखा है; लेकिन यदि तुम इस स्वीकारोक्ति को प्रकाशित कर दोगे तो यह मुझे अब तक अजन्मे लोगों पर और उन लोगों पर, जो अभी समझने की उम्र तक नहीं पहुँचे हैं, नियंत्रण प्राप्त करने से रोकने के लिए पर्याप्त होगी। तुम उसे छापने की हिम्मत नहीं कर सकते, जो मैंने तुम्हें धार्मिक नेताओं के बारे में बताया है। वे तुम्हें सूली पर चढ़ा देंगे।

प्रश्न : मैं तो सोचता था, सूली पर चढ़ाने की बर्बर प्रथा दो हजार वर्ष पहले शैली से बाहर हो चुकी है।

उत्तर : मेरा तात्पर्य क्रॉस पर सूली चढ़ाने से नहीं था। मेरा तात्पर्य सामाजिक और वित्तीय सूली से था। तुम्हारी आय बंद हो जाएगी। तुम्हारा सामाजिक बहिष्कार कर दिया जाएगा। धार्मिक नेता और उनके अनुयायी समान रूप से तुमसे घृणा का व्यवहार करेंगे।

प्रश्न : मान लीजिए कि मैं अपनी पुस्तकें उन चुनिंदा लोगों को दूँ, जो अपने दिमागों का उपयोग करने का बहाना बनाते हैं, बजाय उन असंख्य लोगों से डरने के, जो ऐसा नहीं करते; वे लोग, जिनके 98 प्रतिशत पर आप नियंत्रण करने का दावा करते हैं?

उत्तर : यदि तुम्हारे पास ऐसा करने का साहस है तो तुम मेरी शैली को कुचल दोगे।

शैरोन के नोट्स— ***जब मैंने इसे पहली बार पढ़ा तो मेरी रीढ़ में एक सर्द लहर दौड़ गई, क्योंकि परिस्थितियों ने वास्तव में अब तक इस पांडुलिपि को प्रकाशित होने से रोका हुआ था। हालाँकि यह सन् 1938 में लिखी गई थी, यह सन् 1970 में हिल की मृत्यु के इतने समय बाद तक भी अप्रकाशित थी। क्या पांडुलिपि के प्रकाशन में देरी वास्तव में उनकी पत्नी के मन में 'आलोचना के डर' और धार्मिक नेताओं एवं पब्लिक स्कूलों के अधिवक्ताओं की प्रतिक्रिया के प्रति चिंता के कारण हुई थी? या यह खुद कमजोर***

मन का ही काम था? और अब, हिल के परिवार और फाउंडेशन ने तय कर लिया है कि पांडुलिपि को दुनिया के साथ साझा करने का समय आ गया है। क्या हम हिल के ज्ञान को समझकर अपने 'दूसरे स्व' की खोज करें और अपने स्वयं के मस्तिष्कों को नियंत्रण में लेकर अपने भाग्य को पुनः प्राप्त कर लें?

प्रश्न : आप किसी वैज्ञानिक को अपने नियंत्रण में क्यों नहीं लेते? क्या आपको वैज्ञानिक पसंद नहीं हैं?

उत्तर : ओह, हाँ! मुझे हर प्रकार के लोग पसंद हैं; लेकिन सच्चे वैज्ञानिक मेरी पहुँच से बाहर हैं।

प्रश्न : क्यों?

उत्तर : क्योंकि वे अपने लिए स्वयं सोचते हैं और प्राकृतिक कानूनों के अध्ययन में अपना समय बिताते हैं। वे कारण और प्रभाव पर काम करते हैं। जब भी उन्हें तथ्य मिलते हैं, वे उन पर काम करते हैं। लेकिन यह समझने की गलती मत करना कि वैज्ञानिकों का कोई धर्म नहीं होता। उनका बहुत निश्चित धर्म होता है।

प्रश्न : क्या है उनका धर्म?

उत्तर : उनका धर्म सत्य है! प्राकृतिक कानून का धर्म! यदि दुनिया कभी भी एक सटीक विचारक को जन्म और मृत्यु की गहराई में दफन रहस्यों को समझने की क्षमता के साथ पैदा करती है तो तुम सुनिश्चित कर सकते हो कि तबाही के लिए विज्ञान ही जिम्मेदार होगा।

प्रश्न : किसके लिए तबाही?

उत्तर : जाहिर है, मेरे लिए।

प्रश्न : आइए, हम सम्मोहक लय के विषय पर लौटते हैं। मैं उसके बारे में और जानना चाहता हूँ। क्या यह कुछ कुछ उस सिद्धांत की तरह है, जिसके द्वारा लोग एक-दूसरे को सम्मोहित कर सकते हैं?

उत्तर : हाँ, यह बिल्कुल वैसा ही है। मैं तुम्हें पहले ही बता चुका हूँ। तुम अपने प्रश्न दोहराते क्यों हो?

प्रश्न : यह मेरी एक पुरानी सांसारिक प्रथा है, महामहिम। आपकी जानकारी के लिए मैं आपको बता दूँ कि मैं आपको आपके कई बयान दोहराने के लिए विवश उन पर जोर देने की दृष्टि से कर रहा हूँ। मैं यह भी

देखने का प्रयास कर रहा हूँ कि मैं आपका कोई झूठ पकड़ सकता हूँ या नहीं! मुद्दे को टालिए मत। सम्मोहक लय पर वापस आइए और मुझे उसके बारे में वह सबकुछ बताइए, जो आप जानते हैं। क्या मैं उसका शिकार हूँ?

उत्तर : अभी नहीं; लेकिन तुम मेरे जाल में फँसने से बाल-बाल बच गए हो। तुम सम्मोहक लय के भँवर की ओर भटक रहे थे; लेकिन फिर तुमने जान लिया कि मुझे इस स्वीकारोक्ति के लिए विवश कैसे करना है। फिर मैंने तुम पर से नियंत्रण खो दिया।

प्रश्न : कितनी दिलचस्प बात है। आप चापलूसी के माध्यम से मुझे फिर से पकड़ने की कोशिश तो नहीं कर रहे हैं न?

उत्तर : वह सबसे अच्छी रिश्वत होती, जिसकी मैं तुम्हें पेशकश कर सकता था। यह वह रिश्वत है, जिसे मैं तुम्हारे ऊपर प्रभावी तरीके से इस्तेमाल कर रहा था, लेकिन फिर तुम्हारा पलड़ा भारी हो गया।

प्रश्न : आपने मेरी किस चीज से चापलूसी की?

उत्तर : कई चीजों से, जिनमें प्रमुख थीं—सेक्स और आत्म-अभिव्यक्ति की इच्छा।

प्रश्न : आपकी रिश्वतों का मुझ पर क्या प्रभाव हुआ?

उत्तर : उन्होंने तुम्हें तुम्हारे जीवन के मुख्य उद्देश्य की उपेक्षा करने और भटकाव की ओर जाने के लिए प्रेरित किया।

प्रश्न : क्या आपने अपनी रिश्वतों के माध्यम से मेरे साथ सिर्फ इतना ही किया?

उत्तर : इतना काफी था।

प्रश्न : लेकिन अब मैं पटरी पर वापस आ गया हूँ और आपकी पहुँच से बाहर हो गया हूँ। है न?

उत्तर : हाँ, तुम अस्थायी रूप से मेरी पहुँच से बाहर हो, क्योंकि तुम भटक नहीं रहे हो।

प्रश्न : वह क्या था, जिसने मुझ पर से आपका जादू तोड़ दिया और भटकने की आदत से मुझे मुक्त कर दिया?

उत्तर : मेरा जवाब तुम्हें अपमानित कर सकता है। क्या तुम सुनना चाहते हो?

प्रश्न : आगे बढ़िए और जवाब दे दीजिए, महामहिम। मैं जानना चाहता हूँ

कि मैं कितना सच बरदाश्त कर सकता हूँ?

उत्तर : जब तुम्हें तुम्हारी पसंद की औरत में एक सच्चा प्यार मिल गया तो मैंने तुम पर से नियंत्रण खो दिया।

प्रश्न : तो आप मुझ पर एक औरत के स्कर्ट के पीछे छुपने का आरोप लगाने वाले हैं?

उत्तर : नहीं, छुपने का नहीं। मैं बात को इस तरह नहीं रखूँगा। मैं कहूँगा कि तुमने एक महिला के दिमाग के अलंकरण के साथ खुद को एक ठोस पृष्ठभूमि देना सीख लिया है।

प्रश्न : मतलब महिला के स्कर्ट का उससे कोई लेना-देना नहीं है?

उत्तर : नहीं, लेकिन उसके दिमाग का है। जब तुमने और तुम्हारी पत्नी ने प्रतिदिन मास्टर माइंडिंग की आदत द्वारा अपने दिमागों का संयोजन करना शुरू किया तो तुम्हें अचानक वह गुप्त शक्ति मिल गई, जिससे तुमने मुझे यह बयान देने के लिए विवश किया।

प्रश्न : क्या यही सच है या आप फिर से मेरी चापलूसी करने की कोशिश कर रहे हैं?

उत्तर : मैं तुम्हारी चापलूसी कर सकता था, यदि तुम अकेले होते; लेकिन जब तक तुम अपनी पत्नी के दिमाग का भी उपयोग करते हो, मैं ऐसा नहीं कर सकता।

प्रश्न : अब बात का महत्त्व मेरी पकड़ में आने लगा है। मुझे समझ में आने लगा है कि 'बाइबल' के उस अंश में लेखक क्या कहना चाहता था, जो कहता है, 'जब दो या दो से अधिक मिलते हैं और मेरे नाम पर कुछ माँगते हैं तो वह उन्हें प्रदान कर दिया जाएगा।' इसका मतलब यह सच है कि दो दिमाग एक से बेहतर होते हैं।

उत्तर : यह न सिर्फ सच है, बल्कि आवश्यक भी है, इससे पहले कि कोई अनंत बुद्धि के महान् भंडार से निरंतर संपर्क कर सके, जहाँ वह सब मौजूद है, जो अभी है; वह सब, जो कभी था और वह सब, जो कभी हो सकता है।

प्रश्न : क्या ऐसा भंडार वास्तव में है?

उत्तर : यदि नहीं होता तो तुम इस समय मुझे इस मूर्खतापूर्ण स्वीकारोक्ति के लिए विवश नहीं कर रहे होते, न ही कर सकते थे।

प्रश्न : क्या इस प्रकार की जानकारी दुनिया को देना खतरनाक नहीं है?

उत्तर : बिल्कुल है। यह मेरे लिए खतरनाक है। यदि मैं तुम्हारी जगह होता तो नहीं देता।

प्रश्न : चलिए, अब हम उस तकनीक की ओर वापस चलते हैं, जिसके माध्यम से आप अपने शिकारों को भटकने की आदत से बाँधते हैं। इस आदत को तोड़ने के लिए ड्रिफ्टर का पहला कदम क्या होना चाहिए?

उत्तर : इसे तोड़ने की एक ज्वलंत इच्छा! यह तो तुम निश्चित रूप से जानते हो कि कोई भी व्यक्ति दूसरे व्यक्ति को उसकी सम्मोहित होने की इच्छा के बिना सम्मोहित नहीं कर सकता। न ही प्रकृति किसी को सम्मोहक लय के वश में कर सकती है, जब तक कि उसकी सम्मोहित होने की इच्छा न हो। यह इच्छा जीवन के प्रति आमतौर पर उदासीनता, महत्त्वाकांक्षा के अभाव, भय, उद्देश्य के प्रति निश्चितता की कमी और अन्य कई रूप ले सकती है। प्रकृति को किसी व्यक्ति को सम्मोहक लय के जादू के अधीन रखने के लिए उसकी सहमति की आवश्यकता नहीं होती। प्रकृति को आवश्यकता होती है उस व्यक्ति को उसके मस्तिष्क का उपयोग करने के प्रति किसी प्रकार की लापरवाही की स्थिति में पकड़ने की। याद रखो, तुम्हारे पास जो कुछ भी है, उसे तुम या तो उपयोग करते हो या गँवा देते हो।

प्रकृति सम्मोहक लय के माध्यम से भटकने की आदत को स्थायी बना दे, उससे पहले उस आदत को तोड़ने के सब सफल प्रयास कर लेने चाहिए।

प्रश्न : जैसा मैं आपको समझ रहा हूँ, सम्मोहक लय एक प्राकृतिक कानून है, जिसके माध्यम से प्रकृति सभी वातावरणों में होनेवाले कंपन को शांत कर देती है। क्या यह सच है?

उत्तर : हाँ, प्रकृति सम्मोहक लय का उपयोग व्यक्ति पर हावी विचारों और वैचारिक आदतों को स्थायी करने के लिए करती है। इसीलिए गरीबी एक बीमारी है। उसे प्रकृति ही ऐसा बनाती है—उन सबकी वैचारिक आदतों को स्थायी करके, जो गरीबी को एक अपरिहार्य परिस्थिति के रूप में स्वीकार कर लेते हैं।

सम्मोहक लय के इसी सिद्धांत द्वारा प्रकृति समृद्धि और संपन्नता के

सकारात्मक विचारों को भी स्थायी रूप से ठीक कर देती है। शायद तुम सम्मोहक लय के काम करने के सिद्धांत को बेहतर तरीके से समझोगे, यदि मैं तुम्हें बताऊँ कि इसका स्वभाव सभी आदतों को स्थायी रूप से ठीक करना है, चाहे वे मानसिक हों या शारीरिक। यदि तुम्हारा मस्तिष्क गरीबी से डरता है तो वह गरीबी को आकर्षित करेगा। यदि तुम्हारा मस्तिष्क संपन्नता की माँग करता है और उसकी आशा करता है तो वह संपन्नता के शारीरिक और आर्थिक समकक्षों को आकर्षित करेगा। ऐसा प्रकृति के अपरिवर्तनीय कानून के अनुसार होता है।

शैरोन के नोट्स—*हिल ने पहली बार आकर्षण के सिद्धांत के बारे में नेपोलियन हिल की 'द गोल्डन रूल' पत्रिका के मार्च 1919 के अंक में लिखा था। पिछले दशक के दौरान 'द सीक्रेट' नाम की पुस्तक और फिल्म की शानदार सफलता ने प्रकृति के इस अपरिवर्तनीय कानून को दुनिया भर में लोकप्रिय बना दिया है।*

प्रश्न : क्या 'बाइबल' में उस वाक्य—'मनुष्य जो बोता है, वही काटता है' के लेखक के मस्तिष्क में प्रकृति का यही नियम था?

उत्तर : उसके मस्तिष्क में और कुछ हो भी नहीं सकता था। यह वाक्य सही है। तुम इसकी सच्चाई के प्रमाण सभी मानव संबंधों में देख सकते हो।

प्रश्न : और इसीलिए उस मनुष्य को, जो जीवन में भटकने की आदत बना लेता है, वह स्वीकार कर लेना चाहिए, जो जीवन उसे देता है। क्या यह सही बात है?

उत्तर : यह बात बिल्कुल सही है। जीवन एक ड्रिफ्टर को अपनी पसंद की कीमत देता है, अपनी शर्तों पर। एक नॉन–ड्रिफ्टर जीवन से अपनी स्वयं की शर्तों पर कीमत लेता है।

प्रश्न : व्यक्ति को जीवन से जो मिलता है, क्या उसमें नैतिकता का प्रश्न नहीं आता?

उत्तर : निश्चित रूप से आता है; लेकिन सिर्फ इसलिए, क्योंकि व्यक्ति की नैतिकता का प्रभाव उसके विचारों पर होता है। कोई भी व्यक्ति

सिर्फ अच्छा बनकर जीवन से वह नहीं प्राप्त कर सकता, जो वह चाहता है, यदि तुम यही जानना चाहते हो।

प्रश्न : शायद नहीं। मैं आपकी बात समझ रहा हूँ। हम सब जहाँ हैं और जो हैं, वह हमारे अपने कर्मों की वजह से हैं?

उत्तर : नहीं, यह पूरी तरह सच नहीं है। तुम जहाँ हो और जो हो, वह अपने विचारों और अपने कर्मों की वजह से हो।

प्रश्न : तो इसका मतलब भाग्य जैसी कोई सच्चाई नहीं है?

उत्तर : बिल्कुल भी नहीं। वे परिस्थितियाँ, जिन्हें लोग समझ नहीं पाते, उन्हें 'भाग्य' के शीर्षक के तहत डाल दिया जाता है। हर वास्तविकता के पीछे एक कारण होता है। अकसर वह कारण प्रभाव से इतनी दूर होता है कि उस परिस्थिति को सिर्फ भाग्य के संचालन का हवाला देकर समझाया जा सकता है। प्रकृति भाग्य जैसे किसी नियम को नहीं जानती। यह एक मानव-निर्मित अवधारणा है, जिसके द्वारा वह उन चीजों को स्पष्ट करता है, जिन्हें वह खुद नहीं समझ पाता। भाग्य और चमत्कार जुड़वाँ भाई हैं। लोगों की कल्पनाओं के अलावा इनका कहीं कोई वास्तविक अस्तित्व नहीं है। दोनों का उपयोग वे बातें समझाने के लिए किया जाता है, जो लोग नहीं समझ पाते। याद रखो, हर वह चीज, जिसका वास्तविक अस्तित्व है, प्रमाण देने में सक्षम है। इस एक सच को अपने दिमाग में रखो, तुम एक बेहतर विचारक बन जाओगे।

प्रश्न : अधिक महत्त्वपूर्ण क्या है, व्यक्ति के विचार या व्यक्ति के कर्म?

उत्तर : सभी कर्म विचारों का अनुसरण करते हैं। कोई भी कार्य तब तक नहीं हो सकता, जब तक उसे विचारों में आकार न मिला हो। इसके अलावा, सभी विचारों की स्वयं को अपने शारीरिक समकक्ष के आवरण में डालने की प्रवृत्ति होती है। व्यक्ति के प्रभुत्ववाले विचारों की, अर्थात् जिन विचारों को वह भावनाओं, इच्छा, आशा, विश्वास, डर, घृणा, उत्साह के साथ संयोजित करता है, न सिर्फ अपने शारीरिक समकक्ष के आवरण में आने की प्रवृत्ति होती है, बल्कि वे ऐसा करने के लिए बाध्य होते हैं।

प्रश्न : इससे मुझे याद आया कि मैं आपके बारे में और अधिक जानना

चाहता हूँ। लोगों के मस्तिष्कों के अलावा आप और कहाँ रहते एवं काम करते हैं ?

उत्तर : जहाँ भी मेरे नियंत्रित और उपयुक्त करने योग्य कोई चीज होती है, वहाँ मैं काम करता हूँ। मैंने तुम्हें पहले ही बता दिया है कि मैं पदार्थ के इलेक्ट्रॉन का नकारात्मक हिस्सा हूँ।

- बिजली में मैं विस्फोट हूँ।
- बीमारी और शारीरिक कष्ट में मैं दर्द हूँ।
- युद्ध में मैं अनदेखा जनरल हूँ।
- गरीबी और अकाल का मैं अज्ञात आयुक्त हूँ।
- मृत्यु के समय मैं असाधारण जल्लाद हूँ।
- चमड़ी के पीछे पड़ी वासना का मैं प्रेरक हूँ।
- मैं ईर्ष्या और लालच का निर्माता हूँ।
- मैं डर का प्रेरक हूँ।
- मैं वह प्रतिभाशाली हूँ, जो विज्ञान के पुरुषों की उपलब्धियों को मौत के उपकरणों में बदल देता है।
- मैं सभी प्रकार के मानव संबंधों में सद्भाव का विनाशक हूँ।
- मैं न्याय का विलोम हूँ।
- मैं हर प्रकार की अनैतिकता में प्रेरक शक्ति हूँ।
- मैं हर अच्छाई में आनेवाला गतिरोध हूँ।
- मैं चिंता, रहस्य, अंधविश्वास और पागलपन हूँ।
- मैं आशा और विश्वास का विनाशक हूँ।
- मैं विनाशकारी अफवाहों और घोटालों का प्रेरक हूँ।
- मैं मुक्त और स्वतंत्र विचारों को हतोत्साहित करनेवाला हूँ।

संक्षेप में, मैं हर प्रकार के मानव-दुःख का निर्माता हूँ; निराशा और निरुत्साह को बढ़ावा देनेवाला हूँ।

प्रश्न : और आप इसको भावनाहीन और क्रूर नहीं कहते ?

उत्तर : मैं इसे निश्चित और भरोसेमंद कहता हूँ।

वैश्विक अवसाद ने हर जगह लोगों की आदतों को तोड़ दिया और जीवन के हर क्षेत्र में अवसर के स्रोतों को अभूतपूर्व पैमाने पर पुनर्वितरित कर दिया।

ड्रिफ्टर (भटकनेवाला) का प्रिय बहाना, जिससे वह अपनी

अवांछनीय स्थिति को स्पष्ट करने की कोशिश करता है, उसकी पुकार है कि दुनिया में अवसरों का अकाल पड़ गया है।

नॉन-ड्रिफ्टर (जो भटकते नहीं) अवसरों के अपने सामने आने का इंतजार नहीं करते। वे अपनी इच्छाओं और जीवन की माँगों को पूरा करने के लिए अवसर का निर्माण करते हैं।

शैरोन के नोट्स—***हिल बात कर रहे हैं। उन महान् अवसरों की, जो ग्रेट डिप्रेशन के समय उत्पन्न हुए थे और उस धन-संपत्ति की, जो उन अवसरों का लाभ उठानेवालों ने अर्जित की थी। मुझे लगता है कि हिल हमारे अपने समय में भी यही कहते" आर्थिक उथल-पुथल की वजह से आज कई अवसर मौजूद हैं। क्या आप उनमें से एक को पकड़कर अपनी इच्छाएँ और जीवन से अपनी माँग पूरी करने के अवसर का निर्माण करेंगे?***

प्रश्न : क्या नॉन-ड्रिफ्टर सम्मोहक लय के प्रभाव से बचने के लिए पर्याप्त रूप से होशियार होते हैं?

उत्तर : सम्मोहक लय के प्रभाव को चकमा देने जितना होशियार कोई नहीं होता। यदि ऐसा होता तो लोग आसानी से गुरुत्वाकर्षण के सिद्धांत के प्रभाव से भी बच जाते। सम्मोहक लय का कानून लोगों के प्रभुत्ववाले विचारों को स्थायी रूप से बैठा देता है, चाहे वे ड्रिफ्टर हों या नॉन-ड्रिफ्टर।

ऐसा कोई कारण नहीं है कि एक नॉन-ड्रिफ्टर सम्मोहक लय के प्रभाव से बचना चाहेगा, क्योंकि वह कानून उसके लिए अनुकूल है। वह उसके हावी विचारों, योजनाओं और उद्देश्यों को उनकी भौतिक प्रतिकृतियों में परिवर्तित करने में सहायता करता है। वह उसके विचार की आदतों को ठीक करके उन्हें स्थायी बना देता है। सिर्फ एक ड्रिफ्टर सम्मोहक लय के प्रभाव को चकमा देना चाहेगा।

प्रश्न : अपने वयस्क जीवन के बड़े हिस्से में मैं एक ड्रिफ्टर रहा हूँ। मैं सम्मोहक लय के भँवर में फँसने से कैसे बच गया?

उत्तर : तुम बचे नहीं हो। तुम्हारे वयस्क होने के बाद से तुम्हारे हावी विचारों और इच्छाओं का एक बड़ा हिस्सा मस्तिष्क की सभी संभावनाओं

को समझने की एक अच्छी तरह से परिभाषित निश्चित इच्छा रही है।

तुम कम महत्त्व के विचारों पर भटके हो सकते हो, लेकिन तुम इस इच्छा के संबंध में नहीं भटके थे। चूँकि तुम नहीं भटके, इसलिए तुम अब एक दस्तावेज रिकॉर्ड कर रहे हो, जो तुम्हें बिल्कुल वही दे रहा है, जो तुम्हारे विचारों ने जीवन से माँगा था।

प्रश्न : आपका विरोधी मनुष्य के उच्च्व विचारों और महान् कर्मों को स्थायी बनाने के लिए सम्मोहक लय का उपयोग क्यों नहीं करता? आपका विरोधी आपको इस महान् शक्ति का उपयोग लोगों को उन्हीं के विचारों और कर्मों द्वारा बुने बुराई के जाल में फाँसने के साधन के रूप में क्यों करने देता है? आपका विरोधी लोगों को ऐसे विचारों से बाँधकर, जो उन्हें आपके प्रभाव से ऊपर उठा देते हैं, आपको मात क्यों नहीं देता?

उत्तर : सम्मोहक लय का कानून उन सबके लिए उपलब्ध है, जो उसका उपयोग करेंगे। मैं उसका उपयोग अपने विरोधी से अधिक प्रभावी तरीके से करता हूँ, क्योंकि मैं लोगों को मेरे जैसे विचार सोचने और मेरी तरह के काम करने के लिए ज्यादा आकर्षक रिश्वतें देता हूँ।

प्रश्न : दूसरे शब्दों में, आप नकारात्मक विचारों और विनाशकारी कार्यों को लोगों के लिए सुखद बनाकर उन्हें नियंत्रित करते हैं। मैं ठीक कह रहा हूँ?

उत्तर : हाँ, मैं बिल्कुल ऐसा ही करता हूँ।

□

अध्याय-7

भय के बीज

प्रश्न : मैं अकसर सोचता हूँ कि आपका विरोधी, जिसे हम सांसारिक लोग 'ईश्वर' कहते हैं, आपका विनाश क्यों नहीं करता? क्या आप बता सकते हैं, क्यों?

उत्तर : क्योंकि शक्ति उतनी ही मेरी है, जितनी उसकी। वह मुझे भी उतनी ही मात्रा में उपलब्ध है, जितनी उसे। यही बात मैं तुम्हें समझाने का प्रयास कर रहा हूँ। ब्रह्मांड की सर्वोच्च शक्ति का उपयोग रचनात्मक प्रयोजनों के लिए किया जा सकता है—उसके माध्यम से, जिसे तुम 'ईश्वर' कहते हो, या फिर नकारात्मक प्रयोजनों के लिए—उसके माध्यम से, जिसे तुम 'कमजोर मन' कहते हो; और इससे भी महत्त्वपूर्ण बात, उस शक्ति का उपयोग किसी मनुष्य द्वारा भी उतने ही प्रभावी तरीके से किया जा सकता है, जैसे ईश्वर या कमजोर मन द्वारा किया जाता है।

प्रश्न : आप एक बहुत दूरगामी दावा कर रहे हैं। क्या आप अपने दावे को साबित कर सकते हैं?

उत्तर : हाँ, लेकिन बेहतर होगा, यदि तुम इसे अपने लिए स्वयं साबित करो। कमजोर मन के वचन तुम सांसारिक पापियों के लिए अधिक मूल्य नहीं रखते, न ही ईश्वर के वचन रखते हैं। तुम कमजोर मन से डरते हो और अपने ईश्वर पर विश्वास करने से इनकार करते हो, इसलिए तुम्हारे पास सिर्फ एक ही स्रोत उपलब्ध है, जिसके माध्यम से तुम सार्वभौमिक शक्ति के लाभों को अपना सकते हो और वह है—अपनी स्वयं की विचार-शक्ति पर विश्वास और उसका उपयोग करके। यह अनंत बुद्धि के सार्वभौमिक भंडार गृह तक जाने का सीधा रास्ता है। किसी भी मनुष्य के लिए और कोई रास्ता उपलब्ध नहीं है।

प्रश्न : हम सांसारिक लोगों को अनंत बुद्धि तक जाने का रास्ता पहले क्यों नहीं मिला?

उत्तर : क्योंकि मैंने तुम्हें रोक लिया और तुम्हारे मस्तिष्कों में ऐसे विचार रोपित करके, जो मस्तिष्क को रचनात्मक तरीके से इस्तेमाल करने की तुम्हारी शक्ति को नष्ट करते हैं, तुम्हें उस पथ से दूर कर दिया। मैंने लालच, लोभ, वासना, ईर्ष्या और घृणा के माध्यम से अनंत बुद्धि की शक्ति को नकारात्मक उद्देश्य प्राप्त करने के लिए इस्तेमाल

करना तुम्हारे लिए आकर्षक बना दिया है। याद रखो, तुम्हारा मस्तिष्क उसी चीज को आकर्षित करता है, जिसके बारे में वह सोचता है। तुम्हें अपने विरोधी से दूर करने के लिए मुझे तुम्हें सिर्फ उन विचारों से पोषित करना था। वे मेरे उद्देश्य के लिए उपयोगी थे।

प्रश्न : यदि मैं वह समझ रहा हूँ, जो आप कह रहे हैं तो आप स्वीकार कर रहे हैं कि किसी मनुष्य को न तो कमजोर मन से डरने की आवश्यकता है और न यह चिंता करने की कि ईश्वर को खुश कैसे किया जाए!

शैरोन के नोट्स—यहाँ, संवाद के दौरान कुछ अन्य बिंदुओं की तरह हिल स्पष्ट रूप से धार्मिक हो जाते हैं। कमजोर मन को एक पन्नी की तरह इस्तेमाल करके और बुराई के प्रतीक के मुँह से शब्द उगलवाकर नेपोलियन हिल ईश्वर—अनंत बुद्धि के बारे में अपने विचार और भावनाएँ सफलता के अपने समग्र दर्शन के लिए अंतिम स्रोत के रूप में रख सकते हैं।

उत्तर : बिल्कुल यही बात है। यह स्वीकारोक्ति मेरी शैली में सिलवट डाल सकती है; लेकिन मुझे इस जानकारी से संतोष है कि यह लोगों को सीधे समस्त शक्तियों के स्रोत तक भेजकर मेरे विरोधी की गति भी धीमी कर सकती है।

प्रश्न : दूसरे शब्दों में, यदि आप लोगों को नकारात्मक रिश्वतों या डर से नियंत्रित नहीं कर पाते तो आप पूरा-का-पूरा खेल बिगाड़कर लोगों को दिखाना चाहते हैं कि वे ईश्वर के पास कैसे जाएँ! क्या आप, किसी संयोगवश, राजनीति में भी हैं? आपकी तकनीक भयावह रूप से परिचित लग रही है।

उत्तर : क्या मैं राजनीति में हूँ? यदि मैं राजनीति में नहीं हूँ तो तुम्हारे अनुसार कौन है, जो अवसाद शुरू करता है और लोगों को युद्ध के लिए बाध्य करता है? निश्चित रूप से तुम इसके लिए मेरे विरोधी को जिम्मेदार नहीं ठहराओगे। जैसा कि मैं तुम्हें पहले बता चुका हूँ, जीवन के हर क्षेत्र में मेरे सहयोगी मौजूद हैं, जो सभी मानव संबंधों

के संदर्भ में मेरी सहायता करते हैं।

प्रश्न : आप चर्चों को वश में करके उनका पूरी तरह अपने उद्देश्य के लिए उपयोग क्यों नहीं करते?

उत्तर : तुम्हें लगता है, मैं मूर्ख हूँ? यदि मैं चर्चों को दबा दूँगा तो कमजोर मन के डर को कौन जीवित रखेगा? यदि मेरे पास कोई एजेंसी नहीं होगी, जिसके माध्यम से मैं डर और संदेह के बीज रोपित कर पाऊँ तो जब मैं लोगों के मस्तिष्कों के साथ हेर-फेर करूँगा, तब लोगों का ध्यान आकर्षित करने के लिए प्रलोभन का काम कौन करेगा? मेरी सबसे बड़ी चतुराई यह है कि मैं अपने विरोधी के सहयोगियों का उपयोग लोगों के मन में नरक का डर बनाए रखने के लिए करता हूँ। जब तक लोग किसी चीज से डरते रहेंगे, चाहे वह कुछ भी हो, मैं उन पर अपनी पकड़ बनाए रखूँगा।

प्रश्न : मैं आपकी योजना समझने लगा हूँ। आप लोगों के मस्तिष्कों में भय, अनिश्चितता और अनिर्णय के बीज बोने के लिए चर्चों का उपयोग करते हैं। मन की इन नकारात्मक स्थितियों के कारण लोगों में भटकने की आदत का निर्माण होता है। ये आदतें सम्मोहक लय के कानून के माध्यम से स्थायित्व प्राप्त कर लेती हैं और फिर आपका शिकार स्वयं की मदद करने में असहाय हो जाता है। सही है न! इसका मतलब सम्मोहक लय देखने और सम्मान करने लायक चीज है?

उत्तर : इस सच्चाई को बताने का बेहतर तरीका यह है कि सम्मोहक लय ऐसी चीज है, जिसका अध्ययन करना चाहिए, समझना चाहिए और निश्चित, वांछित परिणाम प्राप्त करने के लिए उसे स्वेच्छा से लागू करना चाहिए।

प्रश्न : यदि सम्मोहक लय की शक्ति को निश्चित परिणाम प्राप्त करने के लिए स्वेच्छा से न लागू किया जाए तो क्या वह एक बड़ा खतरा बन सकती है?

उत्तर : हाँ, और इसलिए वह स्वचालित रूप से कार्य करती है। यदि उसे जान-बूझकर एक वांछित परिणाम प्राप्त करने के लिए लागू नहीं किया जाता तो वह अवांछित परिणाम प्राप्त करने के लिए स्वतः काम कर सकती है और करेगी।

> उदाहरण के लिए, जलवायु का सरल सा दृष्टांत लो। कोई भी देख और समझ सकता है कि प्रकृति हर जीवित वस्तु और पदार्थ के हर तत्त्व को उसकी जलवायु में समायोजित होने पर विवश कर देती है। ट्रॉपिकल क्षेत्रों में वह पेड़ पैदा करती है, जो फल देते हैं और खुद को पुनरुत्पादित करते हैं। वह पेड़ों को सूर्य की तेजी में समायोजित होने के लिए विवश करती है। वह उन्हें ऐसे पत्ते उत्पन्न करने के लिए विवश करती है, जो सूरज की किरणों से सुरक्षा प्रदान करने के लिए उपयुक्त हों। यही पेड़ यदि हटाकर आर्कटिक क्षेत्रों में लगा दिए जाएँ तो जीवित नहीं रह पाएँगे; क्योंकि वहाँ प्रकृति ने एक बिल्कुल ही अलग जलवायु की स्थापना की है।

ठंडी जलवायु में वह ऐसे पेड़ पैदा करती है, जो जीवित रहने और पुनरुत्पादन करने के लिए समायोजित हैं; लेकिन यदि वे ट्रॉपिकल क्षेत्रों में प्रत्यारोपित कर दिए जाएँ तो जीवित नहीं बचेंगे। इसी प्रकार, प्रकृति अपने जानवरों को भी वस्त्र प्रदान करती है और प्रत्येक को उनकी अलग जलवायु के अनुकूल ऐसा आवरण देती है, जो उन्हें आराम और सुरक्षा दे सके।

इसी प्रकार, प्रकृति लोगों के मस्तिष्कों पर उनके वातावरण का प्रभाव डालती है, जो व्यक्ति के स्वयं के विचारों से अधिक शक्तिशाली होते हैं। बच्चे अपने आसपास के लोगों के विचारों पर हुए प्रभाव को अपनाने पर विवश हो जाते हैं, जब तक कि उनके खुद के विचार उन प्रभावों से अधिक शक्तिशाली न हों।

प्रकृति हर एक वातावरण के लिए एक निश्चित लय स्थापित करती है और उस लय के क्षेत्र में आनेवाली सभी चीजों को उसके अनुरूप होना आवश्यक है। मनुष्य एकमात्र प्राणी है, जिसके पास अपने स्वयं के विचारों की लय स्थापित करने की शक्ति है, बशर्ते वह सम्मोहक लय के उस पर वातावरण का प्रभाव डालने से पहले इस विशेषाधिकार का प्रयोग कर ले।

प्रत्येक घर, प्रत्येक कार्यस्थल, प्रत्येक शहर एवं गाँव और प्रत्येक सड़क व सामुदायिक केंद्र की अपनी निश्चित व स्पष्ट लय है। यदि तुम जानना चाहते हो कि विभिन्न सड़कों की लय में क्या अंतर होता है, तो एक बार न्यूयॉर्क के फिफ्थ एवेन्यू में चहलकदमी करो और फिर मलिन बस्ती की किसी सड़क पर! हर प्रकार की लय समय के साथ स्थायी हो जाती है।

प्रश्न : क्या हर व्यक्ति के विचारों की अपनी लय होती है?

उत्तर : हाँ, और व्यक्तियों के बीच यही एक बड़ा अंतर होता है। जो व्यक्ति

ताकत, सफलता, संपन्नता के संदर्भ में सोचता है, वह ऐसी लय स्थापित करता है, जो इन वांछनीय वस्तुओं को आकर्षित करती है। जो व्यक्ति दुःख, असफलता, पराजय, निराशा और गरीबी के संदर्भ में सोचता है, वह इन अवांछनीय प्रभावों को आकर्षित करता है। इससे स्पष्ट होता है कि क्यों सफलता और विफलता दोनों ही आदत का परिणाम हैं। आदत व्यक्ति के विचारों की लय स्थापित करती है और वह लय उसके हावी विचारों के विषय को आकर्षित करती है।

प्रश्न : सम्मोहक लय चुंबक से मिलती-जुलती चीज होती है, जो उन चीजों को आकर्षित करती है, जिनसे उसका चुंबकीय संबंध होता है। क्या यह सच है?

उत्तर : हाँ, सच है। यही कारण है कि गरीबी से ग्रस्त लोग एक ही समुदाय में झुंड बनाकर रहते हैं। इससे वह पुरानी कहावत स्पष्ट होती है कि दुःख का साथ अच्छा लगता है। इससे यह भी स्पष्ट होता है कि जो लोग किसी उपक्रम में सफल होने लगते हैं, उन्हें पता चलता है कि समय बीतने के साथ सफलता के गुणा होने में कम प्रयास लगता है।

सभी सफल लोग सफलता की अपेक्षा और माँग करते हुए, जान-बूझकर या अनजाने में, सम्मोहक लय का उपयोग करते हैं। यह माँग आदत बन जाती है। सम्मोहक लय आदत पर कब्जा कर लेती है और सामंजस्यपूर्ण आकर्षण का सिद्धांत उसे उसके शारीरिक समकक्ष में परिवर्तित कर देता है।

प्रश्न : दूसरे शब्दों में, यदि मैं जानता हूँ कि मैं जीवन से क्या चाहता हूँ, उसकी माँग करता हूँ और अपनी माँग का समर्थन जो मुझे चाहिए, उसके लिए जीवन की कीमत चुकाने की इच्छा से करता हूँ और किसी विकल्प को स्वीकार करने से इनकार कर देता हूँ तो सम्मोहक लय का कानून मेरी इच्छा पर कब्जा कर लेता है और प्राकृतिक व तार्किक साधनों से उसे उसके भौतिक समकक्ष में संचारित करने में सहायता करता है। क्या यह सच है?

उत्तर : यह कानून के काम करने के तरीके का वर्णन करता है।

प्रश्न : विज्ञान ने अकाट्य प्रमाण स्थापित किए हैं कि लोग जो होते हैं, वे आनुवंशिकता और पर्यावरण के कारण होते हैं। वे अपने जन्म

के समय अपने सभी असंख्य पूर्वजों की शारीरिक विशेषताओं के संयोजन को साथ लेकर आते हैं। यहाँ आने के बाद वे आत्म–चेतना की उम्र में पहुँच जाते हैं और उसके बाद से वे अपने व्यक्तित्व को आकार देते हैं और पर्यावरण के जिन प्रभावों के वे अधीन रहते हैं, उनके परिणामस्वरूप अपने सांसारिक ठिकानों को लगभग तय कर लेते हैं, विशेष रूप से वे प्रभाव, जो उन्हें उनके बचपन के प्रारंभिक दिनों में नियंत्रित करते हैं। ये दो तथ्य इतनी अच्छी तरह से स्थापित हो चुके हैं कि किसी बुद्धिमान मनुष्य के उन पर प्रश्न उठाने की गुंजाइश नहीं है। सम्मोहक लय एक ऐसे भौतिक शरीर की प्रकृति को कैसे बदल सकती है, जो उन हजारों पूर्वजों का संयोजन है, जो उसके जन्म लेने से पहले जीवन जीकर मर चुके हैं, सम्मोहक लय किसी के पर्यावरण का प्रभाव कैसे बदल सकती है ? जो लोग गरीबी और अज्ञानता में जन्म लेते हैं, उनकी मजबूत प्रवृत्ति होती है जीवन भर गरीब और अज्ञानी बने रहना। सम्मोहक लय इसके बारे में क्या कर सकती है, यदि कुछ कर सकती है तो ?

उत्तर : सम्मोहक लय उस भौतिक शरीर की प्रकृति नहीं बदल सकती, जो मनुष्य को जन्म के समय मिलता है; लेकिन वह मनुष्य के पर्यावरण के प्रभाव को परिवर्तित, नियंत्रित और स्थायी करके संशोधित अवश्य कर सकती है और करती भी है।

प्रश्न : यदि मैं वह समझ रहा हूँ, जो आप कह रहे हैं तो एक मनुष्य को प्रकृति द्वारा उस पर्यावरण को अपनाने और उसका हिस्सा बनने के लिए विवश किया जाता है, जिसका वह चुनाव करता है या वह, जो उस पर थोपा जाता है ?

उत्तर : यह बात सही है; लेकिन ऐसे तरीके और साधन हैं, जिनके द्वारा एक व्यक्ति पर्यावरण के उन प्रभावों का विरोध कर सकता है, जिन्हें वह स्वीकार नहीं करना चाहता और उस प्रक्रिया की एक विधि भी है, जिसके द्वारा वह सम्मोहक लय के प्रयोग को नकारात्मक से सकारात्मक परिणाम में बदल सकता है।

प्रश्न : आपका मतलब है कि एक निश्चित तरीका है, जिसके द्वारा सम्मोहक लय से किसी को नष्ट करवाने के बजाय उसकी सेवा करवाई जा सकती है ?

उत्तर : मेरा बिल्कुल यही मतलब है।

प्रश्न : मुझे बताइए कि यह आश्चर्यजनक परिणाम कैसे प्राप्त किया जा सकता है?

उत्तर : मेरे विवरण को किसी व्यावहारिक मूल्य का होने के लिए अनावश्यक रूप से लंबा होना पड़ेगा, क्योंकि उसमें मनोविज्ञान के सात सिद्धांत शामिल होंगे, जिन्हें सम्मोहक लय का उपयोग करनेवाले प्रत्येक व्यक्ति को समझना और लागू करना होगा, ताकि वे जीवन को उन्हें वह सब देने पर विवश करने में सहायता करें, जो वे चाहते हैं।

प्रश्न : तब आप अपने विवरण को सात हिस्सों में विभाजित कर दीजिए और प्रत्येक हिस्से में एक सिद्धांत का उसके व्यावहारिक अनुप्रयोग के लिए सरल निर्देशों के साथ विस्तृत विश्लेषण करिए।

शैरोन के नोट्स—*मैं हिल के मन के काम करने के तरीके पर हमेशा मोहित रही हूँ। आसन्न कयामत का एक मामला तैयार करने के बाद अब वे सफलता चाहने वालों के लिए एक जीवन रेखा का खुलासा कर रहे हैं। यह एक महत्त्वपूर्ण मोड़ है। जब आप आगे पढ़ेंगे तो क्या उनके 'सात सिद्धांत' आपकी कल्पना पर कब्जा करेंगे, जैसे कि मेरी कल्पना पर किया था?*

□

अध्याय-8

उद्देश्य की निश्चितता

प्रश्न : महामहिम अब उन सात सिद्धांतों के रहस्यों को उजागर करेंगे, जिनके माध्यम से मनुष्य जीवन को उन्हें आध्यात्मिक, मानसिक और शारीरिक स्वतंत्रता प्रदान करने के लिए विवश कर सकता है।

शेष पुस्तक में आध्यात्मिक, मानसिक और शारीरिक स्वतंत्रता के लिए हिल इन सात सिद्धांतों की चर्चा करते हैं

1. ***उद्देश्य की निश्चितता***
2. ***अपने ऊपर विजय***
3. ***विपरीत परिस्थिति से सीखना***
4. ***परिवेश के प्रभाव (मेल-जोल) पर नियंत्रण***
5. ***समय (नकारात्मक विचारों की आदत के स्थान पर सकारात्मक विचारों को स्थायी रूप देना और बुद्धि को विकसित करना)***
6. ***सामंजस्य (अपने मानसिक, आध्यात्मिक, और भौतिक परिवेश में प्रभावी व्यक्ति बनने के लिए उद्देश्य की निश्चितता के साथ कार्य करना)***
7. ***सावधानी (कदम उठाने से पहले अपनी योजना पर सोच-विचार)***

इन सिद्धांतों का विवरण देने में कंजूसी मत करिएगा। मैं इस बात का संपूर्ण चित्रण चाहता हूँ कि यह सिद्धांत उनके द्वारा कैसे उपयोग किए जा सकते हैं, जो इनका उपयोग करने का चुनाव करते हैं। उद्देश्य की निश्चितता के सिद्धांत के बारे में आप जो कुछ भी जानते हैं, मुझे सब बताइए।

शैरोन के नोट्स—***प्रश्नकर्ता यहाँ कुछ गति पकड़ता है और कमजोर मन का गला पकड़ता है। क्या हमारे पास साहस है कि हम अवसर मिलने पर इतनी ही आक्रामकता और उद्देश्य की निश्चितता के साथ काम कर सकें?***

उत्तर : यदि तुम मेरी स्वीकारोक्ति को प्रकाशित करने के इस पागलपन भरे

विचार के साथ आगे बढ़ोगे तो नरक के द्वार खोल दोगे और उन सब अनमोल आत्माओं को मुक्त कर दोगे, जिन्हें मैंने सदियों से एकत्रित कर के रखा है। तुम मुझे अब तक अजन्मी आत्माओं से वंचित कर दोगे। तुम इस समय जी रहे लाखों लोगों को मेरे बंधन से आजाद कर दोगे। रुक जाओ, मैं तुमसे विनती करता हूँ।

प्रश्न : शुरू हो जाइए। सुनते हैं, आपको उद्देश्य की निश्चितता के सिद्धांत के बारे में क्या कहना है?

उत्तर : तुम नरक की आग पर पानी डाल रहे हो; लेकिन जिम्मेदारी तुम्हारी है, मेरी नहीं। मैं तुम्हें यह भी बता दूँ कि कोई भी मनुष्य, जो अपने उद्देश्यों और लक्ष्य के प्रति निश्चित रह सकता है, वह जो चाहता है, जीवन को उसे देने पर विवश कर सकता है।

प्रश्न : यह एक व्यापक दावा है, महामहिम। क्या आप इसे कुछ कम करना चाहते हैं?

उत्तर : कम कर दूँ! नहीं, मैं तो इसे बढ़ाना चाहता हूँ। जब तुम वह सुनोगे, जो मैं अब कहने जा रहा हूँ, तब तुम समझोगे कि निश्चितता का सिद्धांत इतना महत्त्वपूर्ण क्यों है। मेरा विरोधी लोगों पर से मेरा नियंत्रण हटाने के लिए एक चतुराई भरी चाल का प्रयोग करता है। विपक्ष जानता है कि उद्देश्य की निश्चितता मनुष्य के मस्तिष्क के दरवाजे मेरे खिलाफ इतने कसकर बंद कर देती है कि मैं उसमें प्रवेश नहीं कर सकता, जब तक कि मैं उस व्यक्ति को भटकने की आदत डालने के लिए प्रेरित नहीं करता।

प्रश्न : आपका विरोधी उद्देश्य की निश्चितता द्वारा आपसे बचने के लिए कहकर लोगों को आपका रहस्य क्यों नहीं बता देता? आप पहले ही स्वीकार कर चुके हैं कि प्रत्येक सौ में दो लोग आपके विरोधी पक्ष में शामिल हैं।

उत्तर : क्योंकि मैं अपने विरोधी से अधिक चालाक हूँ। मैं लोगों को अपने वादों द्वारा निश्चितता से दूर खींचता हूँ। देखो, मैं अपने विरोधी से अधिक लोगों को नियंत्रित करता हूँ; क्योंकि मैं एक बेहतर विक्रेता (सेल्समैन) और एक बेहतर शोमैन हूँ। मैं लोगों को उदारता से उन विचारों से पोषित करके आकर्षित करता हूँ, जिन्हें सोचना उन्हें पसंद है।

प्रश्न : क्या उद्देश्य की निश्चितता ऐसी चीज है, जिसके साथ मनुष्य को जन्म लेना चाहिए या उसे हासिल किया जा सकता है?

उत्तर : हर व्यक्ति, जैसा कि मैं तुम्हें पहले बता चुका हूँ, निश्चित होने के विशेषाधिकार के साथ पैदा हुआ है; लेकिन 100 में से 98 लोग अपनी लापरवाही से इस अधिकार को गँवा देते हैं। निश्चितता का विशेषाधिकार सिर्फ इसे एक नीति के रूप में अपनाकर बनाए रखा जा सकता है, जिसके द्वारा मनुष्य जीवन के सभी मामलों में निर्देशित होता है।

प्रश्न : ओह, समझा! व्यक्ति निश्चितता के सिद्धांत का लाभ उसी प्रकार उठा सकता है, जैसे वह एक मजबूत भौतिक शरीर बना सकता है उसके निरंतर व व्यवस्थित उपयोग से। क्या यही बात है?

उत्तर : तुमने सच्चाई बिल्कुल स्पष्ट और सटीक तरीके से बताई है।

प्रश्न : मुझे लगता है, अब हम कहीं पहुँच रहे हैं, महामहिम। आखिरकार हमें वह प्रारंभिक बिंदु मिल गया है, जहाँ से उन सभी को, जो जीवन में आत्म-निर्धारित बने हैं, शुरुआत करनी चाहिए। आपकी आश्चर्यजनक स्वीकारोक्ति से हमें पता चल गया है कि आपकी सबसे बड़ी पूँजी है मनुष्य में सतर्कता का अभाव, जो आपको आसान रिश्वतों के जरिए उसे अनिश्चितता के जंगल की ओर ले जाने में सक्षम बनाता है।

हमने जान लिया है, बिना किसी संदेह की गुंजाइश के कि जो व्यक्ति उद्देश्य की निश्चितता को एक नीति के रूप में अपना लेता है और अपने सभी दैनिक अनुभवों में उसका प्रयोग करता है, भटकने की आदत डालने के लिए प्रेरित नहीं किया जा सकता। भटकने की आदत की सहायता के बिना आप वादों के द्वारा लोगों को आकर्षित करने के लिए शक्तिहीन हो जाते हैं। क्या यह सही है?

उत्तर : मैं खुद भी सच्चाई को इससे अधिक स्पष्ट रूप से नहीं बयान कर सकता था।

प्रश्न : अब आगे बढ़िए और बताइए कि कैसे लोग अनिश्चितता और भटकाव के जरिए स्वतंत्र एवं आत्म-निर्धारित होने के अपने विशेषाधिकार की उपेक्षा करते हैं।

उत्तर : मैं इस सिद्धांत के संदर्भ में संक्षिप्त रूप से पहले ही बता चुका हूँ; लेकिन अब मैं ब्योरेवार विवरण दूँगा कि यह सिद्धांत कैसे काम करता है।

मुझे जन्म के समय से शुरुआत करनी होगी। जब एक बच्चा पैदा होता है तो वह अपने साथ सिर्फ एक भौतिक शरीर लाता है, जो एक वंश के लाखों वर्षों के विकासवादी परिणामों का प्रतिनिधित्व करता है।

उसका मस्तिष्क बिल्कुल रिक्त होता है। जब बच्चा चेतना की उम्र में पहुँचता है और अपने आसपास की चीजों को पहचानने लगता है तो वह दूसरों की नकल करना भी शुरू कर देता है। यह नकल एक स्थायी आदत बन जाती है। स्वाभाविक रूप से बच्चा सबसे पहले अपने माता-पिता की नकल करता है। फिर वह अपने अन्य रिश्तेदारों और दैनिक सहयोगियों की नकल करना शुरू करता है, जिनमें उसके धार्मिक प्रशिक्षक और स्कूल के शिक्षक भी शामिल होते हैं।

यह नकल सिर्फ शारीरिक अभिव्यक्ति तक सीमित नहीं रहती, बल्कि इसका विस्तार वैचारिक अभिव्यक्ति तक भी होता है। यदि बच्चे के माता-पिता मुझसे डरते हैं और बच्चे के सुनने की सीमा के भीतर उस डर को अभिव्यक्त करते हैं तो बच्चा नकल की आदत के माध्यम से उस डर को उठा लेता है और अपनी मान्यताओं के अवचेतन भंडार के हिस्से के रूप में उसे रख लेता है।

यदि बच्चे का धार्मिक प्रशिक्षक किसी रूप में मेरा डर व्यक्त करता है (और वे सब करते हैं, किसी-न-किसी रूप में) तो वह डर बच्चे के माता-पिता द्वारा उसे दिए समान डर में जुड़ जाता है और नकारात्मक सीमा के दो स्वरूप उसके अवचेतन मन में जमा हो जाते हैं, जिनका मैं उसके जीवन में आगे जाकर उपयोग करता हूँ।

इसी प्रकार, बच्चा नकल द्वारा ईर्ष्या, नफरत, लालच, वासना, बदला और विचार के अन्य सभी आवेगों से अपने मस्तिष्क को भरकर—जो निश्चितता की सभी संभावनाओं को नष्ट कर देते हैं—अपनी विचार करने की शक्ति को सीमित कर देता है।

इस बीच मैं आगे बढ़कर बच्चे को तब तक भटकने के लिए प्रेरित करता हूँ, जब तक मैं सम्मोहक लय के माध्यम से उसके मस्तिष्क को बाँध नहीं लेता।

प्रश्न : क्या मैं आपकी टिप्पणियों से यह समझूँ कि लोग जब बहुत कम उम्र के होते हैं, तभी आपको उन पर नियंत्रण प्राप्त कर लेना चाहिए, वरना आप उनके साथ अपना अवसर पूरी तरह खो सकते हैं?

उत्तर : इससे पहले कि लोग स्वयं अपने मस्तिष्क को नियंत्रण में ले लें, मैं उन्हें अपने वश में करना पसंद करता हूँ। एक बार जब कोई व्यक्ति अपने स्वयं के विचारों की शक्ति को जान लेता है तो वह सकारात्मक बन जाता है और उसे दबाना मुश्किल हो जाता है। सच तो यह है कि

मैं ऐसे किसी मनुष्य को नियंत्रित नहीं कर सकता, जो निश्चितता के सिद्धांत को जान लेता है और उसका उपयोग करता है।

प्रश्न : क्या निश्चितता की आदत आपके नियंत्रण के खिलाफ एक स्थायी सुरक्षा है?

उत्तर : नहीं, किसी सूरत में नहीं। निश्चितता मेरी ओर से एक व्यक्ति के मस्तिष्क के दरवाजे तभी तक बंद करती है, जब तक वह व्यक्ति एक नीति के तौर पर उस सिद्धांत का पालन करता है। जैसे ही वह व्यक्ति हिचकिचाने या काम को टालने लगता है या किसी चीज के बारे में अनिश्चित हो जाता है, वह मेरे नियंत्रण से सिर्फ एक कदम की दूरी पर रह जाता है।

कमजोर मन कहता है, *''जैसे ही कोई व्यक्ति हिचकिचाने या काम को टालने लगता है, या किसी चीज के बारे में अनिश्चित हो जाता है, वह मेरे नियंत्रण से सिर्फ एक कदम की दूरी पर रह जाता है।''*

~✻~

शैरोन के नोट्स—*कमजोर मन की इन प्रतिक्रियाओं में लेखक के दर्शन के आत्म-विषयक और आध्यात्मिक पहलुओं का प्रदर्शन है। जिसे वे निश्चितता कहते हैं, उसे आज आम तौर पर 'इरादा', 'लक्ष्य-चालित' या 'उद्देश्य-चालित' कहा जाता है।*

प्रश्न : निश्चितता का किसी की भौतिक परिस्थितियों से क्या लेना देना है? मैं जानना चाहता हूँ कि क्या कोई मुआवजे के कानून द्वारा विनाश को आमंत्रित किए बिना उद्देश्य की निश्चितता से शक्ति प्राप्त कर सकता है?

उत्तर : तुम्हारा प्रश्न मेरे उदाहरणों को सीमित करता है, क्योंकि दुनिया में बहुत कम लोग हैं, जो समझते हैं और अतीत में भी बहुत कम लोग थे, जो समझते थे कि मुआवजे के कानून के नकारात्मक प्रयोग को अपनी ओर आकर्षित किए बिना वे उद्देश्य की निश्चितता का उपयोग कैसे कर सकते हैं।

यहाँ तुम मुझे मेरी सबसे बेशकीमती तरकीबों में से एक का खुलासा करने पर विवश कर रहे हो। मैं तुम्हें यह बताने के लिए बाध्य हूँ कि अंततः मैं अपने उद्देश्य के लिए उन सबको पुनः हासिल कर लेता हूँ, जो उद्देश्य की निश्चितता के द्वारा अस्थायी रूप से मुझसे बच जाते हैं। ये पुनःप्राप्ति उनके मस्तिष्क को ताकत के लालच और गर्वीली अभिव्यक्ति के प्रेम से भरकर होती है, जब तक कि वह व्यक्ति दूसरों के अधिकारों का उल्लंघन करने की आदत में पड़ जाता है। तब मैं मुआवजे के कानून के साथ प्रवेश करता हूँ और अपने शिकार को पुनः प्राप्त कर लेता हूँ।

प्रश्न : तो, आपकी स्वीकारोक्ति से मैं देख सकता हूँ कि उद्देश्य की निश्चितता एक शक्ति के रूप में उसकी संभावना के अनुपात में खतरनाक हो सकती है। क्या यह सच है?

उत्तर : हाँ, और इससे भी महत्त्वपूर्ण यह है कि अच्छाई का हर सिद्धांत अपने साथ एक समकक्ष खतरे का बीज लेकर चलता है।

प्रश्न : यह मानना मुश्किल है। उदाहरण के लिए, सच्चाई के लिए प्रेम की आदत में क्या खतरा हो सकता है?

उत्तर : खतरा 'आदत' शब्द में निहित है। सभी आदतें, सिवाय उद्देश्य की निश्चितता के लिए प्रेम के, भटकने की आदत की ओर ले जा सकती हैं। सच्चाई के लिए प्रेम, जब तक कि वह सत्य की निश्चित खोज का अनुपात ग्रहण नहीं कर लेता, अन्य सभी अच्छे इरादों के समान बन सकता है। तुम, बेशक, जानते ही हो कि मैं अच्छे इरादों के साथ क्या करता हूँ।

कमजोर मन कहता है, *''सभी आदतें, सिवाय उद्देश्य की निश्चितता के लिए प्रेम के, भटकने की आदत की ओर ले जा सकती हैं।''*

प्रश्न : क्या किसी का उसके रिश्तेदारों के प्रति प्रेम भी खतरनाक हो सकता है?

उत्तर : किसी भी चीज या किसी भी व्यक्ति के लिए प्रेम, सिवाय उद्देश्य की निश्चितता के लिए प्रेम के, खतरनाक हो सकता है। प्रेम मन

की एक अवस्था है, जो तर्क एवं इच्छा-शक्ति पर परदा डाल देती है और तथ्यों व सच्चाई की ओर से उसे अंधा कर देती है।

हर उस व्यक्ति को, जो आत्म-नियंत्रित हो जाता है और अपने स्वयं के विचार सोचने के लिए आध्यात्मिक स्वतंत्रता प्राप्त कर लेता है, ध्यान से हर उस भावना की जाँच करनी चाहिए, जिसका प्रेम से दूर का भी कोई संबंध हो।

तुम्हें यह जानकर आश्चर्य हो सकता है कि प्रेम मेरे सबसे प्रभावी चारे में से एक है। इससे मैं उन लोगों को भटकने की आदत की ओर ले जाता हूँ, जिन्हें मैं और किसी चीज से आकर्षित नहीं कर पाता हूँ। इसीलिए मैंने इसे अपनी रिश्वतों की सूची में शीर्ष पर रखा है। मुझे पता चल जाए कि एक व्यक्ति को किस चीज से सबसे ज्यादा प्यार है और मुझे मेरा संकेत मिल जाएगा कि उस व्यक्ति को मेरी सम्मोहक लय द्वारा बाँधने तक भटकने के लिए कैसे प्रेरित किया जा सकता है।

प्यार और डर संयुक्त रूप से मुझे सबसे अधिक प्रभावी हथियार देते हैं, जिनके द्वारा मैं लोगों को भटकने के लिए प्रेरित करता हूँ। दोनों ही मेरे लिए समान रूप से उपयोगी हैं। दोनों में ऐसा प्रभाव है, जो लोगों को उनके मस्तिष्क के उपयोग में निश्चितता विकसित करने की उपेक्षा करने के लिए प्रेरित करता है। मुझे एक व्यक्ति के डरों पर नियंत्रण दो और यह बताओ कि उसे किस चीज से सबसे ज्यादा प्यार है और फिर तुम उस व्यक्ति को मेरे गुलाम के रूप में चिह्नित कर सकते हो। प्यार और डर दोनों ही इतनी शक्तिशाली भावनात्मक ताकतें हैं कि दोनों में से कोई भी इच्छा-शक्ति और तर्क-शक्ति को पूरी तरह किनारे कर सकती है। इच्छा और तर्क के बिना उद्देश्य की निश्चितता का समर्थन करने के लिए कुछ भी नहीं बचता।

प्रश्न : लेकिन महामहिम, यदि लोग प्यार की भावना को कभी महसूस नहीं करेंगे तो जीवन जीने योग्य नहीं रह जाएगा।

उत्तर : आह! जहाँ तक तुम्हारे तर्क की बात है, तुम सही हो; लेकिन तुम यह जोड़ना भूल गए कि प्यार को हर समय व्यक्ति के निश्चित नियंत्रण में रहना चाहिए।

बेशक, प्यार मन की एक वांछनीय अवस्था है, लेकिन यह एक उपशामक भी है, जिसका उपयोग तर्क और इच्छा-शक्ति को सीमित या नष्ट करने के लिए किया जा सकता है, जिनमें से दोनों ही स्वतंत्रता और आत्म-निर्णय चाहनेवाले मनुष्यों के लिए महत्त्व में प्यार से ऊपर का दर्जा रखते हैं।

प्रश्न : आप जो कह रहे हैं, उससे मुझे समझ में आ रहा है कि जो लोग

शक्ति हासिल करते हैं, उन्हें अपनी भावनाएँ कठोर कर लेनी चाहिए, डर पर जीत हासिल करनी चाहिए और प्यार को अपने वश में करना चाहिए। क्या मैं ठीक कह रहा हूँ?

उत्तर : जो लोग शक्ति हासिल करके उसे बनाए रखते हैं, उन्हें अपने सभी विचारों और कर्मों में निश्चित होना चाहिए। यदि तुम इसे ही कठोरता कहते हो तो उन्हें कठोर अवश्य बनना चाहिए।

प्रश्न : आइए, हम जीवन के दैनिक कार्यों में निश्चितता के लाभ के स्रोतों पर गौर करें। सफल होने के लिए कौन सी योजना अधिक उपयुक्त है? निश्चितता के साथ लागू की गई एक कमजोर योजना या अनिश्चितता के साथ लागू की गई एक सशक्त व मजबूत योजना?

उत्तर : निश्चितता के साथ लागू किए जाने पर कमजोर योजनाएँ मजबूत हो सकती हैं।

प्रश्न : आपका मतलब है कि कोई भी योजना, जो एक निश्चित उद्देश्य की खोज में निश्चितता के साथ निरंतर काररवाई में डाली जाती है, वह सफल हो सकती है, भले ही वह एक श्रेष्ठ योजना न हो?

उत्तर : हाँ, मेरा बिल्कुल यही मतलब है। उद्देश्य की निश्चितता और उस योजना की निश्चितता, जिसके द्वारा उद्देश्य प्राप्त किया जाना है, जब मिल जाते हैं तो आमतौर पर सफल होते हैं, चाहे योजना कितनी ही कमजोर क्यों न हो। एक अच्छी योजना और एक बेकार योजना के बीच प्रमुख अंतर यह है कि अच्छी योजना यदि निश्चितता के साथ लागू की जाए तो बेकार योजना की तुलना में शीघ्रता से पूरी की जा सकती है।

प्रश्न : दूसरे शब्दों में, यदि कोई हमेशा सही नहीं हो सकता तो भी वह हमेशा निश्चित हो सकता है और उसे निश्चित होना भी चाहिए। क्या आप मुझे यही बताने का प्रयास कर रहे हैं?

उत्तर : मेरा यही विचार है। जो लोग अपनी योजनाओं और अपने उद्देश्यों— दोनों के प्रति निश्चित होते हैं, वे अस्थायी पराजय को सिर्फ अधिक प्रयास करने के एक आग्रह के रूप में स्वीकार करते हैं। तुम खुद देख सकते हो कि इस प्रकार की नीति का यदि निश्चितता के साथ पालन किया जाए तो वह जीतने के लिए बाध्य होगी।

प्रश्न : क्या एक व्यक्ति, जो योजना और उद्देश्य—दोनों की निश्चितता के

साथ बढ़ता है, अपनी सफलता के प्रति हमेशा आश्वस्त हो सकता है?

उत्तर : नहीं, सर्वोत्तम योजनाएँ कभी-कभी खराब हो जाती हैं; लेकिन जो व्यक्ति निश्चितता के साथ आगे बढ़ता है, वह अस्थायी हार और विफलता के बीच का अंतर पहचानता है। जब योजनाएँ असफल हो जाती हैं तो वह दूसरे विकल्पों का प्रयोग करता है, लेकिन अपना उद्देश्य नहीं बदलता। वह दृढ़तापूर्वक अपना काम करता रहता है। अंत में उसे एक ऐसी योजना मिल जाती है, जो सफल होती है।

कमजोर मन कहता है, *"जो व्यक्ति निश्चितता के साथ आगे बढ़ता है, वह अस्थायी हार और विफलता के बीच का अंतर पहचानता है। जब योजनाएँ असफल हो जाती हैं तो वह दूसरे विकल्पों का प्रयोग करता है, लेकिन अपना उद्देश्य नहीं बदलता। वह दृढ़तापूर्वक अपना काम करता रहता है।"*

प्रश्न : क्या अनैतिक या अन्यायपूर्ण उद्देश्यों पर आधारित योजना भी उतनी ही जल्दी सफल होगी, जितनी कि वह योजना, जो न्याय और नैतिकता की गहरी भावना से प्रेरित है?

उत्तर : मुआवजे के कानून के संचालन के माध्यम से हर कोई वही प्राप्त करता है, जो वह बोता है। अनैतिक और अन्यायपूर्ण इरादों पर आधारित योजनाएँ अस्थायी सफलता ला सकती हैं, लेकिन स्थायी सफलता को चौथे आयाम, समय पर ध्यान देना आवश्यक है।

समय अनैतिकता और अन्याय का दुश्मन है। वह न्याय और नैतिकता का मित्र है। इस तथ्य को पहचानने में विफलता दुनिया भर के युवाओं में फैल रही अपराध की लहर के लिए जिम्मेदार है।

युवा व अनुभवहीन मस्तिष्क अस्थायी सफलता को स्थायित्व समझने की गलती करने के लिए उपयुक्त होता है। युवा अकसर अनैतिक, अन्यायपूर्ण योजनाओं के अस्थायी लाभों का लालच करने की गलती करते हैं; लेकिन आगे देखकर उन दंडों पर ध्यान देने की उपेक्षा करता है, जिनका मिलना उतना ही निश्चित होता है, जितना दिन के बाद रात का आना।

□

अध्याय-9

शिक्षा और धर्म

प्रश्न : यह बहुत गहरी बात है, महामहिम। आइए, हम और हलके व ठोस विषयों की ओर लौटते हैं, जिनमें अधिकांश लोगों की रुचि होने की संभावना है। मुझे उन विषयों पर चर्चा करने में दिलचस्पी है, जो लोगों को सुखी और दुःखी, अमीर और गरीब, बीमार और स्वस्थ बनाते हैं। संक्षेप में, मुझे उन सभी चीजों में दिलचस्पी है, जिनका उपयोग मनुष्यों द्वारा जीवन से उन प्रयासों के लिए संतोषजनक लाभ प्राप्त करना है, जिनका वे जीवन के व्यवसाय में निवेश करते हैं।

उत्तर : ठीक है, हम निश्चित बात करते हैं।

प्रश्न : आप मेरी बात समझ गए। महामहिम की प्रवृत्ति उन अमूर्त विवरणों में भटक जाने की है, जिन्हें अधिकांश लोग न समझ पाते हैं और न ही अपनी समस्याओं के समाधान में उनका उपयोग कर पाते हैं। क्या यह किसी भी संयोग से आपकी निश्चित योजना हो सकती है कि आप मेरे प्रश्नों के अनिश्चित उत्तर दें? यदि यह आपकी योजना है तो यह एक चतुर चाल है, लेकिन यह काम नहीं करेगी। अब आगे बढ़िए और मुझे मनुष्यों के उन दुःखों व कष्टों के बारे में कुछ और बताइए, जो सीधे अनिश्चितता से उत्पन्न होते हैं।

उत्तर : तुम मुझे उन लोगों की खुशियों एवं सफलताओं के बारे में और अधिक बताने की अनुमति क्यों नहीं देते, जो निश्चितता के सिद्धांत को समझते और लागू करते हैं?

प्रश्न : मैं देखता हूँ कि कभी–कभी योजना और उद्देश्य की निश्चितता के साथ काम करनेवाले लोग जीवन से वह प्राप्त कर लेते हैं, जो वे चाहते हैं; लेकिन फिर उन्हें पता चलता है कि उन्हें वह नहीं चाहिए था। फिर क्या?

उत्तर : आमतौर पर व्यक्ति उसी निश्चितता के सिद्धांत के उपयोग द्वारा उस चीज से छुटकारा पा सकता है, जो उसे नहीं चाहिए, जिसके उपयोग से उसने वह चीज प्राप्त की थी। एक जीवन, जो मन की शांति, संतुष्टि और खुशी की परिपूर्णता के साथ जिया जाता है, हमेशा खुद को उन सभी चीजों से छुड़ा लेता है, जो उसे नहीं चाहिए। जो व्यक्ति उन चीजों से झुँझलाता है, जो उसे नहीं चाहिए, वह निश्चित नहीं होता। वह एक भटकनेवाला होता है।

कमजोर मन कहता है, "एक जीवन, जो मन की शांति, संतुष्टि और खुशी की परिपूर्णता के साथ जिया जाता है, हमेशा खुद को उन सभी चीजों से छुड़ा लेता है, जो उसे नहीं चाहिए।"

~✻~

शैरोन के नोट्स—*हममें से कितने लोग वास्तव में संतुष्ट हैं? एक ऐसी दुनिया में, जहाँ इतने लोग दूसरों की बराबरी करने की कोशिश करते रहते हैं, क्या हम सबकुछ सीख नहीं सकते? क्या आपके जीवन में ऐसा कुछ है, जिससे आप खुद को अलग करना चाहते हैं? जब भी आपको झुँझलाहट महसूस हो, खुद को पकड़ने की प्रतिबद्धता करें और कमजोर मन के शब्दों को याद करें, 'जो व्यक्ति उन चीजों से झुँझलाता है, जो उसे नहीं चाहिए, वह निश्चित नहीं होता। वह एक भटकनेवाला होता है।'*

प्रश्न : उन विवाहित जोड़ों का क्या, जो एक-दूसरे को चाहना छोड़ देते हैं? क्या उन्हें अलग हो जाना चाहिए, या यह सच है कि सभी विवाह स्वर्ग में बने होते हैं और इसलिए दोनों पक्ष हमेशा के लिए अपने करार से बँधे रहने के लिए बाध्य हैं, भले ही वह करार दोनों के लिए खराब हो?

उत्तर : सबसे पहले, मुझे इस पुरानी कहावत को ठीक करने दो कि सभी विवाह स्वर्ग में बनते हैं। मैं कुछ ऐसे विवाहों के बारे में जानता हूँ, जो बाड़ के मेरे हिस्से में बने थे। जो मन कभी मिलते नहीं, उन्हें विवाह या किसी और संबंध में साथ रहने के लिए कभी विवश नहीं करना चाहिए। घर्षण और दिमागों के बीच सभी प्रकार के विरोधाभास अनिवार्य रूप से भटकाव और बेशक, अनिश्चितता की ओर ले जाते हैं।

प्रश्न : क्या कभी-कभी लोग दूसरों से कर्तव्य के एक रिश्ते से नहीं बँधे होते, जो उनके लिए जीवन से वह चीज लेना अव्यावहारिक बना देता है, जिसे पाने की उनकी सबसे ज्यादा इच्छा होती है?

उत्तर : कर्तव्य सबसे अधिक दुरुपयोग में आनेवाला और गलत समझा जानेवाला शब्द है। प्रत्येक मनुष्य का सबसे पहला कर्तव्य उसके स्वयं के प्रति है। हर एक व्यक्ति का स्वयं के प्रति कर्तव्य होता है

यह खोज करना कि वह एक सुखी और परिपूर्ण जीवन कैसे जी सकता है। इसके आगे, यदि किसी के पास इतना समय और ऊर्जा है, जिसकी उसे स्वयं की इच्छाओं को पूरा करने के लिए आवश्यकता नहीं है तो वह दूसरों की सहायता करने की जिम्मेदारी ले सकता है।

कमजोर मन कहता है, *"प्रत्येक मनुष्य का पहला कर्तव्य उसके स्वयं के प्रति है। हर एक व्यक्ति का स्वयं के प्रति कर्तव्य होता है, यह खोज करना कि वह एक सुखी और परिपूर्ण जीवन कैसे जी सकता है।"*

~*~

शैरोन के नोट्स— *बेशक, हालाँकि सही जवाब देने के लिए विवश कमजोर मन फिर भी कमजोर मन के दृष्टिकोण से ही जवाब देता है। मेरा मानना है कि मदर टेरेसा या महात्मा गांधी की इस मुद्दे पर काफी अलग राय होती। उन्होंने अपना जीवन दूसरों की सेवा में बिताया। आप क्या महसूस करते हैं? क्या आप एक सुखी और परिपूर्ण जीवन की खोज को अपने जीवन में सबसे आगे रखते हैं? क्या आप उन लोगों से सहमत हैं, जो तर्क देते हैं कि वास्तव में दूसरों की सेवा करने के लिए पहले आपको स्वयं पर ध्यान देना चाहिए?*

प्रश्न : क्या यह एक स्वार्थी रवैया नहीं है और क्या स्वार्थ खुशी पाने में असफल रहने का एक कारण नहीं है?

उत्तर : मैं अपने बयान पर अडिग हूँ कि उस कर्तव्य से बड़ा कोई कर्तव्य नहीं है, जो व्यक्ति का स्वयं के प्रति है।

प्रश्न : क्या एक बच्चे का अपने माता–पिता के प्रति कोई कर्तव्य नहीं है, जो उसे जीवन देते हैं और उसकी असहायता के दिनों में उसे जीविका देते हैं?

उत्तर : बिल्कुल नहीं, बल्कि बात इसके उलट है। माता–पिता को अपने बच्चों को वह सब देना चाहिए, जो वे ज्ञान के रूप में दे सकते हैं। इसके आगे माता–पिता अकसर अपने बच्चों की सहायता करने के

बजाय उन्हें बिगाड़ देते हैं—कर्तव्य की एक गलत भावना से, जो उनके बच्चों को पहले ज्ञान की तलाश करने और उसे प्राप्त करने के बजाय उन्हें बिगाड़ देती है।

प्रश्न : मैं आपका मतलब समझ रहा हूँ। आपका सिद्धांत यह है कि युवाओं पर थोपी गई बहुत अधिक मदद उन्हें भटकने और हर चीज के प्रति अनिश्चित रहने के लिए प्रोत्साहित करती है। आप मानते हैं कि आवश्यकता महान् बुद्धिमानी की शिक्षक है कि पराजय अपने साथ एक समान गुण लेकर चलती है कि हर प्रकार के अनर्जित उपहार आशीर्वाद के बजाय अभिशाप बन सकते हैं। मैं सही कह रहा हूँ न?

कमजोर मन कहता है, *"हर प्रकार के अनर्जित उपहार आशीर्वाद के बजाय अभिशाप बन सकते हैं।"*

शैरोन के नोट्स—*अपने बच्चों को देने के प्रयास में क्या हम वास्तव में उन्हें 'शाप' दे रहे हैं? माता-पिता के सोचने के लिए एक गंभीर विषय, लेकिन साथ ही एक बहुत अच्छी सलाह भी।*

उत्तर : तुमने मेरे दर्शन को बहुत अच्छी तरह प्रस्तुत किया है। मेरी मान्यता कोई सिद्धांत नहीं है। यह एक तथ्य है।

प्रश्न : तब आप वांछित परिणाम पाने के साधन के रूप में प्रार्थना की वकालत नहीं करते?

उत्तर : इसके विपरीत, मैं प्रार्थना की वकालत अवश्य करता हूँ; लेकिन उस प्रकार की प्रार्थना नहीं, जिसमें खोखले, भीख माँगते, अर्थहीन शब्द होते हैं। मैं जिस प्रकार की प्रार्थना के खिलाफ असहाय होता हूँ, वह है उद्देश्य की निश्चितता की प्रार्थना।

प्रश्न : मैंने कभी नहीं सोचा था कि उद्देश्य की निश्चितता प्रार्थना का रूप है। यह कैसे हो सकता है?

उत्तर : प्रभाव में निश्चितता प्रार्थना का एकमात्र रूप है, जिस पर कोई भरोसा कर सकता है। यह एक व्यक्ति को निश्चित उद्देश्य प्राप्त करने के लिए सम्मोहक लय का उपयोग करने की राह पर ले जाती है, सिर्फ उसे अनंत बुद्धि के महान् सार्वभौमिक भंडार से विनियोजित करने की काररवाई द्वारा। यह विनियोग, यदि तुम्हें जानने में दिलचस्पी है

तो, उद्देश्य की निश्चितता का निरंतर पीछा करने से होता है।

प्रश्न : अधिकांश प्रार्थनाएँ विफल क्यों हो जाती हैं?

उत्तर : नहीं होती हैं। सभी प्रार्थनाएँ वह लेकर आती हैं, जिसके लिए प्रार्थना की जाती है।

प्रश्न : लेकिन आपने अभी कहा कि उद्देश्य की निश्चितता प्रार्थना का एकमात्र रूप है, जिस पर व्यक्ति भरोसा कर सकता है। अब आप कह रहे हैं कि सभी प्रार्थनाएँ परिणाम लाती हैं। आपका मतलब क्या है?

उत्तर : इसमें असंगत कुछ भी नहीं है। प्रार्थना करनेवाले अधिकांश लोग प्रार्थना करने तभी जाते हैं, जब बाकी हर जगह से उन्हें हार मिलती है। स्वाभाविक रूप से वे मन में यह डर लेकर जाते हैं कि उनकी प्रार्थनाओं का जवाब नहीं मिलेगा और बस, उनके डर सच हो जाते हैं।

वह व्यक्ति, जो उद्देश्य की निश्चितता और उस उद्देश्य की प्राप्ति में विश्वास के साथ प्रार्थना करने जाता है, वह प्रकृति के नियमों को गति प्रदान करता है, जो उसकी हावी इच्छाओं को उनके भौतिक समकक्षों में परिवर्तित करते हैं। प्रार्थना का बस, इतना ही मतलब है।

प्रार्थना का एक रूप नकारात्मक है, जो केवल नकारात्मक परिणाम लाता है। दूसरा रूप सकारात्मक है और निश्चित व सकारात्मक परिणाम लाता है। क्या इससे आसान कुछ हो सकता है?

जो लोग भगवान् के आगे रोते हैं और उनसे प्रार्थना करते हैं कि वे उनके सभी कष्टों की जिम्मेदारी सँभाल लें और उन्हें जीवन की सभी आवश्यकताएँ एवं विलासिताएँ प्रदान करें, वे जो चाहते हैं, उसका निर्माण करके अपने स्वयं के मस्तिष्कों की शक्ति के माध्यम से अस्तित्व में लाने के लिए बहुत आलसी होते हैं।

जब तुम किसी व्यक्ति को ऐसी चीज के लिए प्रार्थना करते सुनो, जो उसे उसके स्वयं के प्रयासों से प्राप्त करनी चाहिए, तो तुम निश्चित तौर पर कह सकते हो कि तुम एक ड्रिफ्टर को सुन रहे हो। अनंत बुद्धि सिर्फ उन्हीं के पक्ष में रहती है, जो उसके नियमों को समझते हैं और स्वयं को उनके अनुकूल ढाल लेते हैं। वह अच्छे चरित्र या आकर्षक व्यक्तित्व की वजह से कोई भेदभाव नहीं करती। ये चीजें लोगों को एक-दूसरे के साथ अधिक सामंजस्यपूर्ण तरीके से जीवन के रास्तों से गुजरने में मदद करती हैं; लेकिन वह स्रोत, जहाँ से प्रार्थना का जवाब मिलता है, इन चीजों

से प्रभावित नहीं होता। प्रकृति का नियम है, 'जान लो कि तुम्हें क्या चाहिए। अपने आप को मेरे नियमों के अनुसार ढालो, और तुम्हें वह चीज मिल जाएगी।'

प्रश्न : क्या यह यीशु की शिक्षाओं के अनुरूप है?

शैरोन के नोट्स—*पूर्ववर्ती प्रश्न और उत्तर संगठित धर्म बनाम व्यक्तिगत आध्यात्मिकता और जिम्मेदारी की नेपोलियन हिल की आलोचना की सीमाओं को आगे बढ़ाते हैं।*

उत्तर : पूरी तरह, साथ ही ये सभी वास्तव में महान् दार्शनिकों की शिक्षाओं के अनुरूप भी हैं।

प्रश्न : क्या आपका निश्चितता का सिद्धांत विज्ञान के पुरुषों के दर्शन के अनुरूप है?

उत्तर : निश्चितता एक वैज्ञानिक और एक ड्रिफ्टर के बीच का प्रमुख अंतर है। उद्देश्य और योजना की निश्चितता के सिद्धांत के माध्यम से वैज्ञानिक प्रकृति को उसके सबसे गहन रहस्य सौंपने के लिए विवश कर देते हैं। यही सिद्धांत था, जिसके माध्यम से एडिसन ने बोलनेवाली मशीन, तापदीप्त बिजली की रोशनी और मानव जाति के कई अन्य सहायकों के रहस्य उजागर किए थे।

प्रश्न : तब मैं समझूँ कि निश्चितता सभी सांसारिक उपक्रमों में सफलता के लिए सबसे पहली आवश्यकता है। क्या यह सही है?

उत्तर : बिल्कुल। कोई भी चीज, जो लोगों को तथ्यों की जाँच करना और सटीक सोच के माध्यम से उनका निश्चित योजनाओं में समायोजन करना सिखाती है, मेरे पेशे के लिए मुश्किल है। यदि दुनिया भर में फैल रही निश्चित ज्ञान की यह प्यास जारी रही तो अगली कुछ सदियों में मेरा व्यवसाय टुकड़े-टुकड़े हो जाएगा। मैं अज्ञानता, अंधविश्वास, असहिष्णुता और डर के बल पर कामयाबी हासिल करता हूँ; लेकिन मैं स्वयं के लिए सोचनेवाले लोगों के मस्तिष्क में निश्चित योजनाओं के रूप में अच्छी तरह संगठित निश्चित ज्ञान के सामने नहीं खड़ा रह सकता।

प्रश्न : आप सर्व-शक्ति पर कब्जा करके सभी कार्यों का प्रबंधन अपने तरीके से क्यों नहीं करते?

उत्तर : तब तो तुम यह भी पूछ सकते हो कि इलेक्ट्रॉन का नकारात्मक हिस्सा सकारात्मक हिस्से पर कब्जा करके सारे कार्यों का प्रबंधन क्यों नहीं करता। इसका जवाब यह है कि इलेक्ट्रॉन के अस्तित्व के लिए ऊर्जा के सकारात्मक और नकारात्मक—दोनों हिस्से आवश्यक हैं। दोनों एक-दूसरे को समान रूप से संतुलित करते हैं, जैसे कि स्टेलमेटेड हों।

ऐसा ही मेरे और उसके साथ है, जिसे तुम सर्व-शक्ति कहते हो। हम ब्रह्मांड की संपूर्ण व्यवस्था के सकारात्मक और नकारात्मक बलों का प्रतिनिधित्व करते हैं और हम समान रूप से एक-दूसरे को संतुलित करते हैं।

यदि यह संतुलन की शक्ति थोड़ी सी भी हिला दी गई तो ब्रह्मांड की पूरी व्यवस्था जल्दी ही निष्क्रिय पदार्थ के द्रव्यमान में बदल जाएगी। अब तुम समझे कि मैं क्यों पूरे शो पर कब्जा करके अपने तरीके से नहीं चला सकता?

प्रश्न : यदि आप जो कह रहे हैं, वह सच है तो आपके पास भी सर्वव्यापी जितनी शक्ति है। क्या यह सच है?

उत्तर : यह सच है। मेरा विरोधी, तुम उसे सर्वव्यापी कहते हो, अपने आप को उन शक्तियों के माध्यम से अभिव्यक्त करता है, जिन्हें तुम प्रकृति के अच्छे एवं सकारात्मक बल कहते हो। मैं स्वयं को उन शक्तियों के माध्यम से अभिव्यक्त करता हूँ, जिन्हें तुम बुरे व नकारात्मक बल कहते हो। अच्छे और बुरे—दोनों ही बल अस्तित्व के साथ अनुकूल हैं। दोनों ही समान रूप से महत्त्वपूर्ण हैं।

प्रश्न : तब तो पूर्व नियति का सिद्धांत अच्छा है। लोग सफलता या विफलता, दु:ख या खुशी के लिए, अच्छे या बुरे होने के लिए जन्म लेते हैं और उनका इससे कुछ लेना-देना नहीं होता, न ही वे अपने स्वभाव को बदल सकते हैं। क्या यही आपका दावा है?

उत्तर : बहुत दृढ़तापूर्वक नहीं! प्रत्येक मनुष्य की उसके विचारों और कर्मों में पसंद की विस्तृत शृंखला होती है। प्रत्येक मनुष्य अपने मस्तिष्क का उपयोग या तो सकारात्मक विचारों को ग्रहण और अभिव्यक्त करने के लिए कर सकता है या नकारात्मक विचारों को अभिव्यक्त करने के लिए। इस महत्त्वपूर्ण मामले में उसकी पसंद उसके संपूर्ण

जीवन को आकार देती है।

प्रश्न : आपने जो कहा है, उससे मुझे लग रहा है कि मनुष्यों के पास आपकी या आपके विरोधी की तुलना में अभिव्यक्ति की अधिक स्वतंत्रता है। क्या यह सच है?

उत्तर : हाँ, सच है। सर्वव्यापी और मैं प्रकृति के अपरिवर्तनीय कानूनों से बँधे हैं। हम ऐसे किसी भी तरीके से स्वयं को अभिव्यक्त नहीं कर सकते, जो इन कानूनों के अनुरूप न हो।

प्रश्न : तब यह सच है कि मनुष्य के पास ऐसे अधिकार और विशेषाधिकार हैं, जो न तो सर्वव्यापी को उपलब्ध हैं, न कमजोर मन को। क्या यह सच है?

उत्तर : हाँ, यह सच है; लेकिन तुम इसमें यह भी जोड़ सकते हो कि मनुष्य इस संभावित शक्ति की प्राप्ति के लिए पूरी तरह से जाग्रत् नहीं हुआ है। मनुष्य अभी भी स्वयं को धूल के कीड़ों के समान कुछ समझता है, जबकि वास्तविकता में उसके पास सभी अन्य जीवों की मिली-जुली शक्ति से भी अधिक शक्ति है।

प्रश्न : उद्देश्य की निश्चितता मनुष्य की सब बुराइयों के लिए रामबाण प्रतीत होती है।

उत्तर : ऐसा तो शायद नहीं है; लेकिन तुम इस बात के प्रति निश्चित हो सकते हो कि इसके बिना कभी कोई स्वयं का निर्धारण नहीं कर सकता।

प्रश्न : पब्लिक स्कूलों में बच्चों को उद्देश्य की निश्चितता क्यों नहीं सिखाई जाती?

उत्तर : इसलिए, क्योंकि स्कूल के किसी भी पाठ्यक्रम के पीछे कोई निश्चित योजना या उद्देश्य नहीं होता। बच्चों को स्कूल अंक प्राप्त करने और रटने की विद्या सीखने के लिए भेजा जाता है, यह सीखने के लिए नहीं कि उन्हें जीवन से क्या चाहिए।

कमजोर मन कहता है, *''बच्चों को स्कूल अंक प्राप्त करने और रटने की विद्या सीखने के लिए भेजा जाता है, यह सीखने के लिए नहीं कि उन्हें जीवन से क्या चाहिए।''*

~*~

शैरोन के नोट्स—*एक बार फिर, मुझे यह भयावह लग रहा है। हिल ने यह चेतावनी सन् 1938 में दी थी और फिर भी यह पांडुलिपि अप्रकाशित रह गई और हम आज भी अपने स्कूलों में परीक्षा के लिए पढ़ा रहे हैं।*

मैं युवाओं को पैसों के बारे में सिखाने के लिए वित्तीय शिक्षा लाने के व्यक्तिगत मिशन पर हूँ, एक वास्तविक जीवन-कौशल, जिसकी उन्हें आवश्यकता होगी और अभी भी कई स्कूल इसे अस्वीकार कर रहे हैं; क्योंकि यह उन परीक्षण आवश्यकताओं को संतुष्ट नहीं करता, जिसके आधार पर उनका वर्गीकरण होता है और उन्हें धन प्राप्त होता है। क्या यह चेतावनी देने का समय नहीं है?

प्रश्न : स्कूल के अंक किस काम के हैं, यदि उन्हें जीवन की भौतिक और आध्यात्मिक आवश्यकताओं में नहीं बदला जा सकता?

उत्तर : मैं सिर्फ एक कमजोर मन हूँ, पहेलियों के रहस्य खोलनेवाला नहीं।

प्रश्न : आप जो कुछ भी कह रहे हैं, उससे मैंने यह निष्कर्ष निकाला है कि न तो स्कूल और न ही चर्च दुनिया के युवाओं को उनके अपने मस्तिष्कों के व्यावहारिक कार्य-साधक ज्ञान के साथ तैयार करते हैं। क्या मनुष्य के लिए उन बलों और परिस्थितियों को समझने से अधिक महत्त्वपूर्ण कोई और चीज है, जो उसके अपने मस्तिष्क को प्रभावित करती है?

उत्तर : किसी भी मनुष्य के लिए स्थायी मूल्य की केवल एक चीज है—उसके अपने मस्तिष्क का कार्यकारी ज्ञान। चर्च एक व्यक्ति को उसके अपने मस्तिष्क की संभावनाओं की जाँच करने की अनुमति नहीं देती और स्कूल इस बात को नहीं मानते कि मस्तिष्क जैसी किसी चीज का अस्तित्व है।

शैरोन के नोट्स—*नेपोलियन हिल चर्चों और उनके समय के मौजूदा संगठित धर्मों के बारे में इतना 'नीचा' क्यों सोचते हैं? मुझे लगता है कि उनकी आलोचना सच्ची भावना और विश्वास के अर्थ और सभी धार्मिक परंपराओं की अंतर्निहित वैधता के लिए एक स्थायी प्रेम से उत्पन्न होती है, चाहे मनुष्य उसे कमजोर और भ्रष्ट करने के लिए कुछ भी करते हों। क्या आपकी आस्था*

इतनी मजबूत है कि आप जिस चीज से असहमत हों, उसके खिलाफ अपने चर्च में खड़े हो सकें या आत्मविश्वास के साथ अपनी विश्वास परंपरा के सदस्यों के बगल में खड़े हो सकें? आपके मस्तिष्क और दिल, आपकी आत्मा को, जो प्रकट किया गया है, उसे स्वीकार करने और एक ऐसी दुनिया में जीवन की वास्तविकता, जो अकसर बुराई से संक्रमित रहती है, जैसे कि हिल के कमजोर मन द्वारा व्यक्त की गई है, के बीच कैसा संतुलन है?

प्रश्न : क्या आप स्कूलों और चर्चों के प्रति कुछ ज्यादा ही सख्त नहीं हैं?

उत्तर : नहीं, मैं सिर्फ जैसे वे हैं, उसका वर्णन कर रहा हूँ—बिना किसी पूर्वग्रह या पक्षपात के।

प्रश्न : क्या स्कूल और चर्च आपके कटु दुश्मन नहीं हैं?

उत्तर : उनके नेता सोच सकते हैं कि वे हैं, लेकिन मैं सिर्फ तथ्यों से प्रभावित हूँ। सच्चाई यह है कि यदि तुम्हें जानना ही है तो चर्च मेरे सबसे मददगार सहयोगी हैं और उनसे कुछ ही पीछे स्कूल हैं।

प्रश्न : आप किस विशेष या सामान्य आधार पर यह दावा कर रहे हैं?

उत्तर : इस आधार पर कि चर्च और स्कूल—दोनों ही लोगों में भटकने की आदत डालने में मेरी सहायता करते हैं।

प्रश्न : क्या आपको एहसास है कि आपका आरोप मुख्य रूप से उन दो प्रमुख संस्थानों पर एक व्यापक अभियोग है, जो अपने वर्तमान स्वरूप में सभ्यता के लिए जिम्मेदार रहे हैं?

उत्तर : क्या मुझे एहसास है? जीवित आदमी, मैं इस बात पर गर्व करता हूँ। यदि स्कूलों और चर्चों ने लोगों को सिखाया होता कि स्वयं के लिए कैसे सोचना चाहिए, तो आज मैं कहाँ होता?

प्रश्न : आपकी यह स्वीकारोक्ति उन लाखों लोगों को मायूस कर देगी, जिनके लिए मुक्ति की एकमात्र आशा उनके चर्चों में है। क्या ऐसा करना उनके प्रति क्रूरता नहीं होगी? क्या अधिकांश लोगों के लिए आपके बारे में सच जानने से बेहतर अज्ञानता के आनंद में रहना नहीं होगा?

उत्तर : 'मुक्ति' शब्द से तुम्हारा क्या अर्थ है? लोग किस चीज से बचाए जा रहे हैं? स्थायी मुक्ति का एकमात्र रूप, जो किसी मनुष्य के लिए हरे

अंजीर की कीमत के बराबर हो सकता है, वह है, जो उसके स्वयं के मस्तिष्क की शक्ति को पहचानने से आता है। अज्ञान और भय ही वे दुश्मन हैं, जिनसे मनुष्यों को मुक्ति पाने की आवश्यकता है।

प्रश्न : आप किसी भी चीज को पवित्र नहीं मानते?

उत्तर : तुम गलत कह रहे हो। मैं उस एक चीज को पवित्र मानता हूँ, जो मेरी मालिक है; वह एक चीज, जिससे मैं डरता हूँ।

प्रश्न : वह क्या है?

उत्तर : उद्देश्य की निश्चितता द्वारा समर्थित स्वतंत्र विचार की शक्ति।

प्रश्न : तब तो आपके पास डरने के लिए बहुत लोग नहीं हैं?

उत्तर : सटीक रूप से प्रत्येक सौ में से दस लोग। बाकी सब को मैं नियंत्रित करता हूँ।

प्रश्न : अब हम चर्चों को विश्राम देते हैं और पब्लिक स्कूलों पर वापस लौटते हैं। आपके बयान ने स्पष्ट रूप से बता दिया है कि बच्चों को उनके मस्तिष्कों का उपयोग करना सीखने का मौका मिले, उससे पहले उनके मस्तिष्कों पर नियंत्रण प्राप्त कर लेने की चतुर चाल द्वारा आप एक पीढ़ी से दूसरी पीढ़ी तक स्वयं को कामयाब और मजबूत करते हैं।

मैं जानना चाहता हूँ कि एक पब्लिक स्कूल व्यवस्था में क्या गलत है, जो कमजोर मन को इतने सारे लोगों को नियंत्रित करने की अनुमति देता है? मैं यह भी जानना चाहता हूँ कि शिक्षण की स्थापित व्यवस्था में क्या काम किया जा सकता है, जो यह सुनिश्चित करे कि बच्चों को पहले तो यह सीखने का अवसर मिले कि उनके पास उनके अपने दिमाग हैं और दूसरे, उन दिमागों का उपयोग आध्यात्मिक एवं आर्थिक स्वतंत्रता लाने के लिए कैसे करना चाहिए?

मैं आपके सामने यह प्रश्न पर्याप्त निश्चितता के साथ रख रहा हूँ और चूँकि आपने उद्देश्य की निश्चितता के महत्त्व पर जोर दिया है, मैं यहाँ हूँ और आपको नोटिस दे रहा हूँ कि मेरे प्रश्न का आप जो भी उत्तर दें, वह निश्चित होना चाहिए।

उत्तर : एक पल रुको और मुझे साँस लेने दो। तुमने तो मुझे अच्छा-खासा आदेश दे दिया है! यह बात अजीब सी लगती है कि तुम जीवन जीने के तरीके सीखने के लिए कमजोर मन के पास आए हो। मुझे

लगता है, तुम्हें मेरे विरोधी के पास जाना चाहिए। वहाँ क्यों नहीं जाते तुम ?

प्रश्न : महामहिम, यहाँ मुकदमा आप पर चल रहा है, मुझ पर नहीं। मैं सच जानना चाहता हूँ और मुझे फर्क नहीं पड़ता कि वह किस स्रोत से प्राप्त होता है। शिक्षा की प्रणाली में मौलिक रूप से कुछ गलत है, जिसने हमें जीवन की ऐसी बैलेंस शीट दी है, जो हमें निराशाजनक रूप से असहाय और आत्म–निर्धारण की राह की तलाश करते हुए दिखाती है, जैसे कि हम जंगल में खोए हुए असंख्य जानवर हों। मैं इस प्रणाली के बारे में दो चीजें जानना चाहता हूँ। पहली, इस प्रणाली की प्रमुख कमजोरी क्या है ? दूसरी, इस कमजोरी को दूर कैसे किया जा सकता है ? मैदान एक बार फिर आपका है ! कृपया सवाल पर कायम रहिए और मुझे गहरे, अमूर्त विषयों की चर्चा में फँसाना बंद करिए। यह निश्चित है। है कि नहीं ?

उत्तर : तुमने मेरे लिए सीधा उत्तर देने के अलावा कोई विकल्प नहीं छोड़ा है। सबसे पहली बात यह है कि पब्लिक स्कूल प्रणाली शिक्षा के विषय को गलत कोण से देखती है। स्कूल की व्यवस्था बच्चों को तथ्यों को याद करना सिखाने का प्रयास करती है, बजाय उन्हें यह सिखाने के कि उन्हें अपने दिमागों का उपयोग कैसे करना चाहिए।

प्रश्न : क्या प्रणाली में सिर्फ यही चीज गलत है ?

उत्तर : नहीं, यह तो सिर्फ शुरुआत है। स्कूल प्रणाली की एक और प्रमुख कमजोरी यह है कि यह बच्चों के दिमागों में न तो उद्‌देश्य की निश्चितता का महत्त्व स्थापित करती है, न ही युवाओं को यह सिखाने का प्रयास करती है कि किसी चीज के प्रति निश्चित कैसे होना चाहिए।

पूरी स्कूली शिक्षा का मुख्य उद्‌देश्य है छात्रों को रट्टा मारकर तथ्यों को याद करने के लिए विवश करना, न कि उन्हें सिखाना कि उन तथ्यों को संगठित करके व्यावहारिक उपयोग में कैसे लाया जाए। रटने की यह प्रणाली छात्रों के ध्यान को अंकों का संचय करने पर केंद्रित करती है, लेकिन इस महत्त्वपूर्ण प्रश्न की उपेक्षा करती है कि ज्ञान का उपयोग जीवन के व्यावहारिक मामलों में कैसे करना

चाहिए। यह प्रणाली ऐसे स्नातक तैयार करती है, जिनके नाम चर्मपत्र प्रमाण–पत्रों पर अंकित होते हैं, लेकिन जिनके दिमाग आत्म–निर्णय से रिक्त होते हैं। स्कूल प्रणाली ने आरंभ में ही खराब शुरुआत की थी। स्कूलों की शुरुआत उच्च शिक्षा के संस्थानों के रूप में हुई थी, जो पूरी तरह उन चुनिंदा लोगों के लिए संचालित होते थे, जिनका धन और परिवार उन्हें शिक्षा प्राप्त करने का अधिकारी बनाता था।

इस प्रकार, पूरी स्कूल प्रणाली का विकास शीर्ष से आरंभ करके काम करते हुए नीचे आने के लिए किया गया था। इसमें कोई आश्चर्य की बात नहीं है कि यह व्यवस्था बच्चों को उद्देश्य की निश्चितता का महत्त्व नहीं सिखाती, जबकि वास्तव में यह व्यवस्था स्वयं भी अनिश्चितता के माध्यम से विकसित हुई है।

प्रश्न : पब्लिक स्कूलों की इस कमजोरी को कैसे सही किया जा सकता है? चलिए, हम इस प्रणाली की कमजोरी की शिकायत नहीं करते, जब तक हमें इसमें सुधार लाने का कोई व्यावहारिक उपाय नहीं मिलता। दूसरे शब्दों में, जब तक हम योजना और उद्देश्य की निश्चितता के महत्त्व पर चर्चा कर रहे हैं, हम अपनी दवा ले लेते हैं और निश्चित हो जाते हैं।

उत्तर : तुम स्कूलों और चर्चों को छोड़कर अपने आप को इतनी सारी परेशानी से बचा क्यों नहीं लेते? क्या तुम नहीं जानते कि तुम अपनी नाक उन दो ताकतों के मामलों में घुसा रहे हो, जो पूरी दुनिया को नियंत्रित करती हैं? मान लो कि तुम साबित कर देते हो कि स्कूल और चर्च मनुष्य की आवश्यकताओं के लिए कमजोर और अपर्याप्त हैं। फिर तुम इन दोनों संस्थाओं को किस चीज से बदलोगे?

प्रश्न : सवाल के बदले सवाल पूछने की अपनी पुरानी चाल से मेरे प्रश्नों से बचने की कोशिश करना बंद करिए! मैं स्कूलों और चर्चों को प्रतिस्थापित करने का प्रस्ताव नहीं रख रहा हूँ, लेकिन मैं यह पता लगाने का प्रस्ताव अवश्य रख रहा हूँ, यदि मैं कर सकता हूँ कि इन संगठित ताकतों को किस प्रकार संशोधित किया जा सकता है, जिससे ये लोगों को अज्ञानता में रखने के बजाय उनकी सेवा करें। अब आगे बढ़िए और मुझे उन परिवर्तनों की पूरी सूची दीजिए, जो पब्लिक स्कूल प्रणाली में परिवर्तन ला सकते हैं।

उत्तर : अच्छा, तो तुम्हें पूरी सूची चाहिए। क्या तुम्हें सुझाए गए परिवर्तन उनके महत्त्व के क्रम में चाहिए?

शैरोन के नोट्स— ***यह एक और बिंदु है, जहाँ प्रश्नकर्ता कमजोर मन को उसके 'सुविधा क्षेत्र' से बाहर निकलने पर विवश करता है। इस वार्त्तालाप को पढ़ना मनोरंजक और उपदेशपूर्ण है, लेकिन बहुत शिक्षाप्रद भी है। यह हमारे पब्लिक स्कूलों के सुधार के लिए एक दिशा-निर्देश प्रदान करता है।***

प्रश्न : आवश्यक परिवर्तनों का वर्णन उसी तरह करें, जैसे वे आपके पास आते हैं।

उत्तर : तुम मुझे मेरे स्वयं के खिलाफ राजद्रोह का कृत्य करने पर विवश कर रहे हो, लेकिन सुनो—केवल अमूर्त ज्ञान प्रदान करने के लिए डिजाइन किए गए रूढ़िवादी नियमों का पालन करने के बजाय बच्चों को उनके स्कूल के कार्य में अग्रणी रहने का विशेषाधिकार देकर वर्तमान प्रणाली को उलट दो।

प्रशिक्षकों को छात्रों के रूप में और छात्रों को प्रशिक्षकों के रूप में सेवा करने दो।

जहाँ तक संभव हो, पूरे स्कूल-कार्य को निश्चित तरीकों में व्यवस्थित कर दो, जिनके माध्यम से छात्र काम करके सीख सकें और कक्षा कार्य को निर्देशित करो, ताकि प्रत्येक छात्र जीवन की दैनिक समस्याओं से संबंधित किसी-न-किसी प्रकार के व्यावहारिक श्रम में संलग्न हो सके।

सभी मानव उपलब्धियों का आरंभ विचारों से होता है। सभी छात्रों को व्यावहारिक विचारों की पहचान करना सिखाओ, जो उन्हें वे चीजें प्राप्त करने में सहायता कर सकें, जो उन्हें जीवन से चाहिए।

छात्रों को सिखाओ कि समय का बजट बनाकर कैसे उपयोग करना चाहिए और सबसे ऊपर, उन्हें यह सच्चाई सिखाओ कि समय मनुष्यों को उपलब्ध सबसे बड़ी संपत्ति है और सबसे सस्ती भी।

छात्रों को वे मूल उद्देश्य सिखाओ, जिनसे सभी लोग प्रभावित होते हैं और उन्हें बताओ कि इन उद्देश्यों का उपयोग जीवन की आवश्यकताओं एवं विलासिताओं को प्राप्त करने में कैसे किया जा सकता है।

छात्रों को सिखाओ कि उन्हें क्या खाना चाहिए, कितना खाना चाहिए और उचित भोजन एवं अच्छे स्वास्थ्य के बीच क्या संबंध है।

बच्चों को सेक्स की भावना की सच्ची प्रवृत्ति और कार्य सिखाओ और सबसे ऊपर, उन्हें सिखाओ कि इसे एक ऐसी प्रेरणा-शक्ति के रूप में बदला जा सकता है, जो व्यक्ति को उपलब्धि की महान् ऊँचाइयों तक ले जाने में सक्षम होती है।

बच्चों को सभी चीजों में निश्चित होना सिखाओ, जिसकी शुरुआत जीवन में एक निश्चित प्रमुख उद्देश्य का चुनाव करने से हो।

बच्चों को आदत के सिद्धांत की प्रकृति और उसमें अच्छे व बुरे की संभावनाएँ बताओ, जिसमें विषय को नाटकीय रूप देने के लिए बच्चों और वयस्कों के रोजमर्रा के अनुभवों के उदाहरण दो।

बच्चों को सिखाओ कि किस प्रकार सम्मोहक लय के माध्यम से आदतें स्थायी हो जाती हैं और उन्हें छोटी कक्षाओं से ही ऐसी आदतें अपनाने के लिए प्रभावित करो, जो उनमें स्वतंत्र विचार की क्षमता उत्पन्न करें।

बच्चों को अस्थायी हार और असफलता के बीच का अंतर सिखाओ और उन्हें बताओ कि कैसे उस समान लाभ के बीज की खोज करें, जो पराजय की हर परिस्थिति के साथ आता है।

बच्चों को उनके अपने विचार निडरता के साथ व्यक्त करना और अपने निर्णय पर भरोसा करने का विशेषाधिकार हमेशा अपने पास रखते हुए दूसरों के विचारों को अपनी इच्छानुसार स्वीकार या अस्वीकार करना सिखाओ।

बच्चों को तुरंत निर्णय लेना सिखाओ और उन्हें सिखाओ कि यदि उसे बदलने की आवश्यकता हो तो सोच-समझकर और अनिच्छा से तथा निश्चित कारण होने पर ही बदलना चाहिए।

बच्चों को सिखाओ कि मानव मस्तिष्क वह उपकरण है, जिसके द्वारा मनुष्य प्रकृति के अनंत भंडार से वह ऊर्जा प्राप्त करता है, जो निश्चित विचारों का रूप लेती है। उन्हें सिखाओ कि मस्तिष्क सोचता नहीं है, बल्कि उन उत्तेजनाओं की व्याख्या के लिए एक साधन का काम करता है, जो विचार उत्पन्न करती हैं।

बच्चों को उनके अपने मन में सद्भाव का मूल्य सिखाओ और बताओ कि यह सिर्फ आत्म-नियंत्रण के माध्यम से प्राप्य है।

बच्चों को आत्म-नियंत्रण की प्रकृति और उसका मूल्य सिखाओ।

बच्चों को सिखाओ कि एक वर्धमान प्रतिफल नियम होता है, जिसे एक आदत के तौर पर हमेशा अपेक्षा से अधिक और बेहतर सेवा के माध्यम से संचालित किया

जा सकता है और किया जाता है।

बच्चों को गोल्डन रूल का वास्तविक स्वभाव बताओ और सबसे ऊपर, उन्हें बताओ कि इस सिद्धांत के संचालन से वे दूसरे के साथ और दूसरे के लिए जो भी करते हैं, वे स्वयं अपने साथ और अपने लिए भी करते हैं।

बच्चों को सिखाओ कि वे तब तक अपना कोई मत न बनाएँ, जब तक वे ऐसे तथ्यों या मान्यताओं से न बने हों, जो कि तथ्यों के रूप में उचित रूप से स्वीकार किए जा सकें।

बच्चों को सिखाओ कि सिगरेट, शराब, नशीले पदार्थ और सेक्स में अत्यधिक लिप्त होना इच्छा-शक्ति को नष्ट करता है और भटकाव की आदत डाल देता है। इन बुराइयों से उन्हें रोको मत, सिर्फ उन्हें समझा दो।

बच्चों को सिर्फ उनके माता-पिता, धार्मिक प्रशिक्षकों या किसी और के कहने पर कोई बात मान लेने के खतरों से अवगत कराओ।

बच्चों को बिना कोई बहाना बनाए या छल का सहारा लिये वास्तविकताओं का सामना करना सिखाओ, चाहे वे सुखद हों या दुःखद।

बच्चों को उनकी छठी इंद्रिय के उपयोग को प्रोत्साहित करना सिखाओ, जिसके माध्यम से विचार अज्ञात स्रोतों से उनके दिमाग में स्वयं को प्रस्तुत करते हैं और उन सब विचारों की ध्यान से जाँच करना भी सिखाओ।

बच्चों को मुआवजे के कानून का पूरा आयात सिखाओ, जैसी कि राल्फ वाल्डो एमर्सन ने उसकी व्याख्या की थी; और उन्हें दिखाओ कि कैसे यह कानून जीवन के छोटे-मोटे, रोजमर्रा के मामलों में काम करता है।

बच्चों को सिखाओ कि निश्चित योजनाओं द्वारा समर्थित उद्देश्य की निश्चितता निरंतर और लगातार लागू किए जाने पर मनुष्यों को उपलब्ध प्रार्थना का सबसे प्रभावशाली रूप है।

बच्चों को सिखाओ कि दुनिया में उनकी जो जगह है, वह उन उपयोगी सेवाओं की गुणवत्ता और मात्रा द्वारा निश्चित रूप से मापी जाती है, जो वे दुनिया को प्रदान करते हैं।

बच्चों को सिखाओ कि ऐसी कोई समस्या नहीं है, जिसका कोई उचित समाधान नहीं है; और यह भी कि वह समाधान अकसर उस समस्या को उत्पन्न करनेवाली परिस्थिति में मिल जाता है।

बच्चों को सिखाओ कि उनकी वास्तविक सीमाएँ केवल वही होती हैं, जो वे स्वयं स्थापित करते हैं या दूसरों को उनके दिमाग में स्थापित करने की अनुमति

देते हैं। यह सिखाओ कि मनुष्य वह सब प्राप्त कर सकता है, जिसकी वह कल्पना कर सकता है और जिस पर विश्वास करता है।

बच्चों को सिखाओ कि सभी स्कूल की इमारतें और सभी पाठ्य-पुस्तकें प्राथमिक उपस्कर हैं, जो उनके मस्तिष्कों के विकास में सहायक हो सकती हैं; लेकिन वास्तविक मूल्य का एकमात्र स्कूल जीवन का महान् विश्वविद्यालय है, जहाँ व्यक्ति के पास अनुभव से सीखने का विशेषाधिकार होता है।

बच्चों को हर समय अपने आप से सच्चा होना सिखाओ। उन्हें सिखाओ कि वे सबको खुश नहीं रख सकते, इसलिए बेहतर होगा कि वे खुद को खुश रखने का अच्छा काम करें।

प्रश्न : यह एक भव्य सूची है, लेकिन यह इस तथ्य से विशिष्ट प्रतीत हो रही है कि यह आजकल पब्लिक स्कूलों में पढ़ाए जानेवाले लगभग हर विषय की उपेक्षा करती है। क्या ऐसा जान-बूझकर किया गया है?

उत्तर : हाँ, तुमने एक ऐसी सूची माँगी थी, जिसमें पब्लिक स्कूलों के पाठ्यक्रम में ऐसे बदलाव सुझाए गए हों, जिनसे बच्चों को लाभ हो तो तुम्हें वही सूची मिली है।

प्रश्न : आपके सुझाए कुछ बदलाव इतने अपरंपरागत हैं कि वे आज के अधिकांश शिक्षकों को झटका दे देंगे। आपको ऐसा नहीं लगता?

उत्तर : आज के अधिकांश शिक्षकों को झटके की आवश्यकता है। एक अच्छा मजबूत झटका अकसर उस दिमाग की मदद करता है, जो आदत की वजह से कमजोर हो गया है।

प्रश्न : क्या आपके द्वारा पब्लिक स्कूलों के लिए सुझाए बदलाव बच्चों को भटकने की आदत के खिलाफ प्रतिरक्षा प्रदान करेंगे?

उत्तर : हाँ, यह उन परिणामों में से एक है, जो ये बदलाव लाएँगे; लेकिन इसके अलावा और भी हैं।

मैं नहीं जानता कि मैं कमजोर मन की सूची की हर बात से सहमत हूँ या नहीं। हालाँकि, मैं जब उसके सुझावों की सूची के विश्लेषण के बीच रुका, तो मेरे दिमाग में यह प्रश्न आया—क्या हमारे स्कूलों को हमारे बच्चों को यही शिक्षा नहीं देनी चाहिए? कमजोर मन जानता था और हमें मालूम नहीं था?

मैं सोचता हूँ कि काश! हिल ने पूछा होता कि क्यों हमारे स्कूल ऐसे हैं, और वे आज कहाँ हैं, या क्या हैं और कहाँ नहीं हैं। हमारी स्कूली शिक्षा को जिन महान् विद्वानों ने बनाया, उन्हें कमजोर मन की बातों में से कम-से-कम कुछ बातों का महत्त्व तो अवश्य समझ आया होगा कि हमारे स्कूलों को क्या पढ़ाना चाहिए और क्या नहीं। आखिर ये चीजें इस व्यवस्था में शामिल क्यों नहीं हैं? आज हमारी अनिवार्य शिक्षा प्रणाली जैसी है, उसके मूल निर्माता लक्ष्य से इतना कैसे भटक गए थे? कमजोर मन ने दावा किया कि यही स्कूली प्रणाली आवारा लोगों की उसकी एक बड़ी फौज को बनाने और बनाए रखने का एक प्रमुख साधन है। क्या ऐसा हो सकता है?

प्रश्न : सुझाए गए बदलाव पब्लिक स्कूल प्रणाली में कैसे लागू किए जा सकते हैं? आप बेशक जानते हैं कि एक शिक्षक के दिमाग में एक नया विचार डालना उतना ही मुश्किल है, जितना एक धार्मिक प्रशिक्षक को धर्म में संशोधन करने के लिए तैयार करना, ताकि वह लोगों को जीवन से और अधिक प्राप्त करने में मदद कर सके।

शैरोन के नोट्स— ***आप में से वे लोग, जिन्होंने पब्लिक स्कूल प्रणाली में बदलाव लाने के लिए प्रयास किए हैं, शायद इस समय अपना सिर हिला रहे हैं।***

उत्तर : पब्लिक स्कूलों में व्यावहारिक विचारों को लागू करने का सबसे तेज और निश्चित तरीका है—पहले उन विचारों को निजी स्कूलों में लागू करना और फिर उनके उपयोग के लिए ऐसी माँग स्थापित करना कि पब्लिक स्कूलों के अधिकारी उन्हें लागू करने के लिए विवश हो जाएँ।

प्रश्न : क्या पब्लिक स्कूल प्रणाली में और कुछ बदलाव भी करने चाहिए?

उत्तर : हाँ, बहुत सारे। सभी पब्लिक स्कूल कार्यक्रमों में आवश्यक अन्य बदलावों में से एक है लोगों के बीच सामंजस्यपूर्ण बातचीत के मनोविज्ञान में प्रशिक्षण का एक पूरा पाठ्यक्रम शामिल करना। सभी

बच्चों को सिखाया जाना चाहिए कि वे न्यूनतम घर्षण के साथ जीवन का रास्ता कैसे तय कर सकते हैं।

प्रश्न : आप और किन बदलावों का सुझाव देते हैं?

उत्तर : प्रत्येक पब्लिक स्कूल को व्यक्तिगत उपलब्धि के सिद्धांत सिखाने चाहिए, जिनके माध्यम से व्यक्ति आर्थिक स्वतंत्रता की स्थिति तक पहुँच सकता है।

प्रश्न : और कौन से बदलाव किए जाने चाहिए?

उत्तर : कक्षाएँ पूरी तरह समाप्त कर दी जानी चाहिए। उनके बदले गोलमेज या कॉन्फ्रेंस व्यवस्था होनी चाहिए, जैसी व्यवसायी अपनाते हैं। सभी छात्रों को उन विषयों से संबंधित व्यक्तिगत निर्देश और मार्गदर्शन प्राप्त होना चाहिए, जो समूह में ठीक से नहीं पढ़ाए जा सकते।

प्रश्न : और कोई बदलाव?

उत्तर : प्रत्येक स्कूल में प्रशिक्षकों का एक सहायक समूह होना चाहिए, जिसमें व्यावसायिक एवं पेशेवर लोग, वैज्ञानिक, कलाकार, इंजीनियर और समाचार-पत्रों से जुड़े लोग शामिल हों और उनमें से प्रत्येक सभी छात्रों को अपने पेशे, व्यवसाय या काम का व्यावहारिक ज्ञान दे। प्रशिक्षकों का समय बचाने के लिए यह प्रशिक्षण कॉन्फ्रेंस प्रणाली के माध्यम से दिया जाना चाहिए।

प्रश्न : आपने जो सुझाव दिया है, वह वास्तव में शिक्षा की एक सहायक प्रणाली है, जो सभी स्कूली बच्चों को जीवन के व्यावहारिक मामलों की कार्यकारी जानकारी सीधे उसके मूल स्रोत से प्रदान करेगी। क्या आपका यही विचार है?

उत्तर : तुमने इसे सही ढंग से बताया है।

शैरोन के नोट्स— ***यह एक और विषय है, जो मैं अनुभव कर चुकी हूँ। कई वर्ष पहले हमने वैज्ञानिकों और व्यवसायियों के एक समूह को पब्लिक स्कूलों में स्वयंसेवकों के तौर पर उनके क्षेत्रों के बुनियादी पाठ्यक्रम, जैसे गणित और भौतिकी, पढ़ाने के लिए इकट्ठा किया, सिर्फ यह बताए जाने के लिए कि चूँकि वे वैज्ञानिक और व्यवसायी पेशेवर शिक्षक नहीं थे, उन्हें स्वीकार नहीं किया जा सकता है। हाल ही में स्कूलों में व्यावहारिक***

शिक्षा लाने का मिशन कई समूहों (टीच फॉर अमेरिका, अमेरिका सेव्स, जूनियर अचीवमेंट इत्यादि) द्वारा लोकप्रिय किया जा रहा है; लेकिन अभी भी यह अकसर विस्तार की सामग्री के रूप में देखा जाता है और कोर पाठ्यक्रम के हिस्से के रूप में नहीं। हमें नेपोलियन हिल की सलाह पर ध्यान देकर विभिन्न क्षेत्रों के अनुभवी पेशेवरों के निर्देशों को प्रोत्साहन देने की आवश्यकता है।

यह और इसके अलावा अन्य परिवर्तन बताते हैं कि किस प्रकार हमारी अनिवार्य शिक्षा प्रणाली में हमारे बच्चों को जो सामग्री, संदर्भ, सिद्धांत और कौशल दिया जाता है, उसे संवादात्मक, अनुभवजन्य प्रक्रिया के एक अंग के रूप में शामिल किया जाना चाहिए। इससे यह तय होगा कि हमारे बच्चे अपना जीवन किस प्रकार जीते हैं, और इस जटिल संसार पर वे कैसा प्रभाव डालेंगे, जिसमें हम रहते हैं। यहाँ यह चुनौती है—किस प्रकार हम इन सभी को एक प्रदेय कार्यक्रम के रूप में तैयार कर सकते हैं, जिसे व्यवस्थित रूप से और व्यवस्था के अंतर्गत लागू किया जा सकता है, जिससे कि यह बच्चों और वयस्कों समेत सभी भागीदारों के लिए सफलता-उन्मुख, परिणाम देनेवाली और संतोषप्रद बन सके? मुझे यह कहते हुए प्रसन्नता और गर्व का अनुभव हो रहा है कि मैं ऐसे समूहों के साथ कार्य करता हूँ, जिन्होंने इस प्रकार के कार्यक्रम तैयार किए हैं, और वे उद्देश्य की निश्चितता के साथ इन कार्यक्रमों को आगे बढ़ा रहे हैं।

हमारी ही तरह भविष्य को लेकर उनका सपना एक ऐसी शिक्षा प्रणाली बनाने का है, जो एक शक्तिशाली बल के रूप में विकसित हो, ताकि समाज को स्वप्रेरित, स्वतंत्र सोच, आत्मनिर्भर, योगदान देनेवाले सदस्य मिल सकें। और यह इससे भी कुछ अधिक महत्त्वपूर्ण देने में सक्षम हो भविष्य की पीढ़ियाँ, जो एक जटिल संसार में कार्य करने के लिए तैयार और योग्य हों, सफलतापूर्वक जी सके, खुशी-खुशी खुद को और दूसरों को सशक्त बनाए तथा इस संसार में जानकार, जिम्मेदार, सहभागी वैश्विक नागरिकों के रूप में सच्चा और स्थायी परिवर्तन ला सके, जिनमें से प्रत्येक नागरिक में उद्देश्य की निश्चितता हो!

प्रश्न : चलिए, अब हम पब्लिक स्कूल प्रणाली को छोड़कर एक पल के लिए चर्चों पर वापस जाते हैं। अपनी पूरी जिंदगी मैंने पादरियों को पाप के खिलाफ उपदेश देते और पापियों को सावधान रहने एवं पश्चात्ताप करने की चेतावनी देते सुना है, ताकि वे बच सकें; लेकिन मैंने किसी को यह बताते नहीं सुना है कि पाप क्या है? क्या आप मेरे लिए इस विषय पर कुछ प्रकाश डालेंगे?

उत्तर : पाप वह चीज है, जिसके करने से या सोचने से किसी को दुःख होता है। जिन मनुष्यों का शारीरिक एवं आध्यात्मिक स्वास्थ्य अच्छा है, उन्हें शांति के साथ और हमेशा खुश रहना चाहिए। किसी भी प्रकार का मानसिक या शारीरिक दुःख पाप की मौजूदगी का संकेत देता है।

प्रश्न : पाप के कुछ सामान्य स्वरूपों के नाम बताइए।

उत्तर : आवश्यकता से अधिक भोजन करना पाप है, क्योंकि उससे बीमारी और दुःख उत्पन्न होता है।

अत्यधिक सेक्स में लिप्त होना पाप है, क्योंकि वह व्यक्ति की इच्छा-शक्ति को तोड़ता है और उसे भटकाव की ओर ले जाता है।

मन पर ईर्ष्या, लालच, डर, घृणा, असहिष्णुता, अहं, आत्म-दया या निराशा जैसे नकारात्मक विचारों को हावी होने की अनुमति देना पाप है; क्योंकि मन की ये अवस्थाएँ भटकने की आदत की ओर ले जाती हैं।

धोखा देना, झूठ बोलना और चोरी करना पाप है; क्योंकि ये आदतें आत्म-सम्मान को नष्ट करती हैं, आत्मा को कमजोर करती हैं और दुःख का कारण बनती हैं।

अज्ञानता में रहना पाप है, क्योंकि उससे गरीबी और आत्म-निर्भरता में कमी आती है।

जीवन से ऐसी कोई चीज स्वीकार करना, जो तुम्हें नहीं चाहिए, पाप है; क्योंकि ऐसा करना मस्तिष्क का उपयोग करने की निर्लज्ज उपेक्षा इंगित करता है।

प्रश्न : क्या बिना किसी निश्चित लक्ष्य, योजना या उद्देश्य के जीवन बिताना पाप है?

उत्तर : हाँ, क्योंकि यह आदत गरीबी की ओर ले जाती है और आत्म-

निर्णय के विशेषाधिकार को नष्ट कर देती है। यह व्यक्ति को अनंत बुद्धि के साथ संपर्क के माध्यम के रूप में उसके अपने मस्तिष्क के उपयोग के विशेषाधिकार से भी वंचित कर देती है।

प्रश्न : क्या आप पाप के प्रमुख प्रेरक हैं?

उत्तर : हाँ! लोगों के मस्तिष्कों पर हर संभव तरीके से नियंत्रण प्राप्त करना मेरा पेशा है।

प्रश्न : क्या आप ऐसे व्यक्ति के मस्तिष्क को नियंत्रित कर सकते हैं, जो कोई पाप नहीं करता?

उत्तर : नहीं कर सकता, क्योंकि ऐसा व्यक्ति अपने मस्तिष्क पर किसी प्रकार के नकारात्मक विचार को हावी नहीं होने देता। मैं ऐसे व्यक्ति के मस्तिष्क में प्रवेश भी नहीं कर सकता, जो कभी पाप नहीं करता, उसे नियंत्रित करना तो दूर की बात है।

प्रश्न : पापों में सबसे आम और सबसे विनाशकारी पाप कौन सा है?

उत्तर : डर और अज्ञानता।

प्रश्न : क्या आपको इस सूची में और कुछ नहीं जोड़ना है?

उत्तर : इसमें जोड़ने के लिए और कुछ नहीं है।

प्रश्न : विश्वास क्या है?

उत्तर : यह मन की एक अवस्था है, जिसमें व्यक्ति सकारात्मक विचार की शक्ति को पहचानता है और उसका उपयोग ऐसे माध्यम के रूप में करता है, जिससे वह अनंत बुद्धि के सार्वभौमिक भंडार से अपनी इच्छानुसार संपर्क कर सकता है और उसमें से ग्रहण कर सकता है।

प्रश्न : दूसरे शब्दों में, विश्वास सभी प्रकार के नकारात्मक विचारों का अभाव है। क्या आप यही कहना चाहते हैं?

उत्तर : हाँ, यह इसका वर्णन करने का दूसरा तरीका है।

प्रश्न : क्या एक ड्रिफ्टर (भटकाववाले व्यक्ति) के पास विश्वास का उपयोग करने की क्षमता होती है?

उत्तर : उसके पास क्षमता हो सकती है, लेकिन वह उसका उपयोग नहीं करता। हर किसी के पास यह क्षमता होती है कि वह अपने मन से सभी नकारात्मक विचारों को स्पष्ट कर सके और इस प्रकार विश्वास की शक्ति का लाभ उठा सके।

प्रश्न : बात को दूसरे तरीके से रखते हुए विश्वास उद्देश्य की वस्तु की

प्राप्ति में विश्वास द्वारा समर्थित उस उद्देश्य की निश्चितता है। क्या यह सही है?

उत्तर : बिल्कुल सही है।

कमजोर मन कहता है, ***"विश्वास उद्देश्य की वस्तु की प्राप्ति में विश्वास द्वारा समर्थित उस उद्देश्य की निश्चितता है।"***

~※~

शैरोन के नोट्स—*ईश्वर पर विश्वास रखो और स्वयं पर भी।*

□

अध्याय-10

आत्म-अनुशासन

प्रश्न : हर समय उद्देश्य की निश्चितता के साथ बढ़ पाने में सक्षम होने के लिए एक व्यक्ति को क्या तैयारी करनी चाहिए?

उत्तर : उसे स्वयं पर विजय प्राप्त करनी चाहिए। जिस व्यक्ति को स्वयं पर प्रभुत्व प्राप्त नहीं है, वह दूसरों पर विजय कभी प्राप्त नहीं कर सकता। आत्म-संयम का अभाव अपने आप में अनिश्चितता का सबसे विनाशकारी रूप है।

शैरोन के नोट्स—*'जिस व्यक्ति को स्वयं पर प्रभुत्व प्राप्त नहीं है, वह दूसरों पर कभी विजय प्राप्त नहीं कर सकता।' कितनी सच बात है यह! हमारे राजनीतिक नेताओं के बारे में सोचिए, जो अनुग्रह से इसलिए गिर गए, क्योंकि वे अपने व्यवहार को नियंत्रित नहीं कर सके। हम हमारा नेतृत्व करने के लिए उन पर भरोसा कैसे कर सकते हैं?*

प्रश्न : स्वयं पर नियंत्रण की शुरुआत करते समय आरंभ कहाँ से करना चाहिए?

उत्तर : आत्म-अनुशासन के अभाव के लिए मुख्य रूप से जिम्मेदार तीन स्वाभाविक इच्छाओं पर काबू कर के। ये तीन इच्छाएँ हैं—(1) भोजन के लिए इच्छा, (2) सेक्स की अभिव्यक्ति के लिए इच्छा, (3) शिथिलता से संगठित राय व्यक्त करने की इच्छा।

प्रश्न : क्या मनुष्य की अन्य इच्छाएँ भी हैं, जिन्हें नियंत्रण की आवश्यकता है?

उत्तर : हाँ, कई हैं; लेकिन ये वे तीन इच्छाएँ हैं, जिन पर पहले काबू करना चाहिए। जब एक मनुष्य इन तीन स्वाभाविक इच्छाओं का स्वामी बन जाता है तो वह इतना आत्म-अनुशासन विकसित कर लेता है कि इनसे कम महत्त्वपूर्ण इच्छाओं पर आसानी से विजय प्राप्त कर सके।

प्रश्न : लेकिन ये तो स्वाभाविक इच्छाएँ हैं। मनुष्य को स्वस्थ और खुश रहने के लिए इनका उपभोग करना चाहिए।

उत्तर : निश्चित रूप से ये स्वाभाविक इच्छाएँ हैं, लेकिन ये खतरनाक भी हैं; क्योंकि जिन लोगों ने इन पर काबू नहीं किया है, वे इनका अत्यधिक

उपभोग करते हैं। आत्मसंयम से इन इच्छाओं पर पर्याप्त नियंत्रण रखा जा सकता है, ताकि मनुष्य उन्हें उतना ही खिलाए, जितनी आवश्यकता है और उस भोजन को रोक ले, जिसकी आवश्यकता नहीं है।

प्रश्न : आपका दृष्टिकोण दिलचस्प भी है और शैक्षणिक भी। इसका विस्तार से वर्णन कीजिए, जिससे मैं समझ पाऊँ कि लोग कैसे और किन परिस्थितियों में भूख से अधिक भोजन करते हैं।

उत्तर : उदाहरण के लिए, भौतिक भोजन की इच्छा लो। अधिकांश लोग आत्मसंयम में इतने कमजोर होते हैं कि वे अपने पेट को गरिष्ठ भोजन के संयोजनों से भर लेते हैं, जो स्वाद की दृष्टि से तो अच्छे होते हैं, लेकिन पाचन और विसर्जन के अंगों को कष्ट पहुँचाते हैं।

वे अपने पेटों में भोजन की मात्रा और संयोजन दोनों भर लेते हैं, जिसे शरीर का केमिस्ट भोजन को घातक विषैले जहर में परिवर्तित करके ही बाहर निकाल सकता है। यह जहर शरीर की सीवर प्रणाली को जाम करके स्थिर करने लगता है, जब तक कि वह अपशिष्ट पदार्थों के उन्मूलन के अपने काम में धीमा नहीं हो जाता। कुछ समय बाद यह सीवर प्रणाली काम करना पूरी तरह से बंद कर देती है और पीड़ित को वह समस्या हो जाती है, जिसे वह 'कब्ज' कहता है।

इस समय तक वह अस्पताल पहुँचने के लिए तैयार हो जाता है। स्वतः नशा या शरीर के सीवर की विषाक्तता, मस्तिष्क की मशीनरी ले लेती है और उसे पुटीन से मिलती-जुलती किसी चीज में परिवर्तित कर देती है। तब पीड़ित अपनी शारीरिक गतिविधियों में सुस्त हो जाता है और मानसिक रूप से चिड़चिड़ा व उपद्रवी हो जाता है। यदि वह अपने शरीर की सीवर प्रणाली को एक बार देख ले और उसकी दुर्गंध को एक बार सूँघ ले तो वह अपने आप से नजरें नहीं मिला पाएगा।

शहर के नाले भी खूबसूरत स्थानों की गिनती में नहीं आते, जब वे भर जाते हैं या फँस जाते हैं; लेकिन आँतों के भरे हुए या फँसे हुए सीवर की तुलना में वे साफ और मीठे प्रतीत होते हैं। भोजन करने के सुखद और आवश्यक कार्य से जोड़ने के लिए यह एक अच्छी कहानी नहीं है; लेकिन इसकी जगह वही है, क्योंकि आवश्यकता से अधिक खाना और भोजन का गलत संयोजन ही वे बुराइयाँ हैं, जो स्वतः नशे का कारण बनती हैं।

जो लोग बुद्धिमानी से खाना खाते हैं और अपने शरीर के सीवर को साफ रखते हैं, मेरे काम में बाधा उत्पन्न करते हैं; क्योंकि एक साफ शारीरिक सीवर

का आमतौर पर मतलब होता है—एक स्वस्थ शरीर और एक ऐसा मस्तिष्क, जो अच्छी तरह से काम करता है।

कल्पना करो—अगर तुम्हारी कल्पना वहाँ तक जा सकती है कि कोई व्यक्ति उद्देश्य की निश्चितता के साथ कैसे आगे बढ़ सकता है, जबकि उसके शरीर के सीवर में इतना जहर भरा हो कि रक्त-प्रवाह में सीधे डाले जाने से वह सौ लोगों की जानें ले सकता हो।

शैरोन के नोट्स—***विज्ञान ने अंततः नेपोलियन हिल का साथ पकड़ा और भौतिक क्रियाओं के बारे में और वे किस प्रकार मानसिक व भावनात्मक स्वास्थ्य से जुड़ती हैं, इस बारे में उनके अंतर्ज्ञान को पार कर लिया। फिर भी, वे इस पर एक पैर से चढ़ने को लेकर डरे नहीं थे, जैसा कि इस पुस्तक में कई अवसरों पर देखा गया है।***

प्रश्न : और यह सारी परेशानी भोजन के लिए भौतिक भूख पर नियंत्रण के अभाव का परिणाम है?

उत्तर : ठीक है। यदि तुम पूरी तरह सही होना चाहते हो तो तुम्हें कहना चाहिए कि अनुचित भोजन शरीर की अधिकांश बीमारियों के लिए और लगभग हर प्रकार के सिरदर्द के लिए जिम्मेदार है।

यदि तुम इसका सबूत चाहते हो तो सिरदर्द से पीड़ित 100 लोगों का चयन करो और प्रत्येक को उच्च एनीमा के साथ शरीर के सीवर की भरपूर सफाई दो। तुम देखोगे कि उनमें से 95 के सिरदर्द सीवर की सफाई के कुछ ही मिनटों के अंदर गायब हो जाएँगे।

प्रश्न : आंत्र पथ (इंटेस्टिनल ट्रैक्ट) के बारे में आप जो कुछ कह रहे हैं, उससे मुझे यह लग रहा है कि भोजन के लिए शारीरिक भूख पर काबू करने का मतलब आँतों को साफ रखने की उपेक्षा की आदत पर काबू करना भी है।

उत्तर : हाँ, यह सच है। शरीर के अपशिष्ट पदार्थ और भोजन के अप्रयुक्त अंश को खत्म करना भी उतना ही महत्त्वपूर्ण है, जितना भोजन को सही मात्रा और संयोजन में लेना है।

प्रश्न : मैंने स्वतः नशे को लोगों पर नियंत्रण करने के आपके उपकरण के

रूप में कभी नहीं देखा था और मैं यह देखकर बहुत हैरान हूँ कि इस सूक्ष्म दुश्मन के कितने शिकार हैं। चलिए, सुनते हैं कि आपको अन्य दो इच्छाओं के बारे में क्या कहना है?

उत्तर : ठीक है, सेक्स अभिव्यक्ति की इच्छा को ले लो। अब यह एक ऐसी शक्ति है, जिसके द्वारा मैं कमजोर और शक्तिशाली, वृद्ध और युवा, अज्ञानी और बुद्धिमान लोगों पर स्वामित्व प्राप्त करता हूँ। वास्तव में, मैं उन सबको नियंत्रित करता हूँ, जो सेक्स को नियंत्रित करने की उपेक्षा करते हैं।

प्रश्न : एक व्यक्ति सेक्स की भावना पर नियंत्रण कैसे प्राप्त कर सकता है?

उत्तर : उस भावना को संभोग के अलावा किसी अन्य प्रकार की गतिविधि में बदलकर। सेक्स मनुष्यों को प्रेरित करनेवाले सबसे शक्तिशाली बलों में से एक है। इस तथ्य के कारण यह सबसे खतरनाक बलों में से एक भी है। यदि मनुष्य अपनी सेक्स की इच्छाओं को नियंत्रित करके उन्हें एक प्रेरक शक्ति में बदल पाते और जितना समय वे सेक्स का पीछा करने में बिताते हैं, उसका आधा समय उस प्रेरक शक्ति के साथ व्यवसाय को आगे बढ़ाने में लगाते तो उन्हें गरीबी का सामना कभी नहीं करना पड़ता।

प्रश्न : क्या मैं आपकी बात से यह समझूँ कि सेक्स और गरीबी के बीच एक संबंध है?

उत्तर : हाँ, जहाँ सेक्स पर एक निश्चित नियंत्रण नहीं है। यदि सेक्स को उसकी प्राकृतिक चाल से चलने दिया जाएगा तो वह जल्दी ही व्यक्ति को भटकने की आदत की ओर ले जाएगा।

प्रश्न : क्या सेक्स और नेतृत्व में कोई संबंध है?

उत्तर : हाँ, जीवन के हर क्षेत्र में सभी महान् नेता सेक्स में अत्यधिक रुचि रखते हैं; लेकिन वे अपनी सेक्स की इच्छाओं को नियंत्रित करने की आदत का पालन करते हैं और उन्हें अपने पेशे के लिए एक प्रेरणा-शक्ति में बदल देते हैं।

प्रश्न : क्या सेक्स में अधिक लिप्त होने की आदत उतनी ही खतरनाक है, जितनी नशीले पदार्थ या शराब की आदत है?

उत्तर : इन आदतों के बीच कोई अंतर नहीं है। दोनों ही भटकने की आदत के माध्यम से सम्मोहक नियंत्रण की ओर ले जाती हैं।

प्रश्न : दुनिया सेक्स को व्यभिचार के रूप में क्यों देखती है?

उत्तर : उस अश्लील दुरुपयोग के कारण, जो लोगों ने इस भावना का किया है। अश्लील सेक्स नहीं है। अश्लील वह है, जो इसे नियंत्रित और निर्देशित करने की उपेक्षा करता है या ऐसा करने से इनकार कर देता है।

प्रश्न : क्या आपके कहने का यह मतलब है कि व्यक्ति को सेक्स के लिए इच्छा नहीं करनी चाहिए?

उत्तर : नहीं, मेरा मतलब है कि मानव जाति को उपलब्ध अन्य सभी शक्तियों की तरह सेक्स को समझा जाना चाहिए, नियंत्रित किया जाना चाहिए और मनुष्य की सेवा के लिए उपयोग में लाना चाहिए। सेक्स अभिव्यक्ति की इच्छा भी उतनी ही स्वाभाविक है, जितनी भोजन के लिए इच्छा। जिस प्रकार एक नदी को बहने से पूरी तरह नहीं रोका जा सकता, उसी प्रकार इस इच्छा को भी पूरी तरह नहीं मारा जा सकता। यदि सेक्स की भावना को अभिव्यक्ति के प्राकृतिक तरीके से दूर कर दिया जाएगा तो वह किसी और कम वांछनीय तरीके से बाहर आएगी; जैसे एक नदी, जिस पर बाँध बना दिया जाता है, बाँध को तोड़कर उसके चारों ओर प्रवाहित होने लगती है। जिस व्यक्ति में आत्म-अनुशासन की भावना होती है, वह सेक्स की भावना को समझता है, उसका सम्मान करता है और उसे नियंत्रित करके रचनात्मक गतिविधियों में बदलना सीख लेता है।

प्रश्न : सेक्स में अत्यधिक लिप्तता के क्या नुकसान हैं?

उत्तर : सबसे बड़ा नुकसान यह है कि यह मनुष्य की प्रेरणा शक्ति के सबसे बड़े स्रोत को नष्ट कर देता है और उसकी रचनात्मक ऊर्जा को बिना पर्याप्त मुआवजे के बरबाद कर देता है।

यह उस ऊर्जा को नष्ट कर देता है, जिसकी प्रकृति को मनुष्य का शारीरिक स्वास्थ्य बनाए रखने के लिए आवश्यकता होती है। सेक्स प्रकृति का सबसे उपयोगी चिकित्सकीय बल है।

यह उस चुंबकीय ऊर्जा को कम कर देता है, जो एक आकर्षक, मनभावन व्यक्तित्व का स्रोत है।

यह व्यक्ति की आँखों की चमक को कम कर देता है और उसकी

आवाज के लहजे में विरोधाभास उत्पन्न करता है।

यह उत्साह को नष्ट कर देता है, महत्त्वाकांक्षा को कम कर देता है और अनिवार्य रूप से हर विषय पर भटकने की आदत की ओर ले जाता है।

प्रश्न : मैं चाहूँगा कि आप मेरे प्रश्न का उत्तर अलग तरीके से दें, मुझे यह बताकर कि सेक्स की भावना को नियंत्रित और संचारित कर लेने पर कौन से लाभदायक परिणाम प्राप्त हो सकते हैं?

उत्तर : नियंत्रित सेक्स उस चुंबकीय बल की आपूर्ति करता है, जो लोगों को एक-दूसरे की ओर आकर्षित करता है। एक मनभावन व्यक्तित्व का यह सबसे महत्त्वपूर्ण कारक है।

यह आवाज के लहजे को गुणवत्ता प्रदान करता है और व्यक्ति को आवाज के माध्यम से मनचाही भावना व्यक्त करने में सक्षम बनाता है।

यह व्यक्ति की इच्छाओं को उद्‌देश्य की शक्ति देने में और किसी चीज की तुलना में अधिक काम करता है।

यह शरीर को बनाए रखने के लिए आवश्यक ऊर्जा से तंत्रिका तंत्र (नर्वस सिस्टम) को चार्ज रखता है।

यह कल्पना-शक्ति को तेज करता है और व्यक्ति को उपयोगी विचार उत्पन्न करने में सक्षम बनाता है।

यह व्यक्ति की शारीरिक व मानसिक गतिविधियों को तीव्रता और निश्चितता प्रदान करता है।

यह व्यक्ति को उसके जीवन के प्रमुख उद्‌देश्य की खोज में दृढ़ता और स्थिरता प्रदान करता है।

यह हर प्रकार के भय के लिए एक महान् मारक है।

यह व्यक्ति को निराशा के खिलाफ प्रतिरक्षा प्रदान करता है।

यह आलस्य और विलंब करने की प्रवृत्ति पर काबू पाने में सहायता करता है।

यह किसी भी तरह के विरोध या पराजय से गुजरते समय व्यक्ति को शारीरिक और मानसिक सहन-शक्ति देता है।

यह सभी परिस्थितियों में आत्मरक्षा के लिए आवश्यक युद्धक गुण देता है।

संक्षेप में, यह विजेता बनाता है, भगोड़ा नहीं।

प्रश्न : क्या नियंत्रित सेक्स ऊर्जा के इतने ही लाभ हैं?

उत्तर : नहीं, ये बस, इसके कुछ महत्त्वपूर्ण लाभ हैं। शायद कुछ लोग यह कहेंगे कि सेक्स का महानतम गुण यह है कि यह सभी जीवित चीजों की शाश्वतता बनाए रखने की प्रकृति की विधि है। यह एक बात ही इस विचार को खत्म करने के लिए पर्याप्त है कि सेक्स अश्लील है।

प्रश्न : आप जो कह रहे हैं, उससे मुझे यह समझ में आ रहा है कि सेक्स की भावना एक गुण है, गलती नहीं।

उत्तर : वांछित परिणामों की प्राप्ति के लिए नियंत्रित और निर्देशित किए जाने पर यह एक गुण है। उपेक्षा करके वासना की क्रियाओं की ओर जाने की अनुमति दिए जाने पर यह एक गलती है।

प्रश्न : ये सत्य माता-पिता और पब्लिक स्कूलों द्वारा बच्चों को क्यों नहीं सिखाए जाते?

उत्तर : यह उपेक्षा सेक्स की वास्तविक प्रकृति की अज्ञानता के कारण है। स्वास्थ्य को बनाए रखने के लिए सेक्स की भावना को समझना और उचित तरीके से उपयोग करना उतना ही महत्त्वपूर्ण है, जितना शरीर की सीवर प्रणाली को साफ रखना। ये दोनों विषय सभी पब्लिक स्कूलों में और हर उस घर में, जहाँ बच्चे हैं, सिखाए जाने चाहिए।

प्रश्न : क्या बच्चों को बुद्धिमानी के साथ सिखाने से पहले अधिकांश अभिभावकों को सेक्स के उचित कार्य और उपयोग पर निर्देश की आवश्यकता नहीं होगी?

उत्तर : हाँ, होगी और पब्लिक स्कूल के शिक्षकों को भी होगी।

प्रश्न : सेक्स के विषय पर सटीक ज्ञान की आवश्यकता को आप महत्त्व की क्या सापेक्ष स्थिति देंगे?

उत्तर : सूची में शीर्ष के बाद वाली स्थिति। सिर्फ एक चीज है, जो मनुष्यों के लिए इससे अधिक महत्त्व रखती है। वह है सही विचार।

कमजोर मन कहता है, *"सिर्फ एक चीज है, जो मनुष्यों के लिए इससे अधिक महत्त्व रखती है। वह है सही विचार।"*

प्रश्न : आपके कहने से क्या मैं यह समझूँ कि सेक्स के सही उपयोग का ज्ञान और सही सोचने की क्षमता मानव जाति के लिए सबसे महत्त्वपूर्ण दो चीजें हैं ?

उत्तर : मेरा तुम्हें यही समझाने का इरादा था। सही सोच पहले आती है, क्योंकि वह मनुष्य की सभी समस्याओं का समाधान है, उसकी सभी प्रार्थनाओं का जवाब है, धन और सभी भौतिक संपत्तियों का स्रोत है। सटीक सोच को उचित तरीके से नियंत्रित व निर्देशित सेक्स से सहायता प्राप्त होती है, क्योंकि सेक्स की भावना भी वही ऊर्जा होती है, जिससे व्यक्ति सोचता है। इसकी शुरुआत उन लोगों से होती है, जो आत्म-निर्णय की इतनी इच्छा रखते हैं कि उसकी कीमत चुकाने को तैयार रहते हैं। सटीक सोच की कला सीखे बिना कोई भी पूरी तरह मुक्त नहीं हो सकता—न आध्यात्मिक रूप से, न मानसिक रूप से, न शारीरिक रूप से और न आर्थिक रूप से। कोई भी व्यक्ति आवश्यक ज्ञान के हिस्से के रूप में रूपांतरण के माध्यम से सेक्स की भावना के नियंत्रण के बारे में जानकारी हासिल किए बिना सही तरीके से सोचना नहीं सीख सकता।

प्रश्न : कई लोगों को यह जानकर बहुत आश्चर्य होगा कि सोच और सेक्स की भावनाओं के बीच इतना निकट का संबंध है। अब हमें तीसरी भूख के बारे में बताइए और हम देखते हैं कि उसका आत्मसंयम से क्या संबंध है।

उत्तर : शिथिलता से संगठित किए गए मतों को अभिव्यक्त करने की आदत सबसे विनाशकारी आदतों में से एक है। इसकी घातकता राय बनाते समय, विचार करते समय या योजनाएँ संगठित करते समय तथ्यों को खोजने के बजाय अनुमान लगाने के लिए लोगों को प्रभावित करने की प्रवृत्ति में है।

यह आदत एक ग्रास-हॉपर मस्तिष्क का विकास करती है—एक ऐसा मस्तिष्क, जो एक चीज से दूसरी चीज पर कूदता है, लेकिन कभी कोई काम पूरा नहीं करता।

और बेशक, मतों की अभिव्यक्ति में लापरवाही भटकने की आदत की ओर ले जाती है। वहाँ से केवल एक या दो कदम की दूरी

होती है, जब व्यक्ति सम्मोहक लय के नियम से बँध जाता है, जो स्वचालित रूप से सही सोच को रोक देता है।

कमजोर मन कहता है, *''शिथिलता से संगठित किए गए मतों को अभिव्यक्त करने की आदत सबसे विनाशकारी आदतों में से एक है।''*

प्रश्न : मतों की स्वतंत्र अभिव्यक्ति के और क्या नुकसान हैं?

उत्तर : जो व्यक्ति बहुत अधिक बोलता है, वह दुनिया को अपने उद्देश्यों व योजनाओं के बारे में बता देता है और दूसरों को अपने विचारों से लाभ उठाने का अवसर देता है।

बुद्धिमान लोग अपनी योजनाएँ अपने तक ही रखते हैं और बिन माँगी राय देने से बचते हैं। इससे दूसरे लोग उनके विचारों को विनियोजित नहीं कर पाते और साथ ही दूसरों के लिए उनकी योजनाओं में हस्तक्षेप करना मुश्किल हो जाता है।

प्रश्न : इतने सारे लोगों में बिना माँगी राय देने की आदत क्यों होती है?

उत्तर : यह आदत अहंकार और घमंड व्यक्त करने का एक तरीका है। आत्म-अभिव्यक्ति की आदत लोगों में जन्मजात होती है। इसके पीछे का उद्देश्य होता है—लोगों का ध्यान आकर्षित करना और उन्हें अनुकूल रूप से प्रभावित करना। वास्तव में, इसका असर बिल्कुल उलटा होता है। जब स्व-आमंत्रित वक्ता ध्यान आकर्षित करता है तो उसका असर आमतौर पर प्रतिकूल होता है।

प्रश्न : हाँ, और आदत के अन्य नुकसान क्या हैं?

उत्तर : जो व्यक्ति बहुत अधिक बोलता है, उसके पास दूसरों को सुनकर सीखने का अवसर बहुत कम होता है।

प्रश्न : लेकिन क्या यह सच नहीं है कि एक चुंबकीय वक्ता अकसर अपने वक्तृत्व कौशल द्वारा लोगों का ध्यान आकर्षित करके अपने लाभ के अवसर उत्पन्न कर लेता है?

उत्तर : हाँ, एक चुंबकीय वक्ता के पास अपने भाषण से लोगों को प्रभावित करने की क्षमता के रूप में जबरदस्त मूल्य की संपत्ति होती है; लेकिन यदि वह बिना निमंत्रण लोगों पर अपना भाषण थोपेगा तो

अपनी संपत्ति का सर्वोत्तम उपयोग नहीं कर पाएगा।

कोई भी अकेला गुण एक व्यक्ति के व्यक्तित्व में उतनी गुणवत्ता नहीं जोड़ता, जितनी कि भावना, बल और दृढ़ विश्वास के साथ बोलने की क्षमता जोड़ती है; लेकिन वक्ता को बिना निमंत्रण दूसरों पर अपना भाषण नहीं थोपना चाहिए। एक पुरानी कहावत है कि किसी भी चीज का मूल्य उसकी वास्तविक लागत से अधिक नहीं होता। यह कहावत मतों की निःशुल्क, बिन माँगी अभिव्यक्ति पर भी उतनी ही लागू होती है, जितनी भौतिक चीजों पर।

प्रश्न : उन लोगों का क्या, जो अपनी राय लिखित रूप में व्यक्त करके दे देते हैं? क्या वे भी आत्मसंयम के अभाव से ग्रस्त हैं?

उत्तर : पृथ्वी के सबसे खराब कीटों में से एक वह व्यक्ति होता है, जो प्रमुख पदों पर स्थित लोगों को अनिमंत्रित पत्र लिखता है। सार्वजनिक कार्यालय में कार्यरत लोग, चलचित्रों के सितारे; वे लोग, जो व्यवसाय में सफल हो चुके हैं या बेस्ट-सेलिंग पुस्तक लिख चुके हैं और वे लोग, जिनके नाम अकसर समाचार-पत्रों में छपते रहते हैं, लगातार ऐसे लोगों द्वारा घेर लिये जाते हैं, जो हर विषय पर अपने विचार व्यक्त करते हुए पत्र लिखते रहते हैं।

प्रश्न : लेकिन अनिमंत्रित पत्र लिखना आत्म-अभिव्यक्ति के माध्यम से खुशी पाने का एक हानि-रहित तरीका है। है न? इस आदत से कोई क्या नुकसान कर सकता है?

यह याद रखना कि पत्र-लेखन लिखित रूप में संवाद करने का एकमात्र तरीका था, जब नेपोलियन हिल ने यह पांडुलिपि लिखी थी। जैसा कि आप पढ़ते हैं, सोचते हैं कि ब्लॉगिंग और सोशल नेटवर्किंग की आज की दुनिया पर उनके विचार कैसे लागू होंगे!

उत्तर : आदतें संक्रामक होती हैं। हर आदत अपने रिश्तेदारों के एक झुंड को आमंत्रित करती है। ऐसा कोई काम करने की आदत, जो बेकार हो, अन्य बेकार आदतों के निर्माण की ओर ले जाती है, विशेष रूप से भटकने की आदत की ओर।

लेकिन मतों की अनिमंत्रित अभिव्यक्ति की आदत से जुड़े खतरे बस, इतने ही नहीं हैं। यह आदत दुश्मन बनाती है और उनके हाथों में खतरनाक हथियार दे देती है, जिससे वे इसमें लिप्त होनेवाले लोगों को भारी चोट पहुँचा सकते हैं। चोर, आत्मविश्वासी लोग और ठग इन अनिमंत्रित पत्रों के लेखकों के नाम व पतों के लिए भारी कीमत चुकाते हैं; क्योंकि वे जानते हैं कि ऐसे पत्रों के लेखक उन विभिन्न योजनाओं के आसान शिकार बन सकते हैं, जिनमें उनके पैसों का नुकसान होता है। वे ऐसे पत्र लिखनेवालों का उल्लेख 'पागल' कहकर करते हैं। यदि तुम जानना चाहते हो कि अनिमंत्रित पत्र लिखनेवाले लोग कितने बेवकूफ होते हैं, तो किसी भी अखबार का बेवकूफों का स्तंभ पढ़ो, वह स्तंभ, जिसमें अखबार अपने पाठकों के स्वैच्छिक मत छापते हैं और तुम खुद देखोगे कि कैसे उन पत्रों के लेखक लोगों को नाराज करते हैं और दूसरों का विरोध आमंत्रित करते हैं।

प्रश्न : मुझे बिल्कुल नहीं पता था, महामहिम, कि लोग अपने मतों की अनिमंत्रित अभिव्यक्ति से इतनी मुश्किलों में आ सकते हैं; लेकिन अब जब आपने इस विषय को छेड़ा है तो मुझे याद आ रहा है कि मैंने एक प्रमुख पत्रिका के संपादक को आलोचना का एक अनिमंत्रित पत्र लिखा था, जिसके जुरमाने के रूप में मुझे उनके स्टाफ से मोटे वेतन का पद छोड़ना पड़ा था।

उत्तर : यह बिल्कुल सही उदाहरण है। आत्म-अनुशासन शुरू करने के लिए सबसे उचित स्थान वह है, जहाँ तुम खड़े हो। शुरू करने का तरीका है, पहले इस सच को पहचानना कि असंख्य ब्रह्मांडों में प्राकृतिक नियमों की शक्ति के अलावा अच्छे या बुरे के लिए कुछ नहीं है। असंख्य ब्रह्मांडों के बीच कहीं भी कोई ऐसा एक व्यक्तित्व नहीं है, जिसके पास मनुष्य को प्रभावित करने की थोड़ी सी भी शक्ति हो, सिवाय प्रकृति और स्वयं मनुष्यों के।

ऐसा कोई व्यक्ति इस समय जीवित नहीं है, कभी रहा नहीं है और कभी रहेगा भी नहीं, जिसके पास दूसरे मनुष्य को स्वतंत्र और मुक्त विचार के जन्मजात अधिकार से वंचित करने का अधिकार या शक्ति हो। यह एकमात्र विशेषाधिकार है, जिस पर किसी मनुष्य का संपूर्ण नियंत्रण हो सकता है।

कोई वयस्क व्यक्ति विचार की स्वतंत्रता का अधिकार कभी नहीं खोता; लेकिन अधिकांश मनुष्य इस विशेषाधिकार के लाभ खो देते हैं—या तो स्वयं उनकी उपेक्षा करके या इसलिए, क्योंकि वे उनकी समझने की उम्र से पहले ही

उनके माता-पिता या धार्मिक प्रशिक्षकों द्वारा छीन लिये जाते हैं। ये स्पष्ट सत्य हैं और इस वजह से कम महत्त्वपूर्ण नहीं हो जाते; क्योंकि इनकी ओर तुम्हारा ध्यान कमजोर मन ने आकर्षित किया है, मेरे विरोधी ने नहीं।

हिल उन विचारों की हमारी बिन बुलाए अभिव्यक्ति से स्वतंत्र विचार रखने के हमारे अधिकार को भंग कर देता है। आज के ब्लॉगिंग और सोशल मीडिया की दुनिया में आप इस सिद्धांत को कैसे लागू करेंगे?

प्रश्न : लेकिन संकट के समय लोग किसके पास सहारा ढूँढ़ेंगे, जब उन्हें पता ही नहीं होगा कि मदद कहाँ और किससे माँगनी है?

उत्तर : उन्हें मनुष्य के लिए उपलब्ध एकमात्र भरोसेमंद शक्ति पर निर्भर होने दो।

प्रश्न : और वह क्या है?

उत्तर : वे खुद, उनके अपने विचारों की शक्ति। वह एकमात्र शक्ति, जिसे वे नियंत्रित कर सकते हैं और जिस पर वे भरोसा कर सकते हैं। वह एकमात्र शक्ति, जो उनके साथी मनुष्यों द्वारा विकृत, रंगीन, संशोधित और झूठी नहीं बनाई जा सकती।

कमजोर मन कहता है, ***''किसी मनुष्य को उपलब्ध एकमात्र भरोसेमंद शक्ति, उनके अपने विचारों की शक्ति। वह एकमात्र शक्ति, जिसे वह नियंत्रित कर सकता है और जिस पर भरोसा कर सकता है।''***

~*~

शैरोन के नोट्स— ***तुम अन्य लोगों को नियंत्रित भले ही न कर सको, लेकिन उनके और उनके कार्यों के प्रति अपनी प्रतिक्रिया को अवश्य नियंत्रित कर सकते हो। यह बात कहने के लिए आसान है, लेकिन करनी बहुत मुश्किल। हम दूसरों को बदलना चाहते हैं, जबकि वास्तव में हम सिर्फ खुद को और उनके प्रति अपनी प्रतिक्रिया को बदल सकते हैं।***

प्रश्न : आप जो भी कह रहे हैं, वह तर्कसंगत लग रहा है; लेकिन ऐसी गहरी सच्चाइयों की खोज करने के लिए मुझे कमजोर मन के पास क्यों आना चाहिए? चलिए, हम उन सात सिद्धांतों की ओर लौटते हैं। आप पहले ही इस बात को स्पष्ट करने के लिए पर्याप्त जानकारी दे चुके हैं कि सम्मोहक लय की शक्ति को तोड़ने का रहस्य इन सात सिद्धांतों में छुपा है। आप यह भी दिखा चुके हैं कि इन सिद्धांतों में सबसे महत्त्वपूर्ण आत्मसंयम है। अब आगे बढ़िए और उन पाँच सिद्धांतों का विवरण दीजिए, जिनका उल्लेख आपने अब तक नहीं किया है और बताइए कि मनुष्य को आत्म-संयम प्रदान करने में उनकी क्या भूमिका होती है।

उत्तर : सबसे पहले मुझे अपनी स्वीकारोक्ति के उस हिस्से को संक्षेप में दोहराने दो, जिस पर हम पहले ही चर्चा कर चुके हैं। मैं तुम्हें साफ-साफ बता चुका हूँ कि मनुष्यों पर नियंत्रण प्राप्त करने के लिए मेरे दो सबसे प्रभावी हथियार हैं—भटकाव की आदत और सम्मोहक लय का नियम। मैं तुम्हें दिखा चुका हूँ कि भटकाव एक प्राकृतिक कानून नहीं है, बल्कि एक मानव-निर्मित आदत है, जो मनुष्य को सम्मोहक लय के कानून के अधीन ले जाती है।

ये सात सिद्धांत वे साधन हैं, जिनके द्वारा मनुष्य सम्मोहक लय के बंधन को तोड़ सकता है और अपने मस्तिष्क पर पुनः नियंत्रण प्राप्त कर सकता है। तो तुम देख सकते हो कि ये सात सिद्धांत वे सात कदम हैं, जो सम्मोहक लय के शिकारों को उस स्व-निर्मित जेल से बाहर ले जाते हैं, जिसमें वे बंद होते हैं।

प्रश्न : तो ये सात सिद्धांत वह चाबी है, जो आध्यात्मिक, मानसिक और आर्थिक आत्मनिर्णय के दरवाजे खोलती है। क्या यह सच है?

उत्तर : हाँ, यह सच को कहने का दूसरा तरीका है।

□

अध्याय-11

प्रतिकूलता से सीखना

प्रश्न : क्या असफलता से कभी मनुष्य को लाभ भी होता है ?

उत्तर : हाँ, लेकिन कम ही लोग जानते हैं कि हर प्रतिकूलता अपने साथ एक समान लाभ का बीज लेकर आती है। उससे भी कम लोग अस्थायी हार और असफलता के बीच का अंतर जानते हैं। यदि यह जानकारी सामान्य रूप से जानी जाती तो मुझे मनुष्यों पर नियंत्रण करने के अपने सबसे शक्तिशाली हथियारों में से एक से वंचित होना पड़ता।

प्रश्न : लेकिन मुझे तो आपके कहने से यह समझ में आया कि असफलता आपके सबसे बड़े सहयोगियों में से एक है। आपकी स्वीकारोक्ति से मुझे ऐसा लगा कि असफलता के कारण लोग महत्त्वाकांक्षा खो देते हैं और प्रयास करना छोड़ देते हैं और फिर, आप बिना उनके विरोध के उन पर कब्जा कर लेते हैं ?

उत्तर : मैं यही कहना चाहता हूँ। मैं उनके प्रयास करना छोड़ देने क़े बाद उन पर कब्जा कर लेता हूँ। यदि वे अस्थायी हार और असफलता के बीच का अंतर जानते तो वे जीवन से प्रतिकूलता मिलने पर हार नहीं मानते। यदि वे जानते कि हर प्रकार की पराजय और सभी असफलताएँ अपने साथ अजन्मे अवसर का बीज लेकर आती हैं तो वे लड़ते रहते और अंततः जीत जाते। सफलता आमतौर पर उस बिंदु से एक छोटे से कदम पर होती है, जहाँ व्यक्ति प्रयास करना छोड़ देता है।

प्रश्न : क्या प्रतिकूलता, पराजय और असफलता से व्यक्ति बस, इतना ही सीख सकता है ?

उत्तर : नहीं, यह तो उसका एक छोटा सा हिस्सा है, जो वह सीख सकता है। तुम्हें यह बताना मुझे बिल्कुल अच्छा नहीं लग रहा है; लेकिन असफलता अकसर एक छुपे हुए आशीर्वाद का काम करती है, क्योंकि वह सम्मोहक लय की ताल को तोड़ देती है और मस्तिष्क को एक नई शुरुआत के लिए मुक्त कर देती है।

प्रश्न : अब हम कहीं पहुँच रहे हैं। तो आखिर आपने स्वीकार कर ही लिया कि सम्मोहक लय का प्रकृति का नियम भी प्रकृति द्वारा ही रद्द किया जा सकता है और अकसर किया भी जाता है। क्या यह सही बात है ?

उत्तर : नहीं, यह बात को कहने का सही तरीका नहीं है। प्रकृति कभी अपने किसी प्राकृतिक नियम को वापस नहीं लेती। प्रकृति सम्मोहक लय के माध्यम से कभी किसी मनुष्य के विचार की स्वतंत्रता नहीं छीनती। मनुष्य इस नियम के दुरुपयोग द्वारा स्वयं अपनी स्वतंत्रता छोड़ देता है। यदि कोई व्यक्ति पेड़ से नीचे कूदता है और गुरुत्वाकर्षण के नियम द्वारा पृथ्वी के साथ शरीर के अचानक प्रभाव से मर जाता है तो तुम यह तो नहीं कहोगे कि प्रकृति ने उसकी हत्या कर दी! कहोगे क्या? तुम कहोगे कि उस व्यक्ति ने गुरुत्वाकर्षण के नियम को ठीक से खुद से संबद्ध करने की उपेक्षा की।

प्रश्न : अब मुझे समझ में आ रहा है। सम्मोहक लय का नियम नकारात्मक और सकारात्मक—दोनों तरह से लागू किए जाने में सक्षम है। यह विचार की स्वतंत्रता के विशेषाधिकार के नुकसान के जरिए मनुष्य को गरीबी में खींच सकता है, या विचार के स्वतंत्र उपयोग के माध्यम से मनुष्य को उपलब्धि की महान् ऊँचाइयों तक जाने में मदद कर सकता है। यह इस पर निर्भर करता है कि एक व्यक्ति इस नियम से स्वयं को कैसे संबद्ध करता है। क्या यह बात सही है?

उत्तर : अब तुम सही समझ रहे हो।

प्रश्न : लेकिन असफलता का क्या? कोई जान-बूझकर, पहले से उद्देश्य बनाकर विफल नहीं होता। अस्थायी हार को कोई प्रोत्साहित नहीं करता। ये ऐसी परिस्थितियाँ होती हैं, जिन पर अकसर व्यक्ति का कोई नियंत्रण नहीं होता। तब यह कैसे कहा जा सकता है कि प्रकृति किसी की वैचारिक स्वतंत्रता नहीं छीनती, जब विफलता एक नई शुरुआत के लिए आवश्यक महत्त्वाकांक्षा, इच्छा-शक्ति और आत्मविश्वास को नष्ट कर देती है?

उत्तर : विफलता एक मानव-निर्मित परिस्थिति है। यह तब तक वास्तविक नहीं होती, जब तक इसे व्यक्ति द्वारा स्थायी रूप में स्वीकार नहीं किया जाता। बात को दूसरी तरह से कहते हुए, विफलता मन की एक अवस्था है, इसलिए यह एक ऐसी चीज है, जिसे एक व्यक्ति तब तक नियंत्रित कर सकता है, जब तक वह इस विशेषाधिकार के उपयोग की उपेक्षा नहीं करता। प्रकृति लोगों को विफल होने के लिए विवश नहीं करती; लेकिन प्रकृति सभी मस्तिष्कों पर सम्मोहक

लय का अपना कानून अवश्य लागू करती है और इस कानून के माध्यम से उन मस्तिष्कों पर हावी विचारों को स्थायित्व देती है। दूसरे शब्दों में, यदि एक व्यक्ति किसी परिस्थिति को स्थायी असफलता के रूप में स्वीकार लेता है तो उसके असफल विचारों को सम्मोहक लय का नियम नियंत्रण में ले लेता है और स्थायी बना देता है। यही नियम उतनी ही तत्परता से नियंत्रण प्राप्त करके सफलता के स्थायी विचार भी बनाता है।

कमजोर मन कहता है, *''विफलता मन की एक अवस्था है, इसलिए यह एक ऐसी चीज है, जिसे एक व्यक्ति तब तक नियंत्रित कर सकता है, जब तक इस विशेषाधिकार का उपयोग करने की उपेक्षा नहीं करता।''*

~※~

शैरोन के नोट्स— *क्या यह सच हो सकता है? क्या हिल ने आपको आश्वस्त कर दिया है कि 'विफलता एक मानव-निर्मित परिस्थिति है?' मुझे लगता है, उनका मामला सम्मोहक है। यदि मैं अपने जीवन को बारीकी से देखूँ, व्यवसाय में मेरी अपनी सफलताएँ और विफलताएँ, गलतियाँ और गलत कदम, तो क्या मैं उनके लिए अपने अलावा किसी और को जिम्मेदार ठहरा सकती हूँ? क्या आपके जीवन का निजी लेखा-जोखा अलग परिणाम देगा? नेपोलियन हिल ने मुझे अतीत की तुलना में विफलता को अलग नजरिए से देखने में मदद की है।*

प्रश्न : तो फिर, एक बार जब सम्मोहक लय एक व्यक्ति के मस्तिष्क पर कब्जा कर लेती है तो उसकी पकड़ तोड़ने में विफलता उसकी क्या मदद करती है?

उत्तर : विफलता एक चरमोत्कर्ष की स्थिति लाती है, जिसमें व्यक्ति को अपने मन से डर निकालकर एक दूसरी दिशा में नई शुरुआत करने का विशेषाधिकार मिलता है। विफलता निर्णायक रूप से साबित करती है कि व्यक्ति के उद्देश्यों में या उन योजनाओं में, जिनके

द्वारा वह उन उद्देश्यों को पूरा करना चाहता है, कोई गड़बड़ है। विफलता उस आदत–पथ का मृत अंत है, जिस पर व्यक्ति चलता रहा है और जब वह वहाँ पहुँच जाता है, वह उसे उस पथ को छोड़कर दूसरा पथ लेने और इस प्रकार एक नई लय का निर्माण करने के लिए विवश करती है।

लेकिन विफलता इससे अधिक करती है। यह व्यक्ति को उसकी खुद की परीक्षा लेने का अवसर देती है, जिसमें वह जान सकता है कि उसके पास कितनी इच्छा–शक्ति है। विफलता लोगों को ऐसी कई सच्चाइयाँ जानने के लिए भी विवश करती है, जो वे उसके बिना कभी नहीं जान पाते। विफलता एक व्यक्ति को आत्म–अनुशासन की शक्ति की समझ भी देती है, जिसके बिना किसी के लिए भी एक बार सम्मोहक लय का शिकार बनने के बाद वापस नहीं लौटना संभव नहीं होता।

उन सभी लोगों के जीवन का अध्ययन करो, जो किसी भी क्षेत्र में उत्कृष्ट सफलता प्राप्त करते हैं और तुम देखोगे कि उनकी सफलता आमतौर पर सफल होने के पहले की पराजय के उनके अनुभवों के सटीक अनुपात में है।

कमजोर मन कहता है, *''विफलता एक चरमोत्कर्ष की स्थिति लाती है, जिसमें व्यक्ति को अपने मन से डर निकालकर एक दूसरी दिशा में नई शुरुआत करने का विशेषाधिकार मिलता है।''*

प्रश्न : क्या आपको विफलता के लाभों के बारे में इतना ही कहना है?

उत्तर : नहीं, अभी तो मैंने शुरुआत ही की है। यदि तुम प्रतिकूलता, विफलता, पराजय और बाकी सभी अनुभवों का वास्तविक महत्त्व जानना चाहते हो, जो एक मनुष्य की आदतों को तोड़ते हैं और उसे नई आदतें बनाने के लिए विवश करते हैं, तो प्रकृति को काम करते हुए देखो। प्रकृति शरीर की शारीरिक लय को तोड़ने के लिए बीमारी का उपयोग करती है, जब कोशिकाएँ और अंग गलत तरीके से संबद्ध हो जाते हैं। वह सामूहिक विचार की लय तोड़ने के लिए

आर्थिक अवसादों का प्रयोग करती है, जब बड़ी संख्या में लोग व्यावसायिक, सामाजिक और राजनीतिक गतिविधियों के माध्यम से गलत तरीके से संबद्ध हो जाते हैं और जब एक व्यक्ति के अपने खुद के मस्तिष्क खुद से ही गलत तरीके से संबद्ध हो जाता है तो नकारात्मक विचार की लय तोड़ने के लिए वह विफलता का उपयोग करती है।

ध्यान से देखो और तुम्हें पता चलेगा कि प्रकृति में हर जगह एक प्राकृतिक नियम हमेशा काम करता है, जो सभी पदार्थों, सभी ऊर्जाओं और विचार की शक्ति को एक अनंत बदलाव देता है। ब्रह्मांडों में एकमात्र स्थायी चीज बदलाव है। अनंत, निष्ठुर बदलाव, जिसके माध्यम से पदार्थ के प्रत्येक कण और ऊर्जा की प्रत्येक इकाई के पास पदार्थ और ऊर्जा की अन्य सभी इकाइयों से उचित तरीके से संबद्ध होने का अवसर होता है और प्रत्येक मनुष्य के पास अन्य सभी मनुष्यों से उचित रूप से संबद्ध होने का अवसर एवं विशेषाधिकार होता है, चाहे वे कितनी भी गलतियाँ कितनी ही बार दोहराएँ, या वह किसी भी तरह से पराजित हुआ हो।

जब एक देश को सामूहिक असफलता जकड़ लेती है, जैसे कि वर्ष 1929 का विश्व व्यापार अवसाद, तब परिस्थिति मनुष्य की आदतों को तोड़कर नए अवसर प्रदान करने की प्रकृति की योजना के साथ पूर्ण सामंजस्य में होती है।

शैरोन के नोट्स—*इस समय वर्तमान आर्थिक उथल-पुथल के दौरान इस पुस्तक को प्रकाशित करने की खूबसूरती यह है कि प्रकृति एक बार फिर मनुष्य की आदतों को तोड़ रही है और नए अवसर प्रस्तुत कर रही है।*

प्रश्न : आप जो कह रहे हैं, उससे मुझे कौतूहल हो रहा है। क्या मैं यह समझूँ कि सम्मोहक लय का उस तरीके से कुछ लेना-देना है, जिससे लोग अपने आप को एक-दूसरे से संबद्ध करते हैं ?

उत्तर : वह अमूर्त एवं मायावी चीज, जिसे 'चरित्र' कहते हैं, और कुछ नहीं, बल्कि सम्मोहक लय के नियम की अभिव्यक्ति है, इसलिए

किसी के चरित्र के बारे में बात करते समय यह कहना उचित होगा कि उसकी वैचारिक आदतें सम्मोहक लय के माध्यम से एक नकारात्मक या सकारात्मक व्यक्तित्व में ढल गई हैं। एक व्यक्ति अच्छा या बुरा सम्मोहक लय के माध्यम से उसके विचारों और कर्मों के एक साथ बुने जाने के कारण होता है। एक व्यक्ति गरीबी से ग्रस्त या प्रचुरता से धन्य इसलिए होता है, क्योंकि उसके लक्ष्य, योजनाएँ और इच्छाएँ या उनके अभाव सम्मोहक लय द्वारा स्थायी और वास्तविक बना दिए गए हैं।

प्रश्न : क्या आपको सम्मोहक लय और मानव संबंधों के बीच के रिश्ते के बारे में इतना ही कहना है?

उत्तर : नहीं, अभी तो मैंने शुरुआत की है। याद रखो कि जब मैं बात कर रहा हूँ तो मैं सम्मोहक लय के सभी मानव संबंधों के संदर्भ में प्रभाव के बारे में बता रहा हूँ। जो लोग व्यवसाय में सफल होते हैं, उन्हें वह सफलता सिर्फ सहयोगियों और व्यवसाय के बाहर के लोगों के साथ संबंध स्थापित करने के उनके तरीके से मिलती है।

सफल पेशेवर लोगों की सफलता का कारण भी उनका तरीका है, जिससे वे अपने ग्राहकों से खुद को संबद्ध करते हैं। एक वकील के लिए लोगों को जानना और प्रकृति के कानूनों को जानना कानून जानने से कहीं अधिक महत्त्वपूर्ण है और एक डॉक्टर शुरुआत करने से पहले ही असफल हो जाएगा, यदि वह यह नहीं जानता कि मरीजों का विश्वास जीतने के लिए उनसे कैसे संबंध स्थापित करने चाहिए।

एक विवाह के सफल या असफल होने का कारण भी वह तरीका है, जिससे पति-पत्नी एक-दूसरे से खुद को संबद्ध करते हैं। एक विवाह में सही रिश्ते की शुरुआत विवाह के लिए सही इरादे से होती है। अधिकांश विवाह खुशी नहीं लाते, क्योंकि प्रतिभागी पक्ष सम्मोहक लय के नियम को न तो समझते हैं और न ही समझने का प्रयास करते हैं, जिसके संचालन के माध्यम से हर शब्द, जो वे बोलते हैं; हर कार्य, जिसमें वे संलग्न होते हैं और हर उद्देश्य, जिसके द्वारा वे एक-दूसरे से व्यवहार करते हैं, उठाकर एक जाल के रूप में बुन लिया जाता है, जो उन्हें या तो विवादास्पद दुःख में

फँसा देता है या उन्हें स्वतंत्रता के पंख दे देता है, जिसके द्वारा वे हर प्रकार के दु:ख से ऊपर उठ जाते हैं।

लोगों के बीच हर नव-निर्मित परिचय पहले दोस्ती में पनपता है और फिर आध्यात्मिक सद्भाव में (जिसे कभी-कभी 'प्रेम' कहा जाता है) या फिर वह संदेह और शंका का बीज बोता है, जो विकसित होकर और बढ़कर खुले विद्रोह का रूप ले लेता है, यह इस बात पर निर्भर करता है कि उस परिचय के प्रतिभागी खुद को एक-दूसरे से कैसे संबद्ध करते हैं।

सम्मोहक लय संपर्क करनेवाले मस्तिष्कों के हावी इरादे, लक्ष्य, उद्देश्य और भावनाएँ उठाती है और उन्हें एक सीमा तक विश्वास या डर, प्रेम या घृणा में बुन देती है। समय के साथ जब यह पैटर्न एक निश्चित आकार ले लेता है तो उसे संपर्क करनेवाले मस्तिष्कों में रोपित करके उसका हिस्सा बना देती है।

इस प्रकार, इस मूक तरीके से प्रकृति प्रत्येक मानव संबंध के हावी कारकों को स्थायी बना देती है। प्रत्येक मानव संबंध में संपर्क करनेवाले व्यक्तियों के बुरे इरादे और बुरे कर्म एक निश्चित आकार में समन्वित व समेकित किए जाते हैं और फिर आसानी से उस महत्त्वपूर्ण मानव गुण में बुन दिए जाते हैं, जिसे 'चरित्र' कहते हैं। इसी प्रकार अच्छे उद्देश्य और कर्म भी व्यक्ति में समन्वित व समेकित कर दिए जाते हैं। तो तुम देख सकते हो, सिर्फ मनुष्य के कर्म नहीं, बल्कि उसके विचार भी होते हैं, जो सभी मानव संबंधों की प्रकृति का निर्धारण करते हैं।

प्रश्न : आप बहुत गहरे पानी में जा रहे हैं। किनारे के पास ही रहिए, जहाँ से मैं सुरक्षित गहराई के परे जाने के डर के बिना आपका अनुसरण कर सकूँ। आगे बढ़िए और मुझे बताइए कि मानव संबंधों का यह विषय आज की समस्या भरी दुनिया के मौजूदा मामलों में कैसे काम करता है?

उत्तर : यह एक सुखद विचार है। लेकिन इससे पहले कि मैं तुम्हें यह दिखाने का प्रयास करूँ कि उन्हें जीवन के मामलों में कैसे लागू करना है, मुझे सुनिश्चित करने दो कि तुम उन सिद्धांतों को समझ रहे हो, जिनके बारे में मैं तुम्हें बता रहा हूँ।

मैं तुम्हें समझाना चाहता हूँ कि सम्मोहक लय का कानून एक ऐसी चीज है, जिसे न कोई नियंत्रित कर सकता है, न प्रभावित कर सकता है, न उससे बच सकता है; लेकिन हर कोई स्वयं को इस कानून से संबद्ध कर सकता है, ताकि उसके कठोर परिचालन से लाभ उठा सके। इस कानून से सामंजस्यपूर्ण संबंध के लिए व्यक्ति को अपनी आदतें इस तरह बदलनी होंगी कि वह ऐसी परिस्थितियों एवं चीजों का प्रतिनिधित्व करे, जो व्यक्ति चाहता है और स्वीकार करने के लिए तैयार है।

गुरुत्वाकर्षण के नियम की ही तरह कोई सम्मोहक लय के नियम को भी नहीं बदल सकता, लेकिन हर कोई अपने आप को बदल सकता है। इसलिए इस विषय से संबंधित सभी चर्चाओं में याद रखो कि सभी मानव संबंध संबंधित व्यक्तियों की आदतों द्वारा बनाए और रखे जाते हैं।

कमजोर मन कहता है, ''कोई भी व्यक्ति कृत्रिम निद्रावस्था के लय को किसी भी प्रकार से नहीं बदल सकता है, गुरुत्वाकर्षण के नियम को बदल सकता है, लेकिन हर कोई स्वयं को बदल सकता है।''

~✻~

शैरोन के नोट्स—*क्या आपने किसी को बदलने की कोशिश की है और फिर यह एहसास होने पर कि आप नियंत्रण में नहीं थे, इसलिए सफल नहीं हो रहे हैं, निराश हुए हैं?*

सम्मोहक लय का नियम सिर्फ उन कारकों को मजबूती प्रदान करता है, जो मानवीय रिश्तों का गठन करते हैं, लेकिन उन कारकों का निर्माण नहीं करता। इससे पहले कि हम मानव संबंधों की चर्चा को आगे बढ़ाएँ, मैं चाहता हूँ कि तुम उस सिद्धांत को स्पष्ट रूप से समझ जाओ, जिसे 'अवचेतन मन' के नाम से जाना जाता है।

यह शब्द 'अवचेतन मन' एक काल्पनिक भौतिक अंग का प्रतिनिधित्व करता है, जिसका कोई वास्तविक अस्तित्व नहीं होता।

> मनुष्य के मन में सार्वभौमिक ऊर्जा होती है (जिसे कुछ लोग 'अनंत बुद्धि' कहते हैं), जिसे व्यक्ति 'मस्तिष्क' नाम के जटिल भौतिक तंत्र के नेटवर्क के माध्यम से प्राप्त करता है, अपनाता है और निश्चित वैचारिक रूपों में व्यवस्थित करता है।

ये वैचारिक रूप विभिन्न उत्तेजनाओं की प्रतिलिपियाँ हैं, जो पाँच सामान्यत: ज्ञात भौतिक इंद्रियों और छठी अपेक्षाकृत कम ज्ञात इंद्रिय के माध्यम से मस्तिष्क में पहुँचती हैं। जब किसी भी तरह की उत्तेजना मस्तिष्क में पहुँचती है और विचार का निश्चित आकार ले लेती है तो उसे वर्गीकृत करके 'स्मृति समूह' नाम के मस्तिष्क कोशिकाओं के एक समूह में संगृहीत कर दिया जाता है।

समान प्रकृति के सभी विचारों को एक साथ संगृहीत किया जाता है, क्योंकि एक को आगे लाने से उसके सहयोगियों के साथ संपर्क बनाना आसान हो जाता है। यह प्रणाली आधुनिक ऑफिस फाइलिंग कैबिनेट के समान है और उसी प्रकार संचालित होती है।

विचारों के वे प्रभाव, जिनके साथ व्यक्ति सबसे अधिक मात्रा में भावनाएँ मिलाता है, मस्तिष्क के हावी कारक होते हैं, क्योंकि वे हमेशा सतह के करीब होते हैं, यानी फाइलिंग प्रणाली के शीर्ष पर; और जैसे ही एक व्यक्ति आत्म-अनुशासन का पालन करने की उपेक्षा करता है, वे स्वेच्छा से सक्रिय हो जाते हैं। भावना से लदे वे विचार इतने शक्तिशाली होते हैं कि वे अकसर व्यक्ति को तेजी से कार्य शुरू करने और ऐसी गतिविधियों में लिप्त होने के लिए प्रेरित कर देते हैं, जो उसकी तर्क-शक्ति द्वारा प्रस्तुत या स्वीकृत नहीं किए गए होते। ये भावनात्मक विस्फोट आमतौर पर सभी मानव संबंधों में सद्भाव को नष्ट कर देते हैं। मस्तिष्क अकसर इतनी शक्तिशाली भावनाओं के संयोजन एक साथ लेकर आता है कि वे तर्क-शक्ति के नियंत्रण को पूरी तरह खत्म कर देते हैं। ऐसे सभी अवसरों पर मानव संबंधों में सामंजस्य की कमी अपेक्षित होती है।

छठी इंद्रिय के संचालन के माध्यम से एक मनुष्य का मस्तिष्क दूसरे मस्तिष्कों के फाइलिंग कैबिनेट से संपर्क स्थापित कर सकता है और इच्छानुसार उनकी फाइलों में मौजूद विचार-प्रभावों की जाँच कर सकता है। वह स्थिति, जिसके तहत एक व्यक्ति दूसरे व्यक्ति के मस्तिष्क की फाइलिंग कैबिनेट की जाँच कर सकता है, आमतौर पर 'सामंजस्य' के नाम से जानी जाती है; लेकिन तुम मेरी बात बेहतर तरीके से समझोगे, यदि मैं कहूँ कि जो मस्तिष्क विचारों के कंपन की एक ही दर

के अभ्यस्त होते हैं, वे एक–दूसरे के विचारों के फाइलिंग कैबिनेट में प्रवेश करने और उसकी जाँच करने के विशेषाधिकार का उपयोग आसानी से तथा शीघ्रता से कर सकते हैं।

अन्य मस्तिष्कों के फाइलिंग कैबिनेट से संगठित विचार प्राप्त करने के अलावा एक व्यक्ति छठी इंद्रिय के द्वारा, इसी भौतिक अंग के माध्यम से, 'अनंत बुद्धि' नाम के सार्वभौमिक भंडार को संपर्क करके जानकारी प्राप्त कर सकता है।

छठी इंद्रिय के माध्यम से व्यक्ति के मस्तिष्क में आनेवाली सारी जानकारी उन स्रोतों से आती है, जिनका आसानी से पता नहीं लगता। इसलिए इस तरह की जानकारी आमतौर पर अवचेतन मन से आई हुई मानी जाती है। छठी इंद्रिय मस्तिष्क का वह अंग है, जिसके माध्यम से व्यक्ति वे सभी जानकारियाँ, सारा ज्ञान, सभी वैचारिक प्रभाव प्राप्त करता है, जो उसे शेष पाँच इंद्रियों में से एक या अधिक से नहीं प्राप्त होता।

अब, जबकि तुम समझ गए हो कि मन कैसे काम करता है, तुम यह बात ज्यादा आसानी से समझोगे कि लोग अनुचित मानव संबंधों से कैसे दुःख पाते हैं। तुम यह भी समझोगे कि मानव संबंधों से उच्चतम रूप में धन की उपज कैसे करवाई जा सकती है—भौतिक, मानसिक और आध्यात्मिक प्रतिष्ठानों में धन की उपज। इसके अलावा, तुम यह भी समझोगे कि मानव संबंधों के सही सिद्धांतों की समझ और उनके पालन के बिना मनुष्य को कभी खुशी नहीं मिल सकती। तुम यह भी समझोगे कि कोई व्यक्ति अपने आप में एक संपूर्ण इकाई नहीं है; कि मन की पूर्णता दो या अधिक मस्तिष्कों के बीच उद्देश्य एवं कार्य के सामंजस्य द्वारा ही पाई जा सकती है। तुम यह भी समझोगे कि क्यों प्रत्येक मनुष्य को अपनी इच्छा से, वास्तव में और सैद्धांतिक रूप से भी, अपने भाई का रक्षक बनना चाहिए।

प्रश्न : आप जो कह रहे हैं, वह सच हो सकता है; लेकिन मैं फिर भी कह रहा हूँ कि आप मुझे विचारों की सुरक्षित गहराई के परे ले जा रहे हैं। चलिए, हम किनारे के पास वापस चलते हैं, जहाँ में परिचित पानी में उतर सकता हूँ। हम गहरे पानी में तब जाएँगे, जब हम अच्छी तरह तैरना सीख जाएँगे। हमने चर्चा इस विषय पर शुरू की थी कि प्रतिकूलता से लाभ कैसे प्राप्त किया जा सकता है; लेकिन लगता है, हम उस विषय से कुछ दूर भटक गए हैं।

उत्तर : हम चक्कर काट रहे हैं, लेकिन भटके नहीं हैं। कमजोर मन कभी

भटकता नहीं है। यह चक्कर इसलिए जरूरी था, ताकि तुम इस पूरे साक्षात्कार के सबसे महत्त्वपूर्ण हिस्से को समझ सको।

अब हम प्रतिकूलता के विषय पर वापस लौटने के लिए तैयार हैं। चूँकि अधिकांश प्रतिकूलताएँ लोगों के बीच अनुचित संबंधों से उत्पन्न होती हैं, यह समझना महत्त्वपूर्ण लगता है कि लोग उचित रूप से कैसे संबंधित हो सकते हैं।

स्वाभाविक रूप से यह प्रश्न उठता है कि लोगों के बीच एक सही संबंध क्या होता है? इसका उत्तर है कि सही संबंध वह होता है, जो उससे संबंधित या प्रभावित सभी लोगों के लिए किसी-न-किसी रूप में लाभ लेकर आता है।

कमजोर मन कहता है, '' *सही संबंध वह होता है, जो उससे संबंधित या प्रभावित सभी लोगों के लिए किसी-न-किसी रूप में लाभ लेकर आता है।''*

~*~

शैरोन के नोट्स— *एक पल निकालकर अपने घर, कार्य-स्थल और खेलने के स्थान पर अपने संबंधों की सूची बनाइए। उन संबंधों की सूची बनाइए, जिनमें सुधार की आवश्यकता है और पढ़ना जारी रखते समय उन्हें अपने दिमाग में रखिए।*

प्रश्न : तो फिर, एक अनुचित संबंध क्या होता है?

उत्तर : लोगों के बीच ऐसा कोई भी संबंध, जो किसी को नुकसान पहुँचाता हो या किसी भी व्यक्ति को किसी प्रकार का दु:ख या तकलीफ देता हो।

प्रश्न : अनुचित संबंधों को ठीक कैसे किया जा सकता है?

उत्तर : अनुचित संबंध पैदा करनेवाले व्यक्ति का दिमाग बदलकर या संबंध में व्यक्तियों को बदलकर। कुछ दिमाग स्वाभाविक रूप से मिल जाते हैं, जबकि कुछ के बीच उतने ही स्वाभाविक रूप से संघर्ष होता है। सफल मानव संबंधों के सफल बने रहने के लिए उनका गठन ऐसे मस्तिष्कों से होना चाहिए, जो स्वाभाविक रूप से मिलते

हों—उनमें सामंजस्य उत्पन्न करने के साधन के रूप में उनके समान हित होने के प्रश्न को अलग रखते हुए।

जब तुम उन व्यापारिक नेताओं की बात करते हो, जो इसलिए सफल होते हैं, क्योंकि 'उन्हें पता होता है कि कर्मचारियों का चयन कैसे करना है' तो तुम्हारे लिए यह कहना ज्यादा सही होगा कि वे इसलिए सफल होते हैं, क्योंकि वे जानते हैं कि उन मस्तिष्कों को संयोजित कैसे करना चाहिए, जो स्वाभाविक रूप से मिलते हैं। जीवन के किसी निश्चित उद्देश्य के लिए लोगों का सफलतापूर्वक चुनाव करना उस तरह के लोगों की पहचान करने की क्षमता पर आधारित होता है, जिनके मस्तिष्क स्वाभाविक रूप से मिलते हैं।

शैरोन के नोट्स—*मास्टर माइंड की नेपोलियन हिल की परिभाषा याद रखिए, 'एक निश्चित उद्देश्य की ओर काम कर रहे दो या दो से अधिक मस्तिष्कों का सामंजस्यपूर्ण समन्वय।'*

प्रश्न : हो सके तो अपना ध्यान प्रतिकूलता पर केंद्रित रखिए। यदि प्रतिकूल परिस्थितियों के माध्यम से कुछ संभावित लाभ मिल सकते हैं तो उनमें से कुछ बताइए।

उत्तर : प्रतिकूलता लोगों को घमंड और अहंकार से राहत देती है। यह इस बात को साबित करके स्वार्थ की भावना को हतोत्साहित करती है कि बिना दूसरों के सहयोग के कोई भी सफल नहीं हो सकता।

प्रतिकूलता एक व्यक्ति को उसकी मानसिक, शारीरिक और आध्यात्मिक शक्ति की परीक्षा लेने पर विवश करती है और इस प्रकार उसका सामना उसकी कमजोरियों से कराती है और उन्हें दूर करने का अवसर प्रदान करती है।

प्रतिकूलता ध्यान और आत्म-विश्लेषी सोच द्वारा निश्चित उद्देश्य प्राप्त करने के तरीके और साधन तलाश करने के लिए विवश करती है। यह अकसर मनुष्य को छठी इंद्रिय की खोज और उपयोग की ओर ले जाती है, जिसके माध्यम से वह अनंत बुद्धि के साथ संवाद कर सकता है।

प्रतिकूलता अकसर मनुष्य को उस बुद्धि की आवश्यकता की पहचान करने के लिए विवश करती है, जो उसके मस्तिष्क के बाहर के स्रोतों के अलावा कहीं

उपलब्ध नहीं होती।

प्रतिकूलता व्यक्ति के विचार की पुरानी आदतें तोड़ती है और उसे नई आदतें बनाने का अवसर देती है और इस प्रकार वह सम्मोहक लय की पकड़ को तोड़कर उसके संचालन को नकारात्मक उद्देश्यों से सकारात्मक में बदलने में मदद कर सकती है।

प्रश्न : प्रतिकूलता के माध्यम से मनुष्य सबसे बड़ा लाभ क्या प्राप्त कर सकता है?

उत्तर : प्रतिकूलता का सबसे बड़ा लाभ यह है कि यह व्यक्ति को उसकी वैचारिक आदतें बदलने पर विवश कर सकती है और आमतौर पर करती भी है, और इस प्रकार सम्मोहक लय की शक्ति को तोड़कर पुनर्निर्देशित करती है।

प्रश्न : दूसरे शब्दों में, असफलता हमेशा एक वरदान होती है, जब वह एक व्यक्ति को ज्ञान प्राप्त करने के लिए या ऐसी आदतों का निर्माण करने के लिए विवश करती है, जो उसे उसके जीवन के प्रमुख उद्देश्य की प्राप्ति की ओर ले जाती है। क्या मैं ठीक कह रहा हूँ?

उत्तर : हाँ, और कुछ और भी है। असफलता एक वरदान होती है, जब वह व्यक्ति को भौतिक बलों पर कम और आध्यात्मिक बलों पर ज्यादा निर्भर करने के लिए विवश करती है।

कई मनुष्य अपने 'दूसरे स्व' की खोज, वह बल, जो विचार की शक्ति द्वारा संचालित होते हैं, तभी करते हैं, जब कोई तबाही उन्हें उनके भौतिक शरीरों के पूर्ण और स्वतंत्र उपयोग से वंचित कर देती है। जब एक व्यक्ति अपने हाथों व पैरों का उपयोग करने में सक्षम नहीं रह जाता तो अकसर वह अपने मस्तिष्क का उपयोग करना शुरू कर देता है और तब वह अपने स्वयं के मस्तिष्क की शक्ति को खोजने की राह पर निकलता है।

शैरोन के नोट्स— ***यहाँ कमजोर मन 'दूसरे स्व' को लाता है और यह बताता है कि किस प्रकार हम अपने विचार की शक्ति और अपने 'दूसरे स्व' का उपयोग अपनी सच्ची शक्ति और प्रमुख उद्देश्य की खोज के लिए कर सकते हैं।***

प्रश्न : भौतिक वस्तुओं, जैसे पैसे के नुकसान, से कौन से लाभ प्राप्त हो सकते हैं ?

उत्तर : भौतिक वस्तुओं का नुकसान हमें कई आवश्यक पाठ पढ़ा सकता है, जिसमें से सबसे बड़ा है यह सच कि मनुष्य का किसी चीज पर नियंत्रण नहीं होता और उसके अपने विचार की शक्ति के अलावा किसी चीज के स्थायी उपयोग के प्रति वह आश्वस्त नहीं हो सकता।

प्रश्न : मैं सोच रहा हूँ कि कहीं प्रतिकूलता के माध्यम से उपलब्ध सबसे बड़ा लाभ यही तो नहीं है ?

उत्तर : नहीं, एक नई शुरुआत के लिए प्रेरित करनेवाली किसी भी परिस्थिति का सबसे बड़ा संभावित लाभ यह है कि वह सम्मोहक लय की पकड़ को तोड़कर वैचारिक आदतों का एक नया सेट स्थापित करने का अवसर प्रदान करती है। नई आदतें असफल होनेवाले लोगों को बाहर निकलने का एकमात्र रास्ता प्रदान करती हैं। अधिकांश लोग, जो सम्मोहक लय के कानून के नकारात्मक संचालन से सकारात्मक संचालन की ओर जा पाते हैं, ऐसा सिर्फ किसी प्रतिकूलता के कारण कर पाते हैं, जो उन्हें उनकी वैचारिक आदतें बदलने के लिए विवश करती है।

प्रश्न : क्या प्रतिकूलता एक व्यक्ति की आत्मनिर्भरता तोड़ने और उम्मीद छोड़ने के लिए उपयुक्त नहीं है ?

उत्तर : इसका ऐसा प्रभाव उन लोगों पर होता है, जिनकी इच्छा–शक्ति लंबे समय से स्थापित भटकने की आदत के कारण कमजोर हो जाती है। वे भटकने के द्वारा कमजोर नहीं हुए हैं, उन पर इसका उलटा प्रभाव होता है। एक नॉन–ड्रिफ्टर (न भटकनेवाले) को अस्थायी हार और असफलता मिलती है, लेकिन हर प्रकार की प्रतिकूलता की ओर उसकी प्रतिक्रिया सकारात्मक होती है। वह हार मान लेने के बजाय लड़ता है और आमतौर पर जीत जाता है।

जीवन प्रतिकूलता के खिलाफ कोई प्रतिरक्षा प्रदान नहीं करता; लेकिन जीवन सबको सकारात्मक विचार की शक्ति अवश्य देता है, जो सभी प्रतिकूल परिस्थितियों पर स्वामित्व हासिल करके उन्हें लाभ में परिवर्तित करने के लिए पर्याप्त होती है। व्यक्ति के पास विकल्प होता है कि वह सभी प्रतिकूलताओं से बाहर निकलने का तरीका सोचने के लिए अपने विशेषाधिकार का उपयोग करे या उपयोग करने की

उपेक्षा करे। प्रत्येक व्यक्ति या तो निश्चित, सकारात्मक परिणाम की प्राप्ति के लिए अपनी वैचारिक शक्ति का उपयोग करने के लिए विवश होता है या फिर नकारात्मक उद्देश्यों की प्राप्ति के लिए उपेक्षा या छल के द्वारा इस शक्ति का उपयोग करने के लिए। मस्तिष्क के उपयोग को लेकर कोई समझौता, कोई इनकार नहीं हो सकता।

सम्मोहक लय का कानून प्रत्येक व्यक्ति को उसके मस्तिष्क को कुछ मात्रा में उपयोग करने के लिए विवश करता है, चाहे नकारात्मक रूप में या सकारात्मक रूप में, लेकिन वह व्यक्ति को इस बात के लिए प्रभावित नहीं कर सकता कि वह अपने मस्तिष्क का उपयोग कैसे करेगा।

कमजोर मन कहता है, *"एक नॉन-ड्रिफ्टर को अस्थायी हार और असफलता मिलती है, लेकिन हर प्रकार की प्रतिकूलता की ओर उसकी प्रतिक्रिया सकारात्मक होती है। वह हार मान लेने के बजाय लड़ता है और आमतौर पर जीत जाता है। एक नॉन-ड्रिफ्टर को अस्थायी हार और असफलता मिलती है, लेकिन हर प्रकार की प्रतिकूलता की ओर उसकी प्रतिक्रिया सकारात्मक होती है। वह हार मान लेने के बजाय लड़ता है और आमतौर पर जीत जाता है।"*

~*~

शैरोन के नोट्स—क्या आपको ऐसा कोई समय याद है, जब आपका हार मान लेने का मन हुआ था, लेकिन आपने हार नहीं मानी? यह अवधारणा हमारी पुस्तक 'थ्री फीट फ्रॉम गोल्ड' में विस्तारपूर्वक दी गई है, जिसमें आज के 35 शीर्ष नेताओं की—हमारे समय के नॉन-ड्रिफ्टरों के धीरज और कभी हार न मानने की प्रवृत्ति की कहानियाँ हैं।

प्रश्न : आप जो कह रहे हैं, उससे क्या मैं यह समझूँ कि प्रत्येक प्रतिकूलता एक वरदान है?

उत्तर : नहीं, मैंने यह नहीं कहा। मैंने कहा कि प्रत्येक प्रतिकूलता में एक समान लाभ का बीज होता है। मैंने यह नहीं कहा कि उसमें लाभ का पूरा खिला हुआ फूल होता है, सिर्फ बीज होता है। आमतौर पर उस बीज में किसी प्रकार का ज्ञान, कोई योजना या विचार या

कोई अवसर होता है, जो उपलब्ध नहीं होता, यदि प्रतिकूलता द्वारा वैचारिक आदतों में बदलाव नहीं लाया गया होता।

प्रश्न : क्या असफलता द्वारा मनुष्यों को उपलब्ध बस, यही लाभ हैं?

उत्तर : नहीं। असफलता का प्रयोग प्रकृति द्वारा एक सामान्य भाषा के रूप में किया जाता है, जिसमें वह लोगों को सजा देती है, जब वे उसके नियमों के अनुसार चलने की उपेक्षा करते हैं।

उदाहरण के लिए, विश्व युद्ध मानव-निर्मित और विनाशकारी था। प्रकृति ने युद्ध की परिस्थितियों में वैश्विक अवसाद के रूप में समान फटकार के बीज रोपित कर दिए। अवसाद अपरिहार्य और अटूट था। उसने युद्ध का इतने स्वाभाविक रूप से पीछा किया, जैसे रात के बाद दिन आता है और वह भी उसी नियम के संचालन द्वारा सम्मोहक लय के कानून द्वारा।

प्रश्न : क्या मैं समझूँ कि सम्मोहक लय का नियम उसी के समान है, जिसे राल्फ वाल्डो एमर्सन मुआवजे का नियम कहते थे?

उत्तर : सम्मोहक लय का नियम मुआवजे का नियम ही है। यह वह बल है, जिसके साथ प्रकृति ब्रह्मांडों में सभी प्रकार की ऊर्जाओं में, सभी प्रकार के पदार्थों में और सभी मानव संबंधों में नकारात्मक व सकारात्मक बलों को संतुलित करती है।

प्रश्न : क्या सम्मोहक लय का नियम सभी मामलों में शीघ्रता से काम करता है? उदाहरण के लिए, क्या यह नियम विचारों के सकारात्मक अनुप्रयोगों के लाभ से व्यक्ति को तुरंत आशीर्वाद देता है या नकारात्मक विचारों के परिणामों से व्यक्ति को तुरंत सजा देता है?

उत्तर : यह नियम निश्चित रूप से संचालित होता है; लेकिन हमेशा तेजी से नहीं। व्यक्तियों द्वारा इस नियम के माध्यम से उठाए हुए लाभ और दंड दोनों के ही फल उनकी मृत्यु से पहले या बाद में दूसरों द्वारा काटे जा सकते हैं।

देखो कि कैसे यह कानून एक पीढ़ी के ऊपर पिछली पीढ़ियों के पापों और गुणों के प्रभाव को थोपकर अपना काम करता है। प्रकृति के सभी नियमों के संचालन में चौथा आयाम, समय, एक मजबूत कारक है। प्रकृति के द्वारा कारणों के प्रभावों के संबंध में खर्च किया समय, प्रत्येक मामले में, उसकी परिस्थितियों पर निर्भर करता है।

प्रकृति एक कद्दू तीन महीने में उगाती है। एक अच्छे आकार के ओक के वृक्ष को पूरा बढ़ने के लिए सौ वर्षों की आवश्यकता होती है। वह एक मुरगी के अंडे को चूजे में बदलने में चार सप्ताह लगाती है, लेकिन एक मानव के अंडे को एक मनुष्य में बदलने के लिए उसे नौ महीनों की आवश्यकता होती है।

शैरोन के नोट्स—***जीवन प्रतिकूलता के खिलाफ कोई प्रतिरक्षा प्रदान नहीं करता, लेकिन जीवन सबको सकारात्मक विचार की शक्ति अवश्य देता है, जो सभी प्रतिकूल परिस्थितियों पर स्वामित्व हासिल करके उन्हें लाभ में परिवर्तित करने के लिए पर्याप्त होती है। क्या प्रकृति ने एक बार फिर वर्तमान आर्थिक उथल-पुथल इसलिए पैदा की है, ताकि हम अपनी व्यक्तिगत प्रतिकूलताओं को लाभों में बदल सकें ?***

प्रश्न : अब मैं प्रतिकूलता और असफलता की संभावनाओं को बेहतर तरीके से समझने लगा हूँ। अब आप अपने सात सिद्धांतों में से अगले सिद्धांत के विवरण के साथ आगे बढ़ सकते हैं। आपका अगला सिद्धांत क्या है ?

उत्तर : अगला सिद्धांत पर्यावरणीय प्रभाव है।

□

अध्याय-12

पर्यावरण, समय, सामंजस्य और सावधानी

प्रश्न : आगे बढ़िए और पर्यावरणीय प्रभावों के कार्य सिद्धांत का वर्णन मानव नियति में एक निर्णायक कारक के रूप में करिए।

उत्तर : पर्यावरण में वे सभी मानसिक, आध्यात्मिक एवं शारीरिक शक्तियाँ शामिल होती हैं, जो मनुष्यों को प्रभावित करती हैं और उन पर असर डालती हैं।

प्रश्न : पर्यावरणीय प्रभावों और सम्मोहक लय के बीच क्या संबंध है, यदि कोई है तो?

उत्तर : सम्मोहक लय मनुष्यों की वैचारिक आदतों को मजबूत और स्थिर बनाती है। पर्यावरणीय प्रभावों से वैचारिक आदतें प्रेरित होती हैं। दूसरे शब्दों में, वह सामग्री, जिससे विचारों को भोजन मिलता है, व्यक्ति के पर्यावरण से आती है। वैचारिक आदतें सम्मोहक लय द्वारा स्थायी बनाई जाती हैं।

प्रश्न : व्यक्ति के पर्यावरण का सबसे महत्त्वपूर्ण हिस्सा कौन सा है? कौन सा हिस्सा इस बात का अन्य हिस्सों से अधिक निर्धारण करता है कि व्यक्ति अपने मस्तिष्क का सकारात्मक उपयोग करता है या नकारात्मक?

उत्तर : व्यक्ति के पर्यावरण का सबसे महत्त्वपूर्ण हिस्सा वह होता है, जो दूसरों के साथ उसके सहयोग द्वारा बनता है। सभी लोग, जान-बूझकर या अनजाने में, उन लोगों की विचारधाराएँ अवशोषित कर लेते हैं, जिनके साथ वे निकटता से जुड़े होते हैं।

प्रश्न : क्या इससे आपका मतलब है कि एक ऐसे व्यक्ति के साथ निरंतर संगति, जिसकी विचारधारा नकारात्मक है, दूसरे व्यक्ति को नकारात्मक विचारधारा बनाने के लिए प्रभावित करती है?

उत्तर : हाँ, सम्मोहक लय का नियम प्रत्येक मनुष्य को विचारधाराएँ बनाने के लिए विवश करता है, जो उसके पर्यावरण के हावी प्रभावों के साथ सामंजस्य स्थापित करती हैं, विशेष रूप से उसके पर्यावरण का वह हिस्सा, जो अन्य मस्तिष्कों के साथ उसकी संगति से बना है।

प्रश्न : तो यह महत्त्वपूर्ण है कि एक व्यक्ति अपने निकट सहयोगियों का चयन बहुत ध्यान से करे?

उत्तर : हाँ, व्यक्ति को अपने अंतरंग सहयोगियों का चयन उतनी ही

सावधानी से करना चाहिए, जितनी सावधानी से वह उस भोजन का चयन करता है, जो उसके शरीर को पोषित करता है और उसका उद्देश्य हमेशा ऐसे लोगों से संबंध रखने का होना चाहिए, जिनके हावी विचार सकारात्मक, मैत्रीपूर्ण और सामंजस्यपूर्ण होने चाहिए।

प्रश्न : सहयोगियों के कौन से वर्ग का व्यक्ति पर सबसे अधिक प्रभाव होता है ?

उत्तर : विवाह और घर में व्यक्ति का साथी और उसके कार्य में उसके सहयोगी। उसके बाद निकट के मित्र और परिचित आते हैं। सामान्य परिचितों और अजनबियों का व्यक्ति पर बहुत कम प्रभाव होता है।

कमजोर मन कहता है, *"वह सामग्री, जिससे विचारों को भोजन मिलता है, व्यक्ति के पर्यावरण से आती है। विचारधाराएँ सम्मोहक लय द्वारा स्थायी बनाई जाती हैं।"*

~*~

शैरोन के नोट्स—*क्या कभी आपने सिर्फ एक नकारात्मक व्यक्ति की उपस्थिति में रहने से अपने रवैए और/या मनःस्थिति को नकारात्मक होता महसूस किया है? क्या वह आपका/आपकी पति/पत्नी, संतान या व्यावसायिक भागीदार था? हिल का सुझाव है कि आपको अपने बीच ऐसे विचार लाने की आवश्यकता है, जो सकारात्मक, मैत्रीपूर्ण और सामंजस्यपूर्ण हों—न सिर्फ उनके नकारात्मक विचारों का विरोध करने के लिए, बल्कि उन्हें एक सकारात्मक भावना में प्रभावित करने के लिए भी। यदि वह आपका व्यापारिक सहयोगी है तो मूल्यांकन करिए कि क्या आप उस संबंध को बचाना चाहते हैं, या फिर उस सहयोगी की नकारात्मकता से दूर जाने का निर्णय ले लीजिए।*

प्रश्न : विवाह के साझीदार का व्यक्ति के मन पर इतना अधिक प्रभाव क्यों होता है ?

उत्तर : क्योंकि विवाह का संबंध लोगों को इतने वजनी आध्यात्मिक बलों के प्रभाव में ले आता है कि वे उनके मस्तिष्कों पर हावी हो जाते हैं।

प्रश्न : सम्मोहक लय की पकड़ को तोड़ने के लिए पर्यावरणीय प्रभावों का उपयोग कैसे किया जा सकता है ?

उत्तर : सभी प्रभाव, जो विचारधाराओं को स्थापित करते हैं, सम्मोहक लय के नियम के माध्यम से स्थायित्व प्राप्त करते हैं। व्यक्ति अपने पर्यावरण के प्रभाव को बदल सकता है, जिससे वर्चस्ववाले प्रभाव सकारात्मक या नकारात्मक हो सकते हैं और यदि वे व्यक्ति की विचारधाराओं द्वारा बदले नहीं जाते तो सम्मोहक लय उन्हें स्थायी बना देता है।

प्रश्न : इस सच को दूसरी तरह से कहते हुए, व्यक्ति स्वयं को किसी भी वांछित पर्यावरणीय प्रभाव के लिए प्रस्तुत कर सकता है, चाहे वह सकारात्मक हो या नकारात्मक और जब वह विचारधाराओं के परिमाण को अपना लेता है तो सम्मोहक लय का नियम उस प्रभाव को स्थायी बना देता है। क्या यह नियम ऐसे ही काम करता है ?

उत्तर : यह सही है। उन सभी बलों से सावधान रहो, जो विचार को प्रेरित करते हैं। यही वे बल हैं, जो पर्यावरण का निर्माण करते हैं और एक व्यक्ति के सांसारिक भाग्य की प्रकृति का निर्धारण करते हैं।

प्रश्न : किस वर्ग के लोग अपने पर्यावरणीय प्रभावों को नियंत्रित करते हैं ?

उत्तर : नॉन-ड्रिफ्टर। वे सब लोग, जो भटकने की आदत के शिकार हैं, अपना स्वयं का पर्यावरण चुनने की शक्ति खो देते हैं। वे अपने पर्यावरण के प्रत्येक नकारात्मक प्रभाव के शिकार बन जाते हैं।

प्रश्न : क्या एक ड्रिफ्टर के लिए कोई रास्ता नहीं है ? क्या ऐसा कोई तरीका नहीं है, जिससे वह एक सकारात्मक पर्यावरण के प्रभाव को अपना सके ?

उत्तर : है, उनके लिए भी एक तरीका है। वे भटकना छोड़ सकते हैं, अपने मस्तिष्क पर अधिकार कर सकते हैं और ऐसे वातावरण का चुनाव कर सकते हैं, जो सकारात्मक सोच को प्रेरित करता हो। ऐसा वे उद्देश्य की निश्चितता द्वारा कर सकते हैं।

प्रश्न : क्या भटकने की आदत को खत्म करने के यही तरीके हैं ? क्या यह आदत सिर्फ एक मानसिक अवस्था है ?

उत्तर : भटकना और कुछ नहीं, बल्कि मन की एक नकारात्मक अवस्था

है—एक ऐसी मानसिक अवस्था, जो अपने उद्देश्य की शून्यता से विशिष्ट है।

प्रश्न : सकारात्मक विचारधाराओं को विकसित करने और बनाए रखने में सबसे उपयोगी पर्यावरण को स्थापित करने के लिए कौन सी प्रक्रिया सबसे अधिक प्रभावी होगी ?

उत्तर : सबसे प्रभावी पर्यावरण वह होगा, जो लोगों के एक ऐसे समूह के मैत्रीपूर्ण गठबंधन द्वारा बनाया जाए, जो एक निश्चित उद्देश्य की वस्तु को प्राप्त करने के लिए एक-दूसरे की सहायता करने के लिए खुद को बाध्य करेंगे। इस प्रकार का गठबंधन 'मास्टर माइंड' कहलाता है। इसके संचालन द्वारा व्यक्ति खुद को ध्यान से चुने हुए व्यक्तियों से संबद्ध कर सकता है, जिनमें से प्रत्येक अपने साथ गठबंधन में थोड़ा ज्ञान, अनुभव, शिक्षा, योजना या विचार लेकर आता है, जो उसके निश्चित उद्देश्य की वस्तु को प्राप्त करने के लिए आवश्यक हो सकते हैं।

जीवन के सभी क्षेत्रों में सबसे सफल नेता इस प्रकार के खुद के बनवाए हुए पर्यावरणीय प्रभाव का फायदा उठाते हैं। असाधारण उपलब्धि दूसरों के मैत्रीपूर्ण सहयोग के बिना असंभव है। सच्चाई को दूसरी तरह से कहते हुए, सफल लोगों को अपने पर्यावरण को नियंत्रण में रखना चाहिए, ताकि वे एक नकारात्मक वातावरण के प्रभाव के खिलाफ खुद को सुरक्षित कर सकें।

प्रश्न : उन लोगों का क्या, जिनके रिश्तेदारों के प्रति कर्तव्य उनके लिए नकारात्मक वातावरण के प्रभाव से बचना असंभव बना देते हैं ?

उत्तर : किसी व्यक्ति का दूसरे व्यक्ति के प्रति ऐसा कर्तव्य नहीं होता, जो उसे सकारात्मक वातावरण में अपनी विचारधारा बनाने के अधिकार से वंचित कर दे। दूसरी ओर, प्रत्येक व्यक्ति का खुद के प्रति कर्तव्य होता है कि वह अपने वातावरण से हर वह प्रभाव हटाए, जो किसी भी प्रकार उसे नकारात्मक विचारधारा विकसित करने की ओर ले जाए।

प्रश्न : क्या यह एक निर्दयी दर्शन नहीं है ?

उत्तर : सिर्फ मजबूत लोग जीवित रहते हैं। कोई भी व्यक्ति खुद पर से नकारात्मक विचारधाराएँ विकसित करनेवाले प्रभावों को पूरी तरह हटाए बिना मजबूत नहीं बन सकता। नकारात्मक विचारधाराएँ

आत्म–निर्धारण के विशेषाधिकार के नुकसान का कारण बनती हैं, चाहे उन आदतों के पीछे कोई भी कारण हो। सकारात्मक विचारधाराएँ व्यक्ति द्वारा नियंत्रित की जा सकती हैं और उसके उद्देश्यों एवं संकल्पों को पूरा करने में काम आ सकती हैं। नकारात्मक विचारधाराएँ व्यक्ति को नियंत्रित करती हैं और उसे आत्म–निर्धारण के अधिकार से वंचित कर देती हैं।

प्रश्न : आपने जो कुछ कहा है, उससे मैंने यह निष्कर्ष निकाला है कि जो लोग उन पर्यावरणीय प्रभावों को नियंत्रित करते हैं, जिनसे उनकी विचारधाराएँ निर्मित होती हैं, वे अपने सांसारिक भाग्य के स्वामी होते हैं और बाकी के लोगों पर सांसारिक भाग्य का स्वामित्व होता है। क्या यह बात को कहने का सही तरीका है?

उत्तर : बिल्कुल सही!

प्रश्न : एक व्यक्ति की विचारधाराओं को कौन सी चीज स्थापित करती है?

उत्तर : सभी आदतें अंतर्निहित या अधिगृहीत इच्छाओं अथवा उद्देश्यों के कारण स्थापित होती हैं, यानी आदतों की शुरुआत किसी प्रकार की निश्चित इच्छा के परिणामस्वरूप होती है।

प्रश्न : विचारधाराओं के निर्माण के समय भौतिक मस्तिष्क में क्या होता है?

उत्तर : इच्छाएँ ऊर्जा का संगठित आवेग होती हैं, जिन्हें 'विचार' कहते हैं। जो इच्छाएँ भावनाओं के साथ मिल जाती हैं, वे मस्तिष्क की उन कोशिकाओं में चुंबकीय शक्ति उत्पन्न कर देती हैं, जिनमें वे संगृहीत होती हैं और उन कोशिकाओं को सम्मोहक लय के नियम द्वारा कब्जा किए जाने और निर्देशित होने के लिए तैयार करती हैं। जब कोई विचार मस्तिष्क में प्रकट होता है या वहाँ बनाया जाता है और इच्छा के गहन भावनात्मक भाव के साथ मिलाया जाता है तो सम्मोहक लय का नियम तुरंत उसे उसके भौतिक समकक्ष के रूप में बदलने का काम आरंभ कर देता है। हावी विचार, जिन पर सम्मोहक लय पहले काम करना शुरू करती है, वे होते हैं, जिनके साथ सबसे तीव्र इच्छाएँ और सबसे गहरी भावनाएँ मिलाई जाती हैं। विचारधाराएँ उन्हीं विचारों की पुनरावृत्ति द्वारा स्थापित होती हैं।

प्रश्न : विचार की काररवाई को प्रेरित करनेवाले सबसे अनोखे मूल उद्देश्य या इच्छाएँ कौन सी हैं ?

उत्तर : दस सबसे सामान्य उद्देश्य, जो व्यक्ति की अधिकांश शारीरिक काररवाई को प्रेरित करते हैं, वे हैं—

- सेक्स अभिव्यक्ति और प्यार की इच्छा।
- शारीरिक भोजन की इच्छा।
- आध्यात्मिक, मानसिक और शारीरिक आत्म-अभिव्यक्ति की इच्छा।
- मृत्यु के बाद जीवन के सृजन की इच्छा।
- दूसरों पर सत्ता प्राप्त करने की इच्छा।
- भौतिक समृद्धि की इच्छा।
- ज्ञान की इच्छा।
- दूसरों की नकल करने की इच्छा।
- दूसरों से आगे निकलने की इच्छा।
- सात बुनियादी भय।

यही वे प्रमुख उद्देश्य हैं, जो अधिकांश मानव प्रयासों को प्रेरित करते हैं।

प्रश्न : और लालच, लोभ, ईर्ष्या, क्रोध जैसी नकारात्मक इच्छाओं का क्या? सकारात्मक इच्छाओं की तुलना में क्या ये अधिक बार व्यक्त नहीं की जातीं ?

उत्तर : सभी नकारात्मक इच्छाएँ और कुछ नहीं, बल्कि सकारात्मक इच्छाओं की कुंठाएँ हैं। वे सकारात्मक रूप से प्रकृति के कानूनों के अनुकूल होने के लिए मनुष्यों द्वारा किसी प्रकार की पराजय, असफलता या उपेक्षा से प्रेरित होती हैं।

प्रश्न : यह नकारात्मक विचारों के विषय पर एक नया घुमाव है। यदि मैं आपकी बात को सही समझ रहा हूँ, तो सभी नकारात्मक विचार सामंजस्यपूर्ण तरीके से स्वयं को प्रकृति के कानूनों के अनुकूल करने में व्यक्ति की उपेक्षा या असफलता से प्रेरित होते हैं। क्या यह सही बात है ?

उत्तर : बिल्कुल सही बात है। प्रकृति किसी प्रकार का आलस्य या रिक्तता बरदाश्त नहीं करेगी। पूरा स्थान किसी चीज से भरा होना चाहिए और होता भी है।

हर चीज, जो अस्तित्व में होती है—भौतिक और आध्यात्मिक दोनों प्रकार की प्रकृति की—उसे निरंतर गति में होना चाहिए और होती भी है। मानव मस्तिष्क भी इसका अपवाद नहीं है। उसका निर्माण विचार की शक्ति को प्राप्त करने, संगठित करने और अभिव्यक्त करने के लिए हुआ था। जब व्यक्ति सकारात्मक व रचनात्मक विचारों की अभिव्यक्ति के लिए अपने मस्तिष्क का उपयोग नहीं करता तो प्रकृति मस्तिष्क को नकारात्मक विचारों पर कार्य करने के लिए विवश करके उस रिक्तता को भरती है।

मस्तिष्क में कोई आलस्य नहीं हो सकता। इस सिद्धांत को समझ लो और तुम्हें मनुष्यों के जीवन में पर्यावरणीय प्रभावों की भूमिका की एक नई और महत्त्वपूर्ण समझ मिल जाएगी।

तुम यह भी बेहतर ढंग से समझ जाओगे कि सम्मोहक लय का नियम कैसे काम करता है; क्योंकि यह वह नियम है, जो हर चीज को और हर व्यक्ति को नकारात्मक या सकारात्मक सिद्धांतों की किसी-न-किसी अभिव्यक्ति के माध्यम से निरंतर चलायमान रखता है।

कमजोर मन कहता है, ***''प्रकृति किसी प्रकार का आलस्य या रिक्तता बरदाश्त नहीं करेगी। पूरा स्थान किसी चीज से भरा होना चाहिए और होता भी है। जब व्यक्ति सकारात्मक व रचनात्मक विचारों की अभिव्यक्ति के लिए अपने मस्तिष्क का उपयोग नहीं करता तो प्रकृति मस्तिष्क को नकारात्मक विचारों पर कार्य करने के लिए विवश करके उस रिक्तता को भरती है।''***

~❋~

शैरोन के नोट्स—***मुझे यह सब इतना सच्चा लगता है, विशेष रूप से जब मैं बच्चों के बारे में सोचती हूँ, जिनके पास बहुत सारा खाली समय होता है। नेपोलियन हिल फाउंडेशन के सी.ई.ओ. डॉन ग्रीन, याद करते हैं, ''युवावस्था में हमें इस सलाह के साथ हमेशा व्यस्त रखा जाता था कि आलस्य कमजोर मन की कार्यशाला होती है।'' दिलचस्प समानता है, आपको ऐसा नहीं लगता?***

प्रकृति को नैतिकता में खास रुचि नहीं है। उसे सही और गलत में दिलचस्पी नहीं है। उसे न्याय और अन्याय में दिलचस्पी नहीं है। उसे केवल अपनी प्रकृति के अनुसार काररवाई करने के लिए हर चीज को विवश करने में दिलचस्पी है।

प्रश्न : यह प्रकृति के तरीकों की एक प्रबुद्ध व्याख्या है। आपके दावे की पुष्टि करने के लिए मैं किसके पास जा सकता हूँ?

उत्तर : विज्ञान के पुरुषों के पास, दार्शनिकों के पास, सभी सटीक विचारकों के पास और अंत में, प्रकृति की खुद की शारीरिक अभिव्यक्तियों के पास।

प्रकृति के पास मृत पदार्थ जैसी कोई चीज नहीं है। पदार्थ का प्रत्येक कण निरंतर एक गति की अवस्था में रहता है। समस्त ऊर्जा निरंतर गति में रहती है। कहीं कोई मृत शून्य नहीं है। समय और स्थान वास्तव में इतनी तेज गति की अभिव्यक्तियाँ हैं कि वे मनुष्यों द्वारा मापी नहीं जा सकतीं।

प्रश्न : अफसोस है कि आप जो कह रहे हैं, उससे हम यह निष्कर्ष निकालने पर विवश हैं कि विश्वसनीय ज्ञान के स्रोत आश्चर्यजनक रूप से सीमित हैं।

उत्तर : ज्ञान के विकसित स्रोत सीमित हैं। प्रत्येक सामान्य वयस्क मानव मस्तिष्क ब्रह्मांडों में मौजूद समस्त ज्ञान के लिए एक संभावित प्रवेश द्वार है। प्रत्येक सामान्य वयस्क मस्तिष्क के पास उसके तंत्र के भीतर अनंत बुद्धि से सीधे संपर्क की संभावना है, जहाँ वह समस्त ज्ञान मौजूद है, जो अभी है और भविष्य में हो सकता है।

प्रश्न : आपकी बातों से मुझे विश्वास होने लगा है कि मनुष्य वह सबकुछ बन सकते हैं, जिसका श्रेय उन्होंने उसे दिया है, जिसे वे 'भगवान्' कहते हैं। क्या आप यही कहना चाहते हैं?

उत्तर : विकास के नियम द्वारा मानव मस्तिष्क को अनंत बुद्धि के साथ इच्छानुसार संपर्क करने के लिए सिद्ध किया जा रहा है। यह पूर्णता या सिद्धि प्रकृति के कानूनों के अनुकूलन द्वारा मस्तिष्क के संगठित विकास से आएगी। समय वह कारक है, जो पूर्णता लाएगा।

प्रश्न : बार-बार होनेवाली घटनाओं, जैसे—रोगों की महामारियाँ, व्यापारिक अवसाद, युद्ध और अपराध की लहरों के चक्रों का क्या कारण है?

उत्तर : ऐसी सभी महामारियाँ, जिनमें बड़ी संख्या में लोग समान रूप से

प्रभावित होते हैं, सम्मोहक लय के कारण होती हैं, जिसके माध्यम से प्रकृति एक जैसे विचारों को समेकित करती है और उन विचारों को सामूहिक कारवाई के माध्यम से व्यक्त करने के कारण उत्पन्न करती है।

प्रश्न : तो ग्रेट डिप्रेशन इसलिए गति में डाला गया, क्योंकि बड़ी संख्या में लोग डर के विचारों को बाहर निकालने के लिए प्रभावित थे। क्या यह सही है?

उत्तर : बिल्कुल। लाखों लोग शेयरों के जुए के माध्यम से कुछ नहीं के बदले कुछ हासिल करने का प्रयास कर रहे थे। जब उन्हें अचानक पता चला कि उन्हें कुछ के बदले कुछ नहीं मिला तो वे डर गए, अपनी बची हुई राशि निकालने के लिए अपने बैंकों की ओर भागे और आतंक शुरू हो गया। लाखों लोगों के सामूहिक विचार के माध्यम से, जो सब गरीबी के डर के संदर्भ में सोच रहे थे, अवसाद (डिप्रेशन) कई वर्षों तक जारी रहा।

शैरोन के नोट्स—***अमेरिका और दुनिया भर में वर्तमान आर्थिक उथल-पुथल भी इसी प्रकार गति में लाई गई। लाखों लोग रियल एस्टेट या अचल संपत्ति (बिना तुरंत पैसे दिए सौदा—नो मनी डाउन डील, सब-प्राइम बंधक और मूल्यांकन बुलबुले) और वित्तीय बाजारों के माध्यम से कुछ नहीं के बदले कुछ प्राप्त करने का प्रयास कर रहे थे। जब बाजार में गिरावट शुरू हुई तो वे डर गए और एक बार फिर आतंक शुरू हो गया। इन लाखों लोगों के विचार डर से हटाकर फिर से मौलिक रूप से सुदृढ़ आर्थिक सिद्धांतों पर केंद्रित करके क्या हम अर्थव्यवस्था को स्थिर कर सकते हैं? नेपोलियन हिल का दर्शन हमें रास्ता दिखा सकता है। चुनाव हमें करना है।***

प्रश्न : आप जो कह रहे हैं, उससे मैं यह परिणाम निकाल रहा हूँ कि प्रकृति लोगों के हावी विचारों को समेकित करती है और उन विचारों को किसी प्रकार की सामूहिक कारवाई के माध्यम से व्यक्त करती है, जैसे व्यापारिक अवसाद, व्यापारिक उछाल इत्यादि। क्या मैं सही हूँ?

उत्तर : तुमने बिल्कुल ठीक समझा है।

प्रश्न : चलिए, अब हम सात सिद्धांतों में से अगले पर चलते हैं। आगे बढ़िए और उसका विवरण दीजिए।

उत्तर : अगला सिद्धांत समय है, चौथा आयाम।

प्रश्न : समय और सम्मोहक लय के नियम के संचालन के बीच क्या संबंध है ?

उत्तर : समय सम्मोहक लय का नियम है। विचारधाराओं को स्थायित्व देने के लिए आवश्यक समय की चूक विचारों की वस्तु और प्रकृति पर निर्भर करती है।

प्रश्न : लेकिन मैंने तो आपके कहने से यह समझा कि प्रकृति में एकमात्र स्थायी चीज परिवर्तन है। यदि यह बात सही है तो समय निरंतर चीजों को बदल रहा है, पुनर्व्यवस्थित कर रहा है और संयोजित कर रहा है, जिनमें व्यक्ति की विचारधाराएँ भी शामिल हैं। तब सम्मोहक लय का नियम व्यक्ति की विचारधाराओं को स्थायित्व कैसे दे सकता है ?

उत्तर : समय सभी विचारधाराओं को दो वर्गों में बाँटता है—नकारात्मक विचार और सकारात्मक विचार। मनुष्य के व्यक्तिगत विचार बेशक निरंतर बदलते रहते हैं और उसकी इच्छाओं के अनुरूप पुन: संयोजित किए जाते हैं, लेकिन विचार व्यक्ति के स्वैच्छिक प्रयास के बिना नकारात्मक से सकारात्मक या उसके विपरीत नहीं बदलते। समय विचारों की प्रकृति और उद्देश्य के अनुसार व्यक्ति को सभी नकारात्मक विचारों के लिए दंडित करता है और सकारात्मक विचारों के लिए पुरस्कृत करता है। यदि व्यक्ति पर हावी विचार नकारात्मक हैं तो समय उसके मस्तिष्क में नकारात्मक सोच की आदत का निर्माण करके उसे दंडित करता है और फिर उस आदत को उसके अस्तित्व के प्रत्येक पल में स्थायित्व देकर मजबूती प्रदान करता है। सकारात्मक विचार भी समय द्वारा इसी प्रकार स्थायी आदतों में बुने जाते हैं। 'स्थायित्व' शब्द बेशक व्यक्ति के प्राकृतिक जीवन के संदर्भ में उपयोग किया जाता है। शब्दों के सही मायने में तो कुछ भी स्थायी नहीं है। समय विचारधाराओं को उस चीज में बदल देता है, जो व्यक्ति के जीवन काल में 'स्थायित्व' कहलाती है।

प्रश्न : अब मैं बेहतर ढंग से समझ रहा हूँ कि समय कैसे काम करता है। मनुष्यों के सांसारिक भाग्य से संबंधित समय की और क्या विशेषताएँ हैं?

उत्तर : समय प्रकृति का उपचार प्रभाव है, जिसके द्वारा मानव अनुभव ज्ञान में परिपक्व हो सकता है। लोग ज्ञान के साथ जन्म नहीं लेते, लेकिन सोचने की क्षमता के साथ जन्म लेते हैं और समय बीतने के साथ विचार करते हुए ज्ञान प्राप्त कर सकते हैं।

कमजोर मन कहता है, *''लोग ज्ञान के साथ जन्म नहीं लेते, लेकिन सोचने की क्षमता के साथ जन्म लेते हैं और समय बीतने के साथ विचार करते हुए ज्ञान प्राप्त कर सकते हैं।''*

~✻~

शैरोन के नोट्स—*मैं इसे पूरी पुस्तक के सबसे गहरे बयानों में से एक मानती हूँ। अपनी सोचने की क्षमता का उपयोग करके और जीवन में अपने अनुभवों का विश्लेषण करके, चाहे वे सफलताएँ हों या विफलताएँ, हम ज्ञान प्राप्त कर सकते हैं। लेकिन क्या यह वास्तव में इतना आसान हो सकता है?*

प्रश्न : क्या युवाओं के पास कभी ज्ञान होता है?

उत्तर : केवल कुछ बहुत प्राथमिक मामलों में। ज्ञान समय बीतने के साथ ही आता है। इसे विरासत में प्राप्त नहीं किया जा सकता और समय बीतने से पहले एक व्यक्ति से दूसरे व्यक्ति को नहीं दिया जा सकता।

प्रश्न : क्या समय बीतने के साथ व्यक्ति को ज्ञान प्राप्त हो जाता है?

उत्तर : नहीं! ज्ञान सिर्फ नॉन-ड्रिफ्टर्स को प्राप्त होता है, जो सकारात्मक विचारधाराओं को अपने जीवन में सशक्त बल बना लेते हैं। ड्रिफ्टर और वे लोग, जिनके हावी विचार नकारात्मक होते हैं, एक बहुत ही सामान्य से ज्ञान से अधिक कभी नहीं प्राप्त कर पाते।

प्रश्न : आप जो कह रहे हैं, उससे मैं यह समझ रहा हूँ कि समय उस व्यक्ति का मित्र है, जो अपने मस्तिष्क को सकारात्मक विचारधाराओं का पालन करने के लिए प्रशिक्षित करता है और उस व्यक्ति का दुश्मन

है, जो नकारात्मक विचारधाराओं में भटक जाता है। क्या यह सच है?

उत्तर : यह बिल्कुल सच है। सभी मनुष्य भटकनेवालों और न भटकनेवालों के रूप में वर्गीकृत किए जा सकते हैं। भटकनेवाले हमेशा न भटकनेवालों की दया पर होते हैं और समय इस संबंध को स्थायी बना देता है।

प्रश्न : आपका मतलब है कि अगर मैं बिना किसी निश्चित लक्ष्य या उद्देश्य के जीवन में भटकता रहूँ तो जो नहीं भटकता, वह मेरा स्वामी बन सकता है और समय सिर्फ मेरे ऊपर उसकी पकड़ मजबूत और स्थायी बनाने का काम करेगा?

उत्तर : तुमने बात को बिल्कुल सही तरीके से कहा है।

कमजोर मन कहता है, *"ज्ञान सिर्फ नॉन-ड्रिफ्टर्स को प्राप्त होता है, जो सकारात्मक विचारधाराओं को अपने जीवन में सशक्त बल बना लेते हैं।"*

~✻~

शैरोन के नोट्स—*एक बार फिर मैं हमारे बच्चों के बारे में सोचने के लिए विवश हूँ। आतंकवाद और वित्तीय संघर्ष के कारण हमारे चारों ओर फैली इतनी नकारात्मकता का हमारे बच्चों पर दीर्घकालिक प्रभाव क्या होगा? हमें हमारे बच्चों को सकारात्मक अनुभवों से घेर देना चाहिए, ताकि उनके मन में सकारात्मक विचार उत्पन्न हो सकें।*

प्रश्न : ज्ञान क्या है?

उत्तर : ज्ञान अपने आप को प्रकृति के नियमों से इस प्रकार संबद्ध करने की क्षमता है कि वे आपके काम आ सकें और अपने आप को दूसरों से इस प्रकार संबद्ध करने की क्षमता है कि आपको जीवन से इच्छित वस्तु प्राप्त करने में उनका सामंजस्यपूर्ण व स्वैच्छिक सहयोग प्राप्त हो सके।

प्रश्न : तो संचित जानकारी ज्ञान नहीं है?

उत्तर : बिल्कुल नहीं। यदि जानकारी ज्ञान होती तो विज्ञान की उपलब्धियाँ विनाश के औजारों के रूप में परिवर्तित नहीं होतीं।

प्रश्न : जानकारी को ज्ञान में बदलने के लिए किस चीज की आवश्यकता होती है?

उत्तर : समय और ज्ञान की इच्छा। ज्ञान किसी पर थोपा नहीं जा सकता। वह प्राप्त किया जाता है—सकारात्मक सोच के द्वारा, स्वैच्छिक प्रयासों के द्वारा।

प्रश्न : क्या सब लोगों के पास जानकारी होना सुरक्षित है?

उत्तर : बिना ज्ञान के व्यापक जानकारी होना कभी किसी के लिए सुरक्षित नहीं होता।

प्रश्न : वह कौन सी उम्र है, जिसमें वे लोग जो ज्ञान प्राप्त करते हैं, उसे प्राप्त करना आरंभ करते हैं?

उत्तर : अधिकांश लोग जो ज्ञान प्राप्त करते हैं, चालीस वर्ष की उम्र के बाद ऐसा करते हैं। उससे पहले अधिकांश लोग जानकारी प्राप्त करने और उसे योजनाओं के रूप में संगठित करने में इतने व्यस्त होते हैं कि ज्ञान प्राप्त करने के लिए प्रयास नहीं कर पाते।

प्रश्न : ज्ञान प्राप्त करने की ओर व्यक्ति को प्रेरित करने के लिए जीवन की कौन सी परिस्थिति सबसे उपयुक्त है?

उत्तर : प्रतिकूलता और असफलता। ये प्रकृति की सार्वभौमिक भाषाएँ हैं, जिनके माध्यम से वह उन लोगों को ज्ञान प्रदान करती है, जो उसे प्राप्त करने के लिए तैयार होते हैं।

प्रश्न : क्या प्रतिकूलता और असफलता से हमेशा ज्ञान मिलता है?

उत्तर : नहीं, सिर्फ उन्हें मिलता है, जो ज्ञान प्राप्त करने के लिए तैयार होते हैं और जिन्होंने स्वेच्छा से इसकी तलाश की है।

प्रश्न : वह कौन सी चीज है, जो ज्ञान प्राप्त करने के लिए व्यक्ति की तत्परता को निर्धारित करती है?

उत्तर : समय और व्यक्ति की विचारधाराओं की प्रकृति।

प्रश्न : क्या नई प्राप्त हुई जानकारी समय के साथ प्राप्त हुई जानकारी के समान होती है?

उत्तर : नहीं, समय के द्वारा जाँची हुई जानकारी हमेशा नई प्राप्त हुई जानकारी की तुलना में श्रेष्ठ होती है। समय जानकारी को गुणवत्ता एवं मात्रा

दोनों में निश्चितता देता है और निर्भरता भी देता है। व्यक्ति उस जानकारी के बारे में कभी निश्चित नहीं हो सकता, जिसका समय द्वारा परीक्षण नहीं हुआ हो।

प्रश्न : भरोसेमंद जानकारी क्या होती है ?

उत्तर : यह वह जानकारी होती है, जिसका प्राकृतिक नियम के साथ सामंजस्य होता है, अर्थात् वह सकारात्मक विचार पर आधारित होती है।

प्रश्न : क्या समय जानकारी के मूल्यों को संशोधित करता और बदलता है ?

उत्तर : हाँ, समय सब मूल्यों को संशोधित करता है और बदलता है। जो जानकारी आज सटीक है, वह तथ्यों और मूल्यों की समय द्वारा पुनर्व्यवस्था के कारण कल अमान्य हो सकती है। समय सभी मानव संबंधों को बेहतर के लिए या बदतर के लिए संशोधित करता है—उन नीतियों के आधार पर, जिसके द्वारा लोग एक-दूसरे से खुद को संबद्ध करते हैं।

सोच के दायरे में एक समय होता है, जब विचार के बीज को बोना उचित होता है और एक उचित समय उन विचारों की फसल काटने का होता है, उसी प्रकार जैसे धरती की मिट्टी में बुआई करने और फसल काटने का समय होता है। बुआई और कटाई के बीच समय का उचित अंतर न होने पर प्रकृति बुआई के पुरस्कार को संशोधित करती है या रोक लेती है।

प्रश्न : अब आगे बढ़िए और सात में से अंतिम दो सिद्धांतों का वर्णन करिए।

उत्तर : अगला सिद्धांत सामंजस्य है।

प्रकृति में हर स्थान पर हमें ये सबूत मिल सकते हैं कि सभी प्राकृतिक नियम सामंजस्य के सिद्धांत द्वारा एक व्यवस्थित तरीके से चलते हैं। इस सिद्धांत के संचालन के माध्यम से प्रकृति एक दिए गए वातावरण की सीमा के भीतर हर चीज को सामंजस्यपूर्ण तरीके से संबद्ध होने के लिए विवश करती है। इस सत्य को समझ लो तो तुम पर्यावरण की शक्ति का एक नया और अधिक दिलचस्प दृष्टिकोण देखोगे। तुम समझ जाओगे कि नकारात्मक मस्तिष्कों के संबद्धता आत्म-निर्धारण की तलाश करनेवालों के लिए क्यों है।

प्रश्न : क्या आप कहना चाहते हैं कि प्रकृति स्वैच्छिक रूप से मनुष्यों को उनके पर्यावरण के प्रभावों के साथ सामंजस्य स्थापित करने के लिए विवश करती है ?

उत्तर : हाँ, यह सच है। सम्मोहक लय प्रत्येक जीवित वस्तु के ऊपर उस वातावरण के हावी प्रभाव डालती है, जिसमें वह रहती है।

प्रश्न : यदि प्रकृति मनुष्यों को उस वातावरण की प्रकृति अपनाने के लिए विवश करती है, जिसमें वे रहते हैं, तो उन लोगों के लिए बचाव के कौन से रास्ते उपलब्ध हैं, जो स्वयं को गरीबी और असफलता के वातावरण में पाते हैं, लेकिन उसमें से निकलना चाहते हैं ?

उत्तर : उन्हें अपना वातावरण बदलना होगा, या फिर हमेशा गरीबी से त्रस्त रहना होगा। प्रकृति किसी को उसके पर्यावरण के प्रभावों से बचकर निकलने की अनुमति नहीं देती।

हालाँकि प्रकृति ने, अपने ज्ञान की प्रचुरता में, प्रत्येक सामान्य मनुष्य को उसका अपना मानसिक, आध्यात्मिक और शारीरिक वातावरण स्थापित करने का विशेषाधिकार दिया है; लेकिन जब वह उसे स्थापित कर लेता है तो उसे उसका हिस्सा बनना पड़ता है। यह सामंजस्य के सिद्धांत की कठोर कार्यशैली है।

प्रश्न : उदाहरण के रूप में बताइए कि एक व्यापारिक संबद्धता में पर्यावरण के लय के हावी प्रभावों को कौन निर्धारित करता है ?

उत्तर : वे एक या एक से अधिक व्यक्ति, जो उद्देश्य की निश्चितता के साथ काम करते हैं।

प्रश्न : क्या यह इतना आसान है ?

उत्तर : हाँ, उद्देश्य की निश्चितता वह प्रारंभिक बिंदु है, जहाँ से एक व्यक्ति अपना स्वयं का वातावरण स्थापित कर सकता है।

प्रश्न : मैं आपका तर्क समझ नहीं पा रहा हूँ। यह पूरी दुनिया युद्ध एवं व्यापारिक अवसादों और संघर्ष के अन्य रूपों से पटी पड़ी है, जो सामंजस्य के अलावा लगभग हर चीज का प्रतिनिधित्व करते हैं। ऐसा नहीं लगता कि प्रकृति लोगों को एक-दूसरे के साथ मिलकर रहने के लिए विवश कर रही है। आप इस विसंगति की व्याख्या कैसे करेंगे ?

शैरोन के नोट्स—हमारी आज की दुनिया में भी सामंजस्य की कमी प्रतीत होती है। जब आप वर्तमान अर्थव्यवस्था, प्राकृतिक आपदाओं, सैन्य संघर्षों, बीमारी और भूख से मनुष्यों की तबाही के बारे में सोचते हैं तो क्या सामंजस्य या सद्भाव किसी भी तरह प्राप्य लगता है? हिल कहते, 'हाँ'। उनके समय की भयावह परिस्थितियों के सामने भी, जबकि हमारी दुनिया में सद्भावना पर आपका और मेरा कोई नियंत्रण नहीं है, हम अपने घरों में सद्भाव उत्पन्न कर सकते हैं।

उत्तर : यहाँ कोई विसंगति नहीं है। दुनिया के हावी प्रभाव, जैसा कि तुम कहते हो, नकारात्मक हैं। प्रकृति बहुत अच्छी तरह से मनुष्यों को विश्व पर्यावरण के हावी प्रभावों से सामंजस्य स्थापित करने के लिए विवश कर रही है।

सामंजस्य की अभिव्यक्तियाँ या तो सकारात्मक हो सकती हैं या नकारात्मक। उदाहरण के लिए, जेल में बंद लोगों का एक समूह नकारात्मक तरीके से विचार एवं कार्य कर सकता है और आमतौर पर करता भी है; लेकिन प्रकृति सुनिश्चित करती है कि जेल के हावी प्रभावों का असर वहाँ मौजूद हर व्यक्ति पर हो। किराए के एक मकान में रहनेवाले गरीबी से त्रस्त लोग आपस में विवाद कर सकते हैं और हर प्रकार की सद्भावना का विरोध कर सकते हैं; लेकिन प्रकृति उनमें से प्रत्येक को उस मकान के हावी प्रभावों का हिस्सा बनने के लिए विवश करती है, जिसमें वे रहते हैं। सामंजस्य का अर्थ, यहाँ प्रयोग किए गए संदर्भ में, यह है कि प्रकृति समस्त ब्रह्मांडों की हर एक चीज को उससे मिलते-जुलते स्वभाव की दूसरी चीज से संबद्ध करती है। नकारात्मक प्रभाव एक-दूसरे के साथ जुड़ने के लिए विवश किए जाते हैं, चाहे वे कहीं भी हों। सकारात्मक प्रभाव भी उसी निश्चितता के साथ एक-दूसरे से जुड़ने के लिए विवश होते हैं।

प्रश्न : अब मैं समझने लगा हूँ कि सफल व्यावसायिक नेता व्यापारिक सहयोगियों के अपने चुनाव में इतनी सावधानी क्यों रखते हैं। जो

लोग किसी क्षेत्र में सफल होते हैं, वे आमतौर पर सफलता के संदर्भ में सोचने और कार्य करनेवाले लोगों को अपने आसपास रखकर अपना स्वयं का वातावरण स्थापित करते हैं। क्या सही बात है ?

उत्तर : बिल्कुल सही बात है। ध्यान से सोचो कि वह एक बात, जिस पर सभी सफल लोग जोर देते हैं, वह है उनके व्यापारिक सहयोगियों के बीच सामंजस्य। सफल लोगों की एक और विशेषता यह है कि वे उद्देश्य की निश्चितता के साथ आगे बढ़ते हैं और अपने सहयोगियों को भी ऐसा ही करने के लिए जोर देते हैं। तुम इन दो सच्चाइयों को समझ जाओगे तो हेनरी फोर्ड और एक दैनिक मजदूर के बीच का प्रमुख अंतर भी समझ जाओगे।

शैरोन के नोट्स— ***तो सामंजस्य का सिद्धांत हमारे लिए एक लाभ होगा, जब हम खुद को अन्य सफल लोगों से घेर लेंगे। अपने साथ काम करनेवाले लोगों के बारे में सोचिए। क्या वे आपका सहयोग कर रहे हैं या आपको काम करने से रोक रहे हैं?***

प्रश्न : अब मुझे सातवें और अंतिम सिद्धांत के बारे में बताइए।

उत्तर : अंतिम सिद्धांत सावधानी है।

भटकने की आदत के बाद दूसरी सबसे खतरनाक मानवीय विशेषता सावधानी का अभाव है। लोग तरह-तरह की खतरनाक परिस्थितियों में भटक जाते हैं, क्योंकि वे अपने कार्यों की योजना बनाने की सावधानी नहीं रखते। एक भटकनेवाला व्यक्ति (ड्रिफ्टर) हमेशा सावधानी बरते बिना काम करता है। वह काम पहले करता है और सोचता बाद में है, यदि सोचता है तो। वह अपने मित्रों का चुनाव नहीं करता। वह भटकता रहता है और लोगों को उनकी अपनी शर्तों पर खुद से जुड़ने की अनुमति देता है। वह किसी व्यवसाय का चुनाव नहीं करता। वह किसी प्रकार स्कूल पूरा कर लेता है और खुशी से उस पहली नौकरी को स्वीकार कर लेता है, जो उसे भोजन और कपड़े दे सकती है। वह व्यापार के नियमों की जानकारी रखने की उपेक्षा करता है और इस प्रकार लोगों को उसे धोखा देने के लिए आमंत्रित करता है। वह खुद को अच्छे स्वास्थ्य के नियमों के बारे में जानकारी न देकर बीमारियों को आमंत्रित करता है। वह गरीबी से ग्रस्त लोगों के पर्यावरणीय प्रभावों से खुद की सुरक्षा करने में लापरवाही करके गरीबी को आमंत्रित करता है। वह लोगों की असफलता के

कारणों पर ध्यान देने में सावधानी न बरतकर अपने प्रत्येक कदम पर असफलता को आमंत्रित करता है। डर के कारणों की जाँच करने में सावधानी की कमी से वह डर को उसके हर एक रूप में आमंत्रित करता है। वह विवाह में असफल रहता है, क्योंकि वह अपने जीवनसाथी के चयन में सावधानी नहीं रखता और उससे भी कम सावधानी विवाह के बाद अपने साथी से संबद्ध होने के तरीकों में रखता है। वह अपने मित्रों को खो देता है या उन्हें दुश्मनों में बदल देता है, क्योंकि वह खुद को उनसे उचित आधार पर संबद्ध करने में असावधानी दिखाता है।

कमजोर मन कहता है, *"भटकने की आदत के बाद दूसरी सबसे खतरनाक मानवीय विशेषता सावधानी का अभाव है।"*

प्रश्न : क्या सभी लोगों में सावधानी की कमी होती है?

उत्तर : नहीं, सिर्फ उन लोगों में, जिन्हें भटकने की आदत पड़ चुकी है। जो भटकता नहीं, वह हमेशा सावधान रहता है। वह कोई भी काम शुरू करने से पहले सावधानी से अपनी योजनाएँ बनाता है। वह अपने सहयोगियों की मानवीय कमजोरियों के लिए छूट रखता है और उन्हें दूर करने के लिए पहले से योजना बनाता है। यदि वह किसी महत्त्वपूर्ण मिशन पर दूत भेजता है तो उसके पीछे किसी और को यह सुनिश्चित करने के लिए भेजता है कि कहीं वह अपने मिशन की उपेक्षा तो नहीं कर रहा है। फिर वह उन दोनों की जाँच करके खुद को विश्वास दिलाता है कि उसका काम पूरा हो गया है; लेकिन वह बिना प्रमाण कोई बात नहीं मानता और सावधानी बरतकर अपनी सफलता सुनिश्चित करता है।

प्रश्न : क्या अति-सावधानी भी उतनी ही हानिकारक है, जितनी सावधानी की कमी?

उत्तर : अति-सावधानी जैसी कोई चीज नहीं होती। जिसे तुम अति-सावधानी कह रहे हो, वह डर की एक अभिव्यक्ति है। डर और सावधानी दो बिल्कुल अलग चीजें हैं।

प्रश्न : क्या कभी कोई गलती से अति-सावधानी को डर नहीं समझ लेता?

उत्तर : हाँ, कभी-कभी ऐसा होता है; लेकिन अधिकांश लोग सावधानी बरतने की आदत के पूर्णतः अभाव के कारण अपने लिए उससे कहीं

अधिक विनाशकारी खतरे पैदा कर लेते हैं, जितने अति-सावधानी से होते हैं।

प्रश्न : सावधानी का अधिकतम लाभ पाने के लिए उसका किस प्रकार उपयोग किया जा सकता है?

उत्तर : अपने सहयोगियों का चयन करने में और सहयोगियों से खुद को संबद्ध करने के अपने तरीके में। इसका कारण स्पष्ट है। एक व्यक्ति के सहयोगी उसके पर्यावरण का सबसे महत्त्वपूर्ण हिस्सा होते हैं और पर्यावरणीय प्रभाव यह निर्धारित करते हैं कि व्यक्ति भटकने की आदत का निर्माण करता है या भटकाव की ओर नहीं जाता। जो व्यक्ति अपने सहयोगियों की पसंद में सावधानी बरतता है, वह कभी खुद को किसी ऐसे व्यक्ति के साथ निकटता से संबद्ध नहीं होने देता, जो उस संबंध के माध्यम से उसके लिए कोई निश्चित मानसिक, आध्यात्मिक या आर्थिक लाभ नहीं लाता।

प्रश्न : क्या सहयोगियों का चयन करने का यह तरीका स्वार्थी नहीं है?

उत्तर : यह उचित तरीका है और आत्म-निर्णय की ओर ले जाता है। भौतिक सफलता और खुशी पाने की इच्छा प्रत्येक सामान्य व्यक्ति में होती है।

व्यक्ति की सफलता और खुशी में ध्यानपूर्वक चुने गए सहयोगियों से अधिक किसी चीज का योगदान नहीं होता। इसलिए सहयोगियों के चयन में सावधानी बरतना हर उस व्यक्ति का कर्तव्य है, जो खुश और सफल बनना चाहता है। भटका हुआ व्यक्ति (ड्रिफ्टर) अपने निकटतम सहयोगियों को उनकी अपनी शर्तों पर खुद से जुड़ने की अनुमति देता है। जो भटका नहीं होता (नॉन-ड्रिफ्टर), वह ध्यान से अपने सहयोगियों का चयन करता है और किसी को अपने साथ निकटता से जुड़ने की अनुमति तभी देता है, जब वह व्यक्ति किसी प्रकार के सहायक प्रभाव का योगदान करता है या उसे कोई निश्चित लाभ प्रदान करता है।

प्रश्न : मैंने कभी नहीं सोचा था कि मित्रों के चयन में सावधानी का व्यक्ति की सफलता या विफलता पर इतना निश्चित असर होता है। क्या सभी सफल व्यक्ति अपने सभी सहयोगियों के चयन में सतर्कता बरतते हैं, चाहे वे संबंध व्यावसायिक हों, सामाजिक हों या पेशेवर?

उत्तर : सभी सहयोगियों के चयन में सावधानी बरते बिना व्यक्ति किसी भी क्षेत्र में सफलता के प्रति निश्चित नहीं हो सकता। दूसरी ओर, सावधानी बरतने में कमी से व्यक्ति को अपने हर कार्य में लगभग निश्चित हार मिलती है।

शैरोन के नोट्स—***क्या आपको लोगों को 'नहीं' कहने में कठिनाई होती है? यह अध्याय आपको वास्तव में महसूस कराता है कि किस प्रकार सहयोगियों के चयन में सावधानी का प्रयोग करना और 'नहीं' का अधिक उपयोग करना सीख लेना आपको सफलता के रास्ते पर गति प्रदान कर सकता है।***

□

सारांश

कमजोर मन के साथ मेरे साक्षात्कार से जुड़ी तीन चीजें मुझे सबसे अधिक दिलचस्प लगीं। ये तीन चीजें मुझे दिलचस्प लगती हैं, क्योंकि उनका मेरे अपने जीवन पर बहुत महत्त्वपूर्ण प्रभाव रहा है—एक तथ्य, जो मेरी कहानी का कोई भी पाठक आसानी से समझ सकता है। ये तीन महत्त्वपूर्ण कारक हैं—भटकने (ड्रिफ्टिंग) की आदत, सम्मोहक लय का नियम, जिसके द्वारा सभी आदतें स्थायी बनाई जाती हैं और समय का तत्त्व।

यह शक्तियों की वह तिकड़ी है, जो सभी मनुष्यों के भाग्यों को अखंडता के साथ पकड़कर रखती है। इन तीनों को एक नया और महत्त्वपूर्ण अर्थ मिल जाता है, जब एक संयुक्त बल के रूप में वर्गीकृत करके इनका अध्ययन किया जाता है। यह जानने के लिए बहुत कम कल्पना और प्राकृतिक नियमों की बहुत कम समझ की आवश्यकता होती है कि अधिकांश कठिनाइयाँ, जिनमें लोग खुद को पाते हैं, उनकी खुद की पैदा की हुई होती हैं। इसके अलावा, कठिनाइयाँ कभी-कभार ही तत्काल परिस्थितियों का नतीजा होती हैं। वे आमतौर पर परिस्थितियों की एक शृंखला का चरमोत्कर्ष होती हैं, जो भटकने की आदत और समय की सहायता से समेकित होती हैं।

शैरोन के नोट्स—***'अधिकांश कठिनाइयाँ, जिनमें लोग खुद को पाते हैं, उनकी खुद की पैदा की हुई होती हैं।' आज कई लोगों के पास पीड़ित मानसिकता होती है, जिसे वे अपने खुद के जीवन की जिम्मेदारी न लेने के लिए बहाने के रूप में प्रयोग करते हैं।***

सैमुअल इंसुल ने अपना 4 अरब डॉलर का औद्योगिक साम्राज्य अवसाद के कारण नहीं गँवाया। उसने अवसाद से बहुत पहले उसे खोना आरंभ कर दिया था, जब वह महिलाओं के एक ऐसे समूह का शिकार बन गया, जिन्होंने उसकी चापलूसी कर के उसकी प्रतिभा को सार्वजनिक उपयोगिता से ग्रैंड ओपेरा की ओर मोड़ने के लिए तैयार कर लिया। यदि वित्तीय दुनिया के उच्च पद पर स्थित कोई व्यक्ति भटकाव, सम्मोहक लय और समय की शक्ति के कारण नीचे गया है तो वह व्यक्ति सैमुअल इंसुल था। मैं यह मि. सैमुअल और उनके संकटों के कारण की सटीक जानकारी के आधार पर लिख रहा हूँ, जो विश्व युद्ध के समय मेरे उनकी सेवाओं में रहने से लेकर उस समय तक जाती हैं, जब उन्होंने गलत सलाह के कारण खुद से भागने का प्रयास किया था।

***शैरोन के नोट्स—** सैमुअल इंसुल सन् 1981 में थॉमस अल्वा एडिसन का निजी सचिव बनने के लिए अमेरिका आए और तरक्की करते हुए 1892 में शिकागो एडिसन कंपनी के अध्यक्ष बन गए। वर्ष 1907 तक उनके हाथों में शिकागो की पारगमन प्रणाली (ट्रांजिट सिस्टम) का नियंत्रण था। 1912 तक वे कई सौ बिजली संयंत्रों का संचालन कर रहे थे। उन्होंने अपनी होल्डिंग कंपनियों के शेयरों को तेजी से बढ़ावा दिया। सन् 1932 में जब शेयरों में गिरावट आई तो वे यूरोप भाग गए। 1934 में प्रत्यर्पित इंसुल पर धोखाधड़ी, दिवालिया नियमों के उल्लंघन और गबन के लिए तीन बार मुकदमा चला; लेकिन वे हर बार बरी हो गए। नेपोलियन हिल उनके पतन और अनुग्रह से गिरने के अन्य कारणों की अंदरूनी झलक देते हैं। आज आप एडिसन के नाम को तुरंत जान जाएँगे, लेकिन शायद इंसुल को नहीं पहचान पाएँगे।*

हेनरी फोर्ड भी उसी अवसाद से गुजरे थे, जिसने मि. इंसुल को नीचे गिराया था; लेकिन फोर्ड बिना एक खरोंच के फिर से शीर्ष पर आ गए। क्या आप इसका कारण जानना चाहते हैं ? मैं बताता हूँ। फोर्ड की किसी भी विषय पर भटकने की आदत नहीं थी। समय फोर्ड का मित्र है, क्योंकि उन्होंने उसे एक सकारात्मक व रचनात्मक तरीके से इस्तेमाल करने की आदत बनाई है—अपने खुद के सोचे विचारों की सहायता से, खुद की बनाई योजनाओं में बुनकर।

अपनी पसंद की कोई भी परिस्थिति ले लीजिए, उसे भटकने की आदत, सम्मोहक लय और समय से संबंध के संदर्भ में मापिए और आपको सभी सफलताओं एवं सभी विफलताओं के कारण का बिल्कुल सही पता लग जाएगा।

फ्रैंकलिन डी. रूजवेल्ट अपने पहले कार्यकाल में धमाके के साथ अपने कार्यालय में गए। उनके मस्तिष्क में सिर्फ एक प्रमुख उद्देश्य था और वह बहुत निश्चित था। वह था—डर की भगदड़ को रोकना और लोगों से व्यापारिक अवसाद के स्थान पर व्यापारिक वसूली के संदर्भ में सोचना एवं बात करना शुरू करवाना।

उस उद्देश्य को पूरा करने में कोई भटकाव नहीं था। पूरे राष्ट्र की सेनाओं को समेकित करके एकजुट किया गया और राष्ट्रपति के निश्चित उद्देश्य को पूरा करने में सहायता करने के लिए भेज दिया गया। अमेरिका के इतिहास में पहली बार सभी राजनीतिक झुकावों के अखबारों, सभी संप्रदायों के चर्चों, सभी जातियों व रंगों के लोगों और सभी ब्रांडों के राजनीतिक संगठनों ने अपने को एक मजबूत शक्ति के रूप में एकजुट किया और राष्ट्रपति को देश में विश्वास एवं सामान्य व्यापारिक संबंध बहाल करने में मदद करने के एकमात्र उद्देश्य से कदम बढ़ाया।

उनके कार्यालय में आने के कुछ दिनों बाद राष्ट्रपति और आपातकालीन सलाहकारों के एक गुट के बीच एक सम्मेलन में मैंने उनसे पूछा, 'उनकी सबसे बड़ी समस्या क्या थी?' उन्होंने जवाब दिया, 'छोटी और बड़ी का प्रश्न नहीं है; हमारी सिर्फ एक समस्या है और वह है—डर को रोकना तथा उसे विश्वास से बदलना।'

कार्यालय में अपने पहले वर्ष के समाप्त होने से पहले राष्ट्रपति ने डर को रोक दिया था और उसे विश्वास से बदल दिया था और राष्ट्र धीरे-धीरे, लेकिन निश्चित रूप से अवसाद के जंगल से बाहर निकल रहा था। अपने पहले कार्यकाल की समाप्ति तक—समय बीतने के तत्त्व पर ध्यान दो—राष्ट्रपति ने अमेरिका के व्यावसायिक और निजी जीवन को इतने प्रभावी तरीके से समेकित कर दिया था कि एक पूरा राष्ट्र उनके पीछे हो गया था—उनके नेतृत्व में चलने को तैयार, इच्छुक और उत्साह से भरपूर; जिस रास्ते पर वे ले जाएँ, उस रास्ते पर जाने को तैयार।

ये वे तथ्य हैं, जो अखबार पढ़नेवाले या रेडियो सुननेवाले लोग अच्छी तरह जानते हैं।

शैरोन के नोट्स—*हम सब की तरह नेपोलियन हिल एक राजनीतिक वातावरण में रहते थे, जो सबको प्रभावित करता था। हम अकसर खुद को मीडिया या राजनीतिक व्यवस्था या अन्य बाहरी बलों के शिकार के रूप में देखते हैं। हिल हमें इस 'उत्पीड़न'—कमजोर मन के एक और हथियार से ऊपर उठने का और अपने सभी विकल्पों की जिम्मेदारी लेने का तरीका दिखा रहे हैं।*

फिर एक और राष्ट्रपति चुनाव आया और लोगों को अपने नेता के प्रति अपना विश्वास व्यक्त करने का अवसर मिला। उन्होंने इस विश्वास को अभूतपूर्व तरीके से व्यक्त किया, जो अमेरिका की राजनीति में एक मिसाल था और राष्ट्रपति ने लगभग सर्वसम्मत मतदाताओं के वोटों एवं सिर्फ दो राज्यों के कमजोर से असंतोष के साथ दूसरी बार कार्यालय में प्रवेश किया।

अब देखिए कि जीवन का पहिया कैसे उलटी दिशा में घूमकर दूसरी दिशा में जाने लगा। राष्ट्रपति ने अपनी नीति उद्देश्य की निश्चितता से बदलकर अनिश्चितता और भटकाव की कर दी।

उनके नीति-परिवर्तन ने शक्तिशाली श्रमिक समूह को विभाजित कर दिया और आधे से अधिक उनके खिलाफ हो गए। इससे कांग्रेस के दोनों सदनों में उनका लगभग ठोस अनुसरण विभाजित हो गया और इन् सबसे महत्त्वपूर्ण बात, उसने अमेरिकी लोगों को 'समर्थक' एवं 'विरोधी' गुटों में बाँट दिया, जिसका परिणाम यह हुआ कि राष्ट्रपति के पास उनकी मूल राजनीतिक संपत्ति के नाम पर सिर्फ उनकी लाख डॉलर की मुसकराहट और सदा तैयार हैंडशेक बचा, जो कि स्पष्ट है, उन्हें अमेरिकी जीवन में वह ताकत वापस पाने में सक्षम करने के लिए पर्याप्त नहीं था, जो उनके पास कभी थी।

यहाँ हमारे पास एक ऐसे व्यक्ति का उत्कृष्ट उदाहरण है, जिसने उद्देश्य की निश्चितता के माध्यम से ऊँची छलाँग लगाकर महान् शक्ति प्राप्त की और भटकने की आदत द्वारा पेट के बल प्रारंभिक बिंदु पर आ गिरा। उसके उत्थान और पतन दोनों में हम स्पष्ट रूप से सम्मोहक लय के माध्यम से भटकाव (ड्रिफ्टिंग) और स्थिरता (नॉन-ड्रिफ्टिंग) के सिद्धांतों के संचालन को चरमोत्कर्ष तक पहुँचते देख सकते हैं।

कमजोर मन कहता है, ***"यहाँ हमारे पास एक ऐसे व्यक्ति का उत्कृष्ट उदाहरण है, जिसने उद्देश्य की निश्चितता के माध्यम से ऊँची छलाँग लगाकर महान् शक्ति प्राप्त की और भटकने की आदत द्वारा पेट के बल प्रारंभिक बिंदु पर आ गिरा।"***

~❋~

शैरोन के नोट्स—***एक पल निकालकर उन लोगों के बारे में सोचिए—सार्वजनिक दृष्टि में या प्रभाव के अपने क्षेत्र में—जिन्होंने बड़ी सफलता हासिल की, लेकिन बाद में भटकने की आदत से उसे गँवा दिया।***

मेरे पूरे जीवन में कमजोर मन के पास मेरे साथ अपने लेन-देन के बारे में बताने के लिए एक नाटकीय कहानी थी। उसने मुझे अनेक ऐसे व्यापारिक अवसरों से अंदर-बाहर आते-जाते देखा था, जिनके लिए कई लोग अच्छी-खासी धनराशि देने के लिए तैयार हो जाते। उसने मुझे दूसरों से खुद को संबद्ध करने की मेरी नीति से भटकते देखा था, विशेष रूप से व्यापारिक सौदों में सावधानी के अभाव में।

वह परिस्थिति, जिसने मुझे सम्मोहक लय के नियम के घातक नियंत्रण से बचाया, वह थी—उद्देश्य की निश्चितता, जिसके साथ आखिरकार मैंने अपना पूरा जीवन व्यक्तिगत उपलब्धि के दर्शन के संगठन को समर्पित कर दिया।

मैं कभी-न-कभी अपनी सभी छोटी-मोटी सनकों और प्रयासों से भटका था; लेकिन मेरा भटकाव मेरे प्रमुख उद्देश्य पर आकर पूरा हो गया, जो मेरे साहस को बहाल करने के लिए और हर बार मेरे लघु उद्देश्यों में हार जाने पर ज्ञान की तलाश को फिर से शुरू करने के लिए पर्याप्त था।

मैंने भटकने की आदत के खतरनाक स्वभाव के बारे में तब जाना, जब मैं सफलता के नियम के संगठन से संबंधित 25,000 से अधिक लोगों का विश्लेषण करने का काम कर रहा था। इन विश्लेषणों से पता चला कि 100 में से सिर्फ 2 लोगों का जीवन में कोई निश्चित बड़ा उद्देश्य होता है। शेष 98 लोग भटकने की आदत में जकड़े होते हैं। यह एक संयोग से अधिक प्रतीत होता है कि मेरे विश्लेषण स्पष्ट रूप से कमजोर मन के दावे की पुष्टि कर रहे थे कि वह प्रत्येक

100 में से 98 लोगों को उनके भटकने की आदत के कारण नियंत्रण में रखता है।

पीछे मुड़कर अपने खुद के कॅरियर की ओर देखने पर मैं स्पष्ट रूप से देख सकता हूँ कि यदि मैंने जीवन में अपने प्रमुख उद्देश्य की प्राप्ति के लिए एक निश्चित योजना का पालन किया होता तो मैं उन अस्थायी पराजयों में से अधिकांश से बच सकता था, जिनका मुझे सामना करना पड़ा था।

5,000 से अधिक परिवारों की समस्याओं का विश्लेषण करने के अपने अनुभव से मैं निश्चित रूप से जानता हूँ कि अधिकांश विवाहित दंपती, जो एक–दूसरे के साथ सामंजस्य की भावना से बाहर आ जाते हैं, ऐसा अपने वैवाहिक संबंध की उन असंख्य छोटी–छोटी परिस्थितियों के संचय के कारण करते हैं, जिनका समाधान और निपटारा उनके उत्पन्न होते ही किया जा सकता था, यदि ऐसा करने की कोई निश्चित नीति होती। वे अपना वैवाहिक जीवन उद्देश्य की निश्चितता के साथ नहीं जीते हैं।

तो यह कहानी सदियों से चली आ रही है। वह व्यक्ति, जिसके पास सबसे निश्चित योजना एवं उद्देश्य और सबसे अधिक ताकत होती है, सफलता की ऊँचाइयाँ प्राप्त करता है। दूसरे बहाने बनाकर भागते रहते हैं और उनकी एड़ियों के नीचे कुचले जाते हैं, जो अधिक निर्धारित होते हैं।

जवाब खोजना मुश्किल नहीं है। उसके लिए ऊपर आसमान की ओर देखने का कोई फायदा नहीं है। अपनी ओर से मैं कमजोर मन से जवाब पाना चाहूँगा, क्योंकि वह मुझे शीघ्र ही बता देगा कि जीत उन लोगों को मिलती है, जो जानते हैं कि उन्हें क्या चाहिए और उसे पाने के लिए दृढ़ रहते हैं। उन्होंने भटकने की आदत पर काबू पा लिया है। उनके पास निश्चित नीतियाँ, निश्चित योजनाएँ और निश्चित उद्देश्य हैं। उनके विरोधी के पास, जो संख्या में उनसे कहीं अधिक हो सकते हैं, उनके खिलाफ कोई मौका नहीं है; क्योंकि विरोधी के पास कोई योजना, कोई नीति, कोई उद्देश्य नहीं है, सिवाय भटकते रहने के, इस उम्मीद के साथ कि कहीं–न–कहीं से उन्हें मदद अवश्य मिलेगी। उन तीन संक्षिप्त वाक्यों में तुम्हें सफलता एवं विफलता, ताकत एवं ताकत के अभाव के बीच के अंतर का योग और तत्त्व मिल जाएगा।

अब हम इस पुस्तक की अपनी यात्रा के अंत के निकट आ रहे हैं। यदि मुझे एक संक्षिप्त वाक्य में उस संदेश का सबसे महत्त्वपूर्ण हिस्सा कहने का प्रयास करना हो, जो मैंने इस पुस्तक के माध्यम से देना चाहा है, तो वह कुछ इस प्रकार होगा—

'मनुष्य की हावी इच्छाओं को सम्मोहक लय और समय के प्रकृति के नियम की सहायता से, योजना की निश्चितता द्वारा समर्थित उद्देश्य की निश्चितता के माध्यम से उनके भौतिक समकक्षों में बदला जा सकता है।'

तो यह है वह व्यक्तिगत उपलब्धि के दर्शन का सकारात्मक चरण, जिसका मैंने इस पुस्तक के माध्यम से वर्णन करने का प्रयास किया है—अपरिवर्तनीय रूप से न्यूनतम संक्षिप्तता और सादगी के साथ। यदि आप जीवन की परिस्थितियों के अनुकूल करने के उद्देश्य से इस दर्शन का विस्तार करेंगे तो आपको पता चलेगा कि यह उतना ही व्यापक है, जितना जीवन स्वयं है कि यह सभी मानव संबंधों, सभी मानव विचारों, उद्देश्यों और इच्छाओं को शामिल करता है।

तो अब हम उन हजारों साक्षात्कारों में से, जो मैंने खुशी और आर्थिक सुरक्षा की ओर ले जानेवाली जीवन की सच्चाइयों की तलाश में लगाए पचास वर्षों के श्रम के दौरान महान् और महानता के निकट पहुँच चुके लोगों के लिये थे, सबसे विचित्र साक्षात्कार के अंत में पहुँच गए हैं।

वास्तव में, यह कितनी अजीब बात है कि डेल कार्नेगी, थॉमस अल्वा एडिसन और हेनरी फोर्ड जैसे लोगों से सक्रिय सहयोग प्राप्त होने के बाद भी मुझे सच्चाई की मेरी तलाश में उजागर हुए महानतम सिद्धांत के कार्य-साधक ज्ञान के लिए कमजोर मन के पास जाने के लिए विवश होना पड़ा। कितनी अजीब बात है कि प्रकृति के एक ऐसे नियम को समझने और उपयोग करने का विशेषाधिकार दिए जाने से पहले—जो इन क्रूर हथियारों के प्रहार को कम कर देता है या पूरी तरह मिटा देता है—मुझे गरीबी, असफलता और प्रतिकूलता को उनके सौ रूपों में अनुभव करना पड़ा। लेकिन जीवन द्वारा प्रदान किए गए इस नाटकीय अनुभव की सबसे अजीब चीज उस नियम की सादगी है, जिसके माध्यम से—यदि मैंने उसे समझा होता तो—मैंने अपनी इच्छाओं को इतने वर्षों की कठिनाइयों और दुःखों से गुजरे बिना ही पर्याप्त रूप में बदल लिया होता।

कमजोर मन के साथ अपने साक्षात्कार के अंत में मुझे पता चला कि मैं उस माचिस को अपनी खुद की जेबों में लेकर घूम रहा था, जिनसे प्रतिकूलता की आग लपट पकड़ रही थी और मुझे यह भी पता चला कि वह पानी, जिससे अंत में वह आग पूरी तरह बुझ गई, मेरे आदेश पर बहुतायत में था।

मैं दार्शनिक के चुंबकीय पत्थर को खोज रहा था, जिससे असफलता को सफ़लता में परिवर्तित किया जा सके; लेकिन मैंने जाना कि सफलता और

असफलता दोनों दैनिक विकासवादी शक्तियों के परिणाम हैं, जिनके माध्यम से हावी विचार छोटे-छोटे टुकड़ों में करके—उन विचारों की प्रकृति के अनुसार—उन चीजों में, जो हम चाहते हैं और उन चीजों में, जो हम नहीं चाहते, बुन दिए जाते हैं।

कितना दुर्भाग्यपूर्ण है कि मैं इस सच्चाई को अपनी तर्कसंगत उम्र में आते ही नहीं समझ पाया, क्योंकि अगर मैं इसे तब समझ गया होता तो मैं उन बाधाओं में से कुछ को पार कर पाता, जिन पर जीवन की छाया की घाटी से गुजरते समय मैं छलाँग लगाने पर विवश हो गया था।

कमजोर मन से मेरे साक्षात्कार की कहानी अब आपके हाथों में है। इससे आपको जो लाभ प्राप्त होंगे, वे उन विचारों के सटीक अनुपात में होंगे, जो वे आप में प्रेरित करेगी। इस साक्षात्कार से लाभान्वित होने के लिए आपको इसके प्रत्येक हिस्से से सहमत होने की आवश्यकता नहीं है।

आपको सिर्फ सोचना है और इसके प्रत्येक हिस्से के संबंध में अपना खुद का निष्कर्ष निकालना है। आप अभियोजन पक्ष और बचाव पक्ष—दोनों ही के लिए जज, जूरी और वकील हैं। यदि आप अपना केस नहीं जीतते तो नुकसान और उसका कारण आपका होगा!

शैरोन के नोट्स*—'मनुष्य की हावी इच्छाओं को सम्मोहक लय और समय के प्रकृति के नियम की सहायता से योजना की निश्चितता द्वारा समर्थित उद्‌देश्य की निश्चितता के माध्यम से उनके भौतिक समकक्षों में बदला जा सकता है।'* नेपोलियन *हिल इस संदेश को दुनिया के साथ वर्ष 1930 में साझा करना चाहते थे; लेकिन उसके बजाय यह एक तिजोरी में छुपा दिया गया था। आखिर अब वर्ष 2011 में यह खोला गया और आपके साथ साझा किया गया—एक कारण के लिए। क्या आप''*

- *समझेंगे कि आप अपनी ही जेबों में वह माचिस लेकर घूम रहे हैं, जिनसे प्रतिकूलता की आग ने लपट पकड़ी थी और यह भी कि वह पानी, जिससे अंततः वह आग आपके आदेश पर पूरी तरह बुझ गई थी, बहुतायत में है और फिर—*
- *अपने उद्‌देश्य की निश्चितता को तलाश करेंगे?*
- *एक निश्चित योजना बनाएँगे?*

- *सम्मोहक लय की प्रकृति के नियम की सहायता लेंगे?*
- *और अपनी सबसे बड़ी सफलता तक पहुँचने में मदद करने के लिए समय की संपत्ति का उपयोग करेंगे?*

मैं आशा करती हूँ कि नेपोलियन हिल के शब्द आपके जीवन में आशा, साहस और सबसे अधिक, आपके जीवन के लिए उद्‌देश्य की निश्चितता लाएँगे। आपका हमेशा भला हो।

—शैरोन लैचर

□

पश्चकथन

चाहे आपने पूरी पुस्तक पढ़ी हो या इस पश्चकथन तक आने से पहले इसके कुछ ही पृष्ठ पढ़े हों, आपको यह एहसास हो गया होगा कि यदि इस पुस्तक में उल्लिखित ऐतिहासिक नाम, तारीखें और घटनाएँ हमारे आज के समय से प्रतिस्थापित कर दी जाएँ, तो बहुत कम चीजें बदली हैं। नेपोलियन हिल के मीडिया प्रचार के वर्णन, हमारे बच्चों को स्कूल में प्राप्त प्रशिक्षण, धर्मों में प्रचारित भय-आधारित शिक्षा, खराब आहार और स्वास्थ्य आदतों से लेकर हमारे चुनौतीपूर्ण आर्थिक माहौल तक हमारी सामूहिक चेतना में, और इसलिए हमारे सामूहिक अनुभव में, बहुत कम बदलाव आया है।

अच्छी खबर यह है कि चेतना में एक पुनर्जागरण लाने के लिए, नई शुरुआत करने के लिए कभी बहुत देर नहीं होती। जैसा कि मि. हिल हमें याद दिलाते हैं, ''मैंने यह भी जाना है कि अस्थायी हार के प्रत्येक अनुभव के साथ और प्रत्येक असफलता एवं प्रतिकूलता के प्रत्येक रूप के साथ, एक समान लाभ का बीज आता है।'' हमारा रास्ता सफलता और विफलता दोनों का एक ध्रुवीकरण प्रतीत होता है। इसको हलके रूप में कहने का तरीका यह हो सकता है कि जीवन जीने के जिन सिद्धांतों के बारे में हिल हमें शिक्षा देते हैं, वे हैं, 'सफलतापूर्वक असफल कैसे हुआ जाए।' यह ऐसा विरोधाभास है, जो आध्यात्मिक रूप से परिपक्व लोगों द्वारा समझा जाता है; वे लोग, जिनका वर्णन हिल 'सम्मोहक लय' से ऊपर उठ चुके और अपने 'दूसरे स्व', जिसकी पहचान आत्मा की आत्मा, उच्च स्व या प्रामाणिक स्व के रूप में भी की जा सकती है, को जान चुके लोगों के रूप में करते हैं।

यह जानना उत्साहजनक है कि आज के कई आध्यात्मिक, दार्शनिक, सेल्फ हेल्प (स्व-सहायता) और यहाँ तक कि वैज्ञानिक लेखक भी हिल के 'उद्देश्य की निश्चितता' के दृष्टिकोण से सहमत हैं। जब जीवन की सम्मोहक लय से जागने

का हमारा इरादा होता है, जिसे हिंदू 'भ्रम' कहते हैं और बौद्ध 'मोह–माया' तो व्यक्तिगत और सामूहिक चेतना का विस्तार होता है। हम अपने वैश्विक परिवार के साथ लाभान्वित होते हैं।

हिल की अखंडता सफलता को प्रकट करने का अर्थ क्या होता है, के विवरण के माध्यम से चमकती है। वास्तव में, वे दृढ़तापूर्वक घोषणा करते हैं कि 'कोई भी व्यक्ति अपने 'दूसरे स्व' का लाभ उठा सकता है, जब तक कि वह लालच में नहीं डूबता है।' यह आध्यात्मिक रूप से ओजस्वी वक्तव्य सफलता को चेतना के संदर्भ में ऊपर उठाता है, यह नहीं कहता कि जिसके पास सबसे अधिक खिलौने हैं, वह जीतता है और इससे यह भ्रम कि आध्यात्मिक जागृति व्यक्ति के जीवन में चीजों को प्रकट करने की क्षमता है, समाप्त हो जाता है; क्योंकि 'और अधिक' व्यक्ति के लिए कभी भी पर्याप्त नहीं होता।

हमें जागरूकता का, सचेत रहने का महत्त्व भी सिखाया जाता है—चेतना की एक गतिविधि, जो हिल के 'कमजोर मन' के लिए घृणास्पद है, क्योंकि उसे एक व्यक्ति की विचार–शक्ति में कमी को अपने खुद के लाभ के लिए इस्तेमाल करने में प्रसन्नता मिलती है। मन को और उसकी क्षमताओं को ध्यानपूर्वक देखने का अर्थ है—उनकी ओर सम्मान, करुणा और कृतज्ञता के साथ देखना; क्योंकि वे हमारे लिए ईश्वर का उपहार हैं। मन न सिर्फ हमारा भीतरी परिदृश्य बनता है, बल्कि हमारी बाहरी परिस्थितियों का निर्माण भी करता है। चलिए, हम मन से लड़ाई नहीं करते हैं; हम उसकी बारीकियों की, अंतर्ज्ञान की और उसकी अधिकतम क्षमताओं की सराहना इस समझ के साथ करते हैं कि मन ही स्व–निर्देशित, स्वयं सशक्त और आत्मविश्वासी होने की कुंजी है।

'भटकाव' या 'ड्रिफ्टिंग' के बाद वे जिस सबसे खतरनाक मानवीय विशेषता का वर्णन करते हैं, वह है 'सावधानी की कमी', जिसे हम 'समझदारी की कमी' कह सकते हैं। समझदारी ज्ञान की एक संबंधी है, जो हमें कोई काम शुरू करने से पहले उसके नतीजों के बारे में सोचने के लिए और अपने निर्णय के परिणामों को ईमानदारी से जाँचने के लिए प्रेरित करती है। इस प्रकार, हम आजादी के अपने रास्ते का निर्माण खुद कर सकते हैं।

हिल की शिक्षाएँ उनके आधुनिक पाठकों के मन में अकसर समृद्धि के साथ जुड़ी होती हैं, जो उनके व्यक्तिगत खजानों में धन के रूप में बदल जाती हैं; लेकिन सच यह है कि उन्होंने दुनिया के साथ 'जीवन कैसे जीना चाहिए' के सिद्धांतों के अपने ज्ञान को साझा किया है, व्यक्ति के आंतरिक अस्तित्व, चेतना की

भीतरी अवस्था से शुरुआत करते हुए और हमें हमारी सर्वोच्च क्षमता तक बाहरी अभिव्यक्ति देने के लिए आमंत्रित किया है—न सिर्फ हमारे अपने लाभ के लिए, बल्कि संपूर्ण मानव जाति के लिए।

मैं यह भी जोड़ना चाहता हूँ कि शैरोन लैचर के सक्षम हाथों में यह अनमोल पांडुलिपि सौंपना नेपोलियन हिल फाउंडेशन का एक ज्ञान-निर्देशित निर्णय था। कई वर्षों तक नेपोलियन हिल के सत्य के सिद्धांतों का गहराई से अध्ययन और उससे भी महत्त्वपूर्ण, उन सिद्धांतों का अभ्यास उन्हें इस पांडुलिपि को दुनिया के सामने प्रस्तुत करने के लिए एक आदर्श उम्मीदवार बनाता है।

मैं कामना करता हूँ कि प्रत्येक पाठक सशर्त विश्वास प्रणाली से मुक्त होकर जीवन को उसकी पूरी समृद्धि, उसके उत्तम सौंदर्य और ख़ुशी के साथ जिए—अपने उपहारों, प्रतिभाओं और कौशल को मुक्त-हस्त से इस ग्रह पर वितरित करते हुए, जिसे हम 'घर' कहते हैं। आपको सदैव शांति और सबसे समृद्ध आशीर्वाद मिले!

—माइकल बर्नार्ड बेकविथ

'स्पिरिचुअल लिबरेशन—
फुलफिलिंग योर सोल्स पोटेंशियल' के लेखक

□

मीमांसा

नेपोलियन हिल के पूरे लेखन में एक मजबूत आध्यात्मिकता मौजूद है, जो उनके तरीकों और उनकी नैतिकता की जानकारी देती है। वर्तमान पुस्तक 'मन में है विश्वास' में उनकी विश्वास प्रणाली का यह धार्मिक आधार शायद सबसे स्पष्ट रूप में दिखाई देता है।

पाप और डर, 'अनिश्चितता' और 'भटकाव' (ड्रिफ्टिंग) के बारे में उनके कुछ बयान एक अमेरिकी धार्मिक परंपरा से निकले हैं, जो कम-से-कम उन्नीसवीं सदी के मध्य में राल्फ वाल्डो एमर्सन के अंतर्ज्ञानवाद (ट्रांससेडेंटलिज्म) तक जाती है। हिल के समय (वर्ष 1930 के अंत में इस पुस्तक के लेखन के दौरान) अमेरिकी आध्यात्मिकता की धाराओं में शामिल थे—नॉर्मन विंसेंट पिअले, एमेट फॉक्स और लोकप्रिय प्रेरक कल्पित कथाओं में लॉयड सी. डगलस। ऐमी सेंपल मैकफर्सन और बिली संडे का अति व्यक्तिगत ईसाई सुसमाचार भी उस युग के मीडिया और सार्वजनिक चेतना में सर्वव्यापी था।

हिल के लिए हालाँकि उस समय के उद्योग और वित्त के कुछ महारथियों के कद ने एक प्रकार की धार्मिक मान्यता हासिल कर ली और उनके विचारों एवं काररवाई को प्रेरित करने का कार्य किया और हिल ने अन्य लोगों से आग्रह किया कि वे इन पुरुषों को, और वे सब पुरुष ही थे, सफल नैतिक व्यवहार के आदर्शों के रूप में देखें, जो व्यक्तिगत सफलता के साथ सामान्य अच्छाई भी प्रदान करते हैं।

ग्रेट डिप्रेशन या महान् अवसाद नेपोलियन हिल के लिए काफी हद तक एक नैतिक विफलता था। वे वित्तीय बाजारों में हमारे वर्तमान संकट के बारे में क्या कहते—वर्ष 2008 में बैंकिंग प्रणाली का लगभग धराशायी होना और उसके बाद की गंभीर मंदी, जिसने उन सबके जीवन को प्रभावित किया है, जो 2011 में और उसके बाद यह पुस्तक हाथ में लेंगे।

उनके देवताओं में डेल कार्नेगी (बेशक), थॉमस अल्वा एडिसन, हेनरी फोर्ड और रॉकफेलर शामिल थे। बाद में इनमें से प्रत्येक महारथी का इतिहासकारों, अर्थशास्त्रियों और जीवनी लेखकों द्वारा विश्लेषण एवं पुन: विश्लेषण किया गया और उनकी व्यक्तिगत कमियों को सार्वजनिक जाँच की रोशनी में रखा गया। हिल के लिए, ये लोग ऐतिहासिक व्यक्तित्व नहीं, बल्कि विश्व मंच पर समकालीन नेता थे; जैसे कि एडोल्फ हिटलर और बेनिटो मुसोलिनी, फ्रेंकलिन रूजवेल्ट और विंस्टन चर्चिल। उन्होंने रॉकफेलर की क्रूर प्रतिस्पर्धा की आलोचना नहीं की और उस समय शायद वे फोर्ड की कटु यहूदी-विरोधी भावना से अनजान थे।

अमेरिकी समाज और मुक्त बाजार प्रणाली विश्व के लिए सबसे बड़ी उम्मीद थे, जब वह विस्फोट के कगार पर लड़खड़ा रहा था और उनके मूल देश की स्पष्ट खामियों के साथ भी (जो उन्होंने कमजोर मन की युक्तियों के प्रति उसकी संवेदनशीलता के रूप में देखा) पृथ्वी पर ऐसा कुछ नहीं था, जिसकी उससे तुलना हो सकती थी।

उस व्यक्ति के लिए, जिसने जीवन में सफल होने का व्यक्तिगत चुनाव किया, जिसने अधर्म के प्रलोभन एवं कमजोरियों का विरोध किया और उसके बदले ईश्वर से सहायता माँगी (जिसे पुस्तक में कई नामों से बुलाया गया है), कोई सीमा नहीं थी कि वह कितनी दूर जा सकता है। सीमाएँ खुद की निर्धारित की हुई थीं या कमजोर मन द्वारा व्यक्त बुराई के नकारात्मक बल द्वारा लगाई गई थीं।

तो फिर, हिल का धर्म क्या है? सच कहूँ तो यह मेरे लिए महत्त्वपूर्ण नहीं है। जितना मैं नेपोलियन हिल के दर्शन से प्रभावित हुई हूँ और उनके जीवन से रोमांचित हुई हूँ, मुझे कभी इस बात से फर्क नहीं पड़ा है कि वे किस चर्च में जाते थे या किसी चर्च में जाते भी थे या नहीं। ज्यादा महत्त्व यह प्रश्न रखता है—वे हमारे जीवन में धर्म की भूमिका के बारे में आज हमें क्या सिखा रहे हैं?

इस प्रश्न का उत्तर आपको तय करना है। मुझे लगता है, यह एक मूलभूत मुद्दा है, जो उनके लिखे हर वाक्य को प्रभावित करता है। आखिरकार, उन्होंने दार्शनिक संवाद की शास्त्रीय शैली में इस पुस्तक को तैयार करने का निर्णय लिया और वे संपूर्ण साहित्य में सबसे ज्वलंत धर्म-विरोधी व्यक्ति के साथ मुकाबला करते हैं (बाइबल से, मिल्टन के द्वारा, सी.एस. लुइस के द्वारा) और मैं इस चुनाव से अभी भी मोहित हो रही हूँ, क्योंकि यह हिल को एक बहुत ही पठनीय शैली में मानव व्यवहार के बारे में उनकी खुद की गहरी बैठी मान्यताओं व सिद्धांतों को व्यक्त करने का अवसर दे रहा है। इसमें हम सबके लिए गहरे सबक हैं।

आप जब अपने जीवन में आगे बढ़ते हैं और आपके रास्ते में बाधाएँ आती हैं, तो अपने जीवन के कमजोर मन को मात देने के लिए हिल के सात सिद्धांतों की समीक्षा का लाभ मिल सकता है—

- *उद्देश्य की निश्चितता*
- *अपने ऊपर विजय*
- *विपरीत परिस्थिति से सीखना*
- *परिवेश के प्रभाव (मेल-जोल) पर नियंत्रण*
- *समय (नकारात्मक विचारों की आदत के स्थान पर सकारात्मक विचारों को स्थायी रूप देना और बुद्धि को विकसित करना)*
- *सामंजस्य (अपने मानसिक, आध्यात्मिक, और भौतिक परिवेश में प्रभावी व्यक्ति बनने के लिए उद्देश्य की निश्चितता के साथ कार्य करना)*
- *सावधानी (कदम उठाने से पहले अपनी योजना पर सोच विचार)*

इन सात सिद्धांतों की समीक्षा करते हुए उसकी पहचान कर बता सकते हैं, जो आपको अपनी सबसे बड़ी सफलता को प्राप्त करने से रोक रहा है।

नेपोलियन हिल फाउंडेशन द्वारा इस पांडुलिपि को मेरे हाथों में सौंपा जाना मेरे लिए बहुत बड़ा वरदान था। एक पांडुलिपि, जो 70 वर्षों से अधिक समय से तिजोरी में छुपाकर रखी गई थी (या तो उनकी पत्नी द्वारा या कमजोर मन द्वारा, यह आप तय कीजिए)। कहते हैं, जब एक छात्र तैयार हो जाएगा तो शिक्षक आ जाएगा। क्या यह संभव है कि 'अपनी सोच से अमीर बनिए' ग्रेट डिप्रेशन के दौरान एक सही संदेश था और 'मन में है विश्वास' हमारे वर्तमान समय के लिए एक सही संदेश है? मेरा मानना है कि हम ईश्वर के हाथों को काम करते देखते हैं, कमजोर मन के नहीं। मेरा मानना है कि 'मन में है विश्वास' तब तक प्रकाशित नहीं हुई, जब तक ईश्वर को नहीं लगा कि वह सही समय पर सही संदेश थी—हमारे लिए वर्ष 2011 में। इसने निश्चित रूप से मेरे जीवन पर बहुत बड़ा प्रभाव डाला है और मुझे आशा है कि आप अपने जीवन के लिए इससे मूल्य प्राप्त करेंगे।

—शैरोन लैचर

□□□